DIETER KREUTZKAMP

**AM SCHÖNSTEN
ENDE DER WELT
NEUSEELAND**

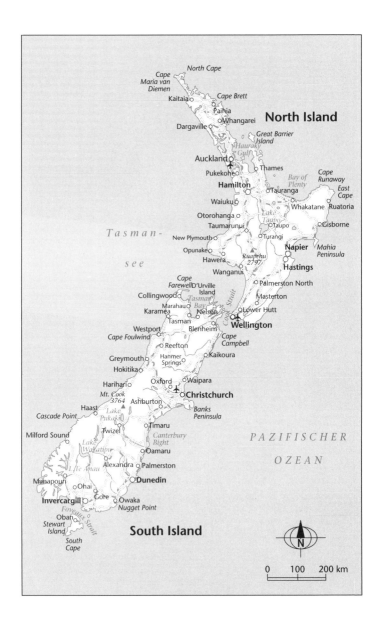

DIETER KREUTZKAMP

AM SCHÖNSTEN ENDE DER WELT NEUSEELAND

Outdoor-Träume mit Fahrrad,
Pferd und zu Fuß

Mehr über unsere Autoren und Bücher:
www.malik.de

Bibliografische Information der Deutschen Bibliothek
Die Deutsche Nationalbibliothek verzeichnet diese Publikation in der
Deutschen Nationalbibliografie; detaillierte bibliografische Daten
sind im Internet über http://dnb.d-nb.de abrufbar.

NATIONAL GEOGRAPHIC ADVENTURE PRESS
Reisen · Menschen · Abenteuer
Die Taschenbuch-Reihe von
Malik und National Geographic

Ungekürzte Taschenbuchausgabe
6. Auflage Februar 2009
© 2001 Piper Verlag GmbH, München
Lektorat: Konrad Dietzfelbinger, München
Umschlaggestaltung: Dorkenwald Grafik-Design, München
Fotos: Dieter Kreutzkamp
Kartografie: Margret Prietzsch, Gröbenzell
Papier: Naturoffset ECF
Druck und Bindung: CPI – Clausen & Bosse, Leck
Printed in Germany   ISBN 978-3-492-40124-1

Das Papier wurde aus chlorfrei gebleichtem Zellstoff hergestellt.

Inhaltsverzeichnis

Das schönste Ende der Welt 7
Auckland – Pforte zum Paradies? 13
Der erste Maori 20
Rotorua – wo der Teufel sein Süppchen kocht 29
Wairakei – Leben unter Dampf 39
Auf dem Gipfel des Mt. Taranaki 47
Als Apfelpflücker auf der Südinsel 59
West-Coast Story 64
Bloody feiner Trip – Finale eines Abenteuers 74
Die Suche nach dem schönsten Platz auf Erden 79
Glatte Landung in Christchurch 81
Auch Ben Hur fing mal klein an 89
Vor der Kutschfahrt durchs Paradies 101
Franz Josef und die Ungetüme von Belfast 109
Die *Erfahrung* der Langsamkeit 117
Zwischen Dreitausendern 129
High Country – Leben auf Braemar Station 141
Auf dem Weg zum Lake Ohau 153
520 auf einen Streich 161
Gold und andere Schätze 171
Fiordland – der ungezähmte wilde Westen 180
Bungee Jumper und ein Drama im Pazifik 187
Die Seele baumeln lassen... 195
Der Kreis schließt sich 206
Dschungel, Gletscher und Vulkane 218

Infos	225
Neuseeland auf einen Blick	225
Great Walks – Wandern *down under*	226
Per Fahrrad unterwegs	239
Hoch zu Ross	240
Nationalparks	241
Reiseinformationen/Reiseplanung	246
Historisches kurz gefasst	251
»Wikinger des Sonnenaufgangs« – Maoris	252

Das schönste Ende der Welt

Man hatte mir Neuseeland als Traumland eines jeden Outdoor-Freaks beschrieben. Radler fänden nirgendwo sonst ein idealeres Land, heißt es. Wanderer schwärmen, Neuseelands Tracks, seine Wanderpfade, zählten zu den schönsten auf Erden. Und Gewässer, Seen und Flüsse, gibt es so viele, dass man Wochen benötigt, auch nur die wichtigsten zu erkunden. Lagunen, Buchten und ein allgegenwärtiges Meer machen Neuseeland zum Segeldorado, von den wilden Küsten im Süden und den verführerischen Stränden im Norden ganz zu schweigen, die Beachcomber anziehen. Und wer das Glück dieser Erde auf dem Rücken der Pferde sucht, findet hier sein Paradies.

»Ladys and gentlemen«, die leicht nasale Stimme der Flugbegleiterin dringt in feinstem Oxford-Englisch aus den Lautsprechern zu mir. »In einer halben Stunde werden wir in Auckland landen.«

Warum gerade Neuseeland? Fidschi und andere Südseeinseln mit Südseepalmen, exotischem Flair, sind von hier aus auch nicht weit. Wir hatten darüber als alternatives Reiseziel diskutiert. Schließlich haben wir Zeit genug. Zeit, hierhin oder dorthin zu reisen, auch in die Südsee. Wir verfügen über mehr Zeit als Geld, genau genommen. Das war eine Redewendung, die bei uns ins Schwarze traf, seitdem wir ausgestiegen waren, Abschied auf Zeit vom bürgerlichen Leben genommen und uns erfolgreich darin geübt hatten, jeden Pfennig oder Cent ein paarmal umzudrehen, bevor wir ihn ausgaben.

»Weißt du noch, wie wir damals dachten, in drei Jahren um die

Welt herumzukommen?!« Ich wende mich Juliana auf dem Sitz neben mir zu. Ihre Gesichtshaut ist tiefbraun gebrannt, ein wenig ledern, das Haar hell gebleicht, blonder als es jemals daheim war. Ganz ohne Friseur. »Die Sonne«, denke ich. Mehr als 10 000 Kilometer mit Fahrrädern liegen bereits hinter uns. Erst vor zehn Tagen waren wir nach einer Australiendurchquerung in Melbourne angekommen, und schon sitzen wir wieder im Flieger Richtung Neuseeland. Ihre Sommersprossen um die Nase herum scheinen zu lächeln. »Die Sonne im australischen Outback«, denke ich, »der sie auch die feinen Fältchen um die Augen verdankt.«

Sie räkelt sich.

»Wenn es nach dir geht, werden wir es nicht mal in zehn Jahren schaffen, um den Globus herumzukommen.« So wie sie es sagt, klingt es nicht mal vorwurfsvoll.

Schließlich hatten wir unsere Berufe schon vor Jahren an den Nagel gehängt. Hatten pralle Sparstrümpfe geleert, den Hausrat untergestellt, die Familie getröstet, die es nicht verkraften konnte, dass wir die Sicherheit und Geborgenheit, das Rundherum-Sorglos-Lebenspaket mit garantiertem Pensionsanspruch zu Gunsten einer täglichen Ungewissheit hinter uns lassen wollten.

»Wie könnt ihr nur, denkt doch mal, was ihr später alles an Rente verliert...!«

Ein paar Jahre war das nun schon her. Mehr als 100 000 Kilometer waren wir seitdem *on the road*, schon weitaus länger, als wir jemals geplant hatten. Mal mit Auto, dann zu Fuß und hier per Fahrrad. Wir hatten dabei nicht einen Tag lang an Rente oder Pension gedacht.

»Ich freue mich wahnsinnig auf Neuseeland.« Juliana dreht sich mir ganz zu. »Ihre Handrücken sind faltiger geworden«, denke ich, »und Risse auf den Handflächen hatte sie früher auch nicht.« Das sind die 10 000 Kilometer auf dem Fahrradsattel... Abends das Hantieren auf staubigem Wüstenboden. Tagsüber die trockene Sonne, die einem das Fell gerbt. Dazu im Outback eine Hitze bei

30 oder 40 Grad im Schatten, die dir jeden Hauch von Feuchtigkeit aus den Gliedern zieht.

»Ich freue mich auf das Grün der Nordinsel und auf die Berge und Gletscher in Neuseelands Süden. Endlich mal Kühle...« Sie hält inne. »Und ich freue mich darauf, dass der irre Durst endlich vorbei sein wird.«

Sie lächelt. Im australischen Outback hatten wir in Spitzenzeiten während der Radtour dreißig Liter Wasser täglich in uns reingekippt.

»Deine Illusionen möchte ich dir ja nicht nehmen, aber über die Berge der Southern Alps rüberzuradeln, dürfte ja auch nicht immer ein Honigschlecken sein.«

Sie gibt mir einen Knuff in die Seite. Lehnt sich zurück, schließt die Augen, legt den Zeigefinger auf die Lippen.

»Lass mich mal zehn Minuten träumen – davon, dass uns in einer halben Stunde ein Taxi vom Airport abholt und in ein schickes Hotel bringt, dass dort ein sauber bezogenes Bett steht und auf mich eine heiße Dusche wartet...«

Um ihre Mundwinkel zuckt es ein klein wenig verräterisch. Aber vielleicht meint sie es so, wie sie es sagt. Manchmal werde ich aus ihr nicht klug.

Natürlich wird da am Airport kein Taxi stehen, wird kein schickes Hotel auf uns warten. Stattdessen werden wir unsere Outback-erprobten Räder beladen, in die Sättel steigen und mit unbekanntem Ziel durch Auckland radeln.

Und was wir über Neuseeland wissen, hält sich auch in Grenzen. Aber einen handlichen Reiseführer, klein genug für die Po-Tasche, haben wir dabei. Zum Glück gibt's da noch ein paar Kontaktanschriften im Adressbuch. Soviel wir von anderen Reisenden gehört hatten, sei dieses eins der gastfreundschaftlichsten Länder auf Erden. Ich bin gespannt.

Das schönste Ende der Welt hatte die Werbung blumig versprochen.

Das Ende der Welt …?! Aus der Sicht der ersten europäischen Siedler war es das in der Tat. Kaum ein anderer bewohnter Platz auf Erden liegt weiter von Mitteleuropa entfernt als das Land unserer Antipoden, vom Weltenmacher halbwegs zwischen Südpol und Äquator im Südpazifik platziert. Sieht man mal vom nördlichen Nachbarn Australien ab, wäre das nächstgrößere Land mit menschlichen Bewohnern Südamerika – 10 000 Kilometer entfernt.

Für den, der Neuseeland mit dem Flugzeug umrundet, scheinen die beiden großen Inseln am Rande der Datumsgrenze wie eine Palisadenwand aus dem Meer zu wachsen. Beeindruckende Bilder aus der Adlerperspektive im Jet. Für die ersten polynesischen Ankömmlinge, die dieses Land mit ihren Doppelrumpfbooten nach langer gefährlicher Fahrt über den Pazifik erreichten, hinterließ es derartig nachhaltige Eindrücke, dass sie bis heute in ihrer Sprache nachklingen. Bleiche Finger einer Geisterhand müssen sie erkannt haben, als sich von Sturm gepeitschte weiße Wolken über die Berge im Inland tasteten. Die Maoris nannten daraufhin die Inseln *Aotearoa – Land der langen weißen Wolke*. Während die Völker anderswo schon längst ausgezogen waren, sich die Erde untertan zu machen, und Australien bereits seit 50 000 Jahren die Heimat der Aborigines war, war Neuseeland bis zur Landung der Polynesier noch menschenleer gewesen.

Es muss damals wie ein Stück vom Paradies gewesen sein. Grünes, fruchtbares Land und ein fischreiches Meer teilten geradezu verschwenderisch ihre Gaben aus. Nahrung gab es in Hülle und Fülle. Schneebedeckte Berge lagen da und klare Seen. Während einige Schollen des auseinander gebrochenen Urkontinents Gondwanaland in klimatisch extreme Zonen abgedriftet waren, hatte sich hier angesammelt – gut zugänglich, und bis heute, bis hinauf auf Vulkangipfel und hoch gelegene Urwälder, besucherfreundlich –, was mancher weit Gereiste schon vor ein paar Jahrhunderten als die gebündelte Schönheit unserer Erde bezeichnete.

Den subtropischen Norden streicheln die milden Winde der Südsee, der Süden ist frisch bis rau. Es gibt sogar Schneeschauer im Winter. Wer will, kann an einem Tag seine Skier gegen das Surfboard tauschen und sich danach für ein echtes Dschungel-Feeling beim Fußmarsch durch dichte, nach Moosen duftende, fast beängstigend grüne, mit riesigen Farnen bestandene Regenwälder rüsten. Ein Juwel, dieses Land unserer Gegenfüßler, in dem sich nur 4,2 Millionen Menschen eine Fläche etwa drei viertel Mal so groß wie die der Bundesrepublik Deutschland teilen.

Dass die Welt in Neuseeland Kopf steht, ist natürlich ein Gerücht. Aber dass die Weltprobleme hier weniger heiß auf den Nägeln brennen, ist unbestritten. Doch die betuliche Beschaulichkeit eines Dornröschendaseins ist auch hier dahin, seit Ureinwohner lautstark und handfest ihre Rechte einfordern und seit Polynesier aus anderen Regionen der Südsee nach 1000 Jahren Neuseeland wieder einmal als Reiseziel ausgeguckt haben – dieses Mal auf der Suche nach attraktiven Jobs und dem vermeintlich besseren Leben.

Und während die Anreise Kapitän Cooks im Oktober 1769 mehr als ein Jahr gedauert hatte, ist sie heute von Frankfurt/Main, London oder Amsterdam aus in rund einem Tag zu schaffen. Das bringt auch die Weltprobleme dem Outdoor-Dorado näher.

Für die wenigen weißen Siedler hier war vor allem Europa, vornehmlich Großbritannien, schon immer im Fokus. Auf Schritt und Tritt begegnet man noch heute einer Kopie der alten englischen Lebensart, bis hinein in die Architektur und die Gestaltung der neuen Umwelt, die der alten so gut es ging angepasst wurde. Doch was als Import des Vertrauten begann, erhielt über gut zwei Jahrhunderte auf sympathische Weise eigenständige, neuseeländische Züge. Ich bin gespannt.

Sicherheitsgurte klicken. Prüfende Blicke von Stewardessen streifen die Fluggäste. Wolkenfetzen wischen draußen über die Fenster. Das endlose Graublau des aus der Jumbo-Perspektive in leichter Riffelung erstarrten Meeres geht in buschlose, sanft geschwungene Hügel über. Ich erkenne Weiden mit unzähligen hellen Punkten drauf. »Sieh mal, Schafe…« 68 Millionen gibt es hier davon – rein rechnerisch sind das mehr als zwanzig pro Kopf der Bevölkerung. Doch schon sieht sich das Auge erneut an Wasser satt. Gerade lag noch die Tasman-See im Westen, jetzt dehnt sich der Pazifik unter uns. Das Meer bestimmt in diesem Land das Leben: Selbst die Reise zum Nachbarn Australien wird zum Trip nach Übersee.

Das Dröhnen der Turbinen geht in nervöses Grollen über, dann ein Vibrieren, als die Räder die Landebahn berühren. Es knackt in den Lautsprechern, und mir scheint, als lächle die Stimme der Flugbegleiterin: »Haere Mai – willkommen in Neuseeland!«

Auckland – Pforte zum Paradies?

Natürlich gibt es bequemere Möglichkeiten, Neuseeland zu bereisen. Warum also mit dem Fahrrad?

Nun, seit ich vor Jahren einen Fernsehbericht über die beiden Inseln gesehen hatte, war ich von dieser Idee nicht mehr losgekommen. Sie hatte sich in mir festgesetzt, irgendwann von mir Besitz ergriffen. Genau genommen war diese Fahrradidee der geistige Pate unserer vorangegangenen Australienabenteuer gewesen. So war also schon die Anschaffung von Fahrrädern erfolgt. Und ein Fitnesstraining par excellence war der Australientrip ebenfalls gewesen. Wir fühlen uns fit wie nie zuvor fürs Abenteuer Neuseeland.

Die Einreiseformalitäten am Airport von Auckland sind unbürokratisch. »Have a nice day«, sagt der Zollbeamte und lächelt mit Blick auf unsere Fahrräder, während er uns die Einreisestempel in die Pässe drückt.

Ich bin kein Mensch der Städte. Deswegen hier das Kribbeln in der Magengegend. Statt in einem Hotel ziehe ich es vor, unter dem blank geputzten Sternenhimmel zu schlafen.

»Kein Taxi für uns da...« Ich schmunzle zu Juliana rüber, die an ihrem schwer bepackten Fahrrad neben der Touristeninformation steht.

Aber die Luft ist mild, der Zauber eines weichenden Sommertages liegt über der größten Metropole Neuseelands. Zwischen die rosa Wölkchen über der Millionenstadt haben sich die ersten grauen Schleier der aufziehenden Nacht – oder eines Gewitters? – geschoben.

Juliana tritt zu mir. »Hier, halte bitte mal mein Fahrrad.« Sie beugt sich über die alte, durch den Staub Australiens bis in die Gewebeporen rotbraun gefärbte leinene Armeetasche an ihrem Lenker. Sie wedelt mit unserem Adressbüchlein.

»Ich rufe mal bei Mrs. Simon an.«

»Okay.«

Sonst kannten wir keinen Menschen in Auckland. Genau genommen kannten wir auch Mrs. Simon nicht. »Wenn ihr nach Auckland kommt, könnt ihr euch gerne bei meiner Mutter melden, die freut sich immer über Besuch«, hatte Michael, ein freundlicher Radler, gesagt, den wir in Tasmanien getroffen hatten und mit dem wir einen Tag lang gemeinsam geradelt waren.

Keine fünf Minuten später kommt Juliana freudestrahlend zurück. »Mach dich fertig, wir radeln heute noch zu Mrs. Simon. Sie wartet schon seit Tagen auf unseren Besuch.«

Auckland ist das *andere Neuseeland,* so heißt es, und das behaupten vor allem »die von der Südinsel«, die argwöhnisch diese in alle Richtungen expandierende Stadt beäugen und hier einen Präzedenzfall für die Zerstörung auch ihrer Beschaulichkeit und Werte befürchten.

In der Tat ist seit den 70er- und 80er-Jahren hier alles nicht mehr so wie früher. Die postkoloniale Beschaulichkeit ist dahin, viktorianische Häuschen sind den Glasfassaden von Hochhäusern gewichen, neue Einkaufszentren fraßen den früher in der Peripherie der Stadt allgegenwärtigen Schafen die grünen Weideflächen weg. Innerhalb eines halben Jahrhunderts stieg die Einwohnerzahl Aucklands von 800 000 auf gut 1,3 Millionen. Eine atemberaubende Entwicklung. Wie empfinden wohl Oldtimer, die in den 1950er-Jahren hier in einer Stadt von nur 500 000 Einwohnern lebten?

Putzige alte englische Karossen auf den Straßen haben japanischen Kleinwagen Platz gemacht, die Gesichter der Menschen sind anders. Denn aus den Randgebieten wagten sich zunehmend die Maoris, Neuseelands Ureinwohner, herein. Auch für Pacific Islander, die Südseeinsulaner von Fidschi, Samoa, den Cook Islands oder Tonga, auf der Suche nach Arbeit und neuer Lebensqualität wurde Auckland schnell zur ersten Adresse. Das spiegelt sich wieder im Kaleidoskop der Völkervielfalt dieser Big City, die stolz darauf ist, mit dem 328 Meter hohen Skytower das höchste freistehende Bauwerk der südlichen Hemisphäre zu besitzen.

Die sinkende Sonne reflektiert in den Scheiben des Airportgebäudes. Dunkles Rot liegt wie ein Vorhang auf den Fenstern, löst sich auf und weicht dem aufziehenden Grauschwarz sich auftürmender Regenwolken. Ein Gewitter ist im Anzug. Im Westen zucken bereits erste Blitze.

Als wir vom Airportgelände auf die Straße nach Norden rollen, ist es fast dunkel… »Schätze, dass wir noch ein bis zwei Stunden bis zu Mrs. Simon benötigen.«

Bei Dunkelheit in einer fremden Großstadt mit einer anderen Mentalität und fremden Bräuchen, vor allem mit rasantem Verkehr zu radeln ist nicht jedermanns Sache. Meine auch nicht.

Dann schon lieber durch die tiefste Wildnis, mutterseelenallein durch eine Wüste radeln.

Als die Wolken über uns sich zu einem undurchdringlichen Knoten zusammenziehen und die Autos wie aggressive Hummeln an uns vorbeisummen, steigert sich das Kribbeln in meiner Magengegend.

»Wären wir doch schon an den Fjorden der Südinsel, da gibt es wenigstens kaum Autos«, brumme ich. Juliana hört mich nicht. Die ersten Regentropfen klatschen uns ins Gesicht, durchnässen die Hemden bis auf die Haut. Wir stoppen, streifen uns die dünnen Regenjacken über, schwitzen darunter wie in einer Sauna und radeln weiter. Gut, dass der Regen wenigstens etwas Abkühlung bringt. Der Lichterreigen der Großstadt pulsiert jetzt aus den

Pfützen, flimmert, gleißt, spritzt uns als silbergraue Brühe über die Füße, wenn unsere Reifen die Spiegelungen durchtrennen.

»Warum muss Mrs. Simon ausgerechnet nördlich der City in Takapuna wohnen?!«, murre ich. Nun, so beschert uns der erste Abend wenigstens eine Cityrundfahrt. Endlich lässt der Regen nach. Aus den Pfützen neben der Fahrbahn kräuselt leichter Dampf, fliegt wie ein feiner Nebel über die Straße. Ein neuer Tiefschlag kommt bei der Harbour Bridge, die Auckland mit der Nordhalbinsel verbindet: *No cyclists allowed.*

»So ein Mist, die Brücke ist für Radfahrer gesperrt. Was nun?« Wir lehnen unsere Räder gegen einen der hohen, rechts und links der breiten Brücke peitschenförmig über die Fahrbahn gewölbten Lampenmasten und strecken die Daumen vor.

Hitchhiking sollte in Neuseeland an sich nicht problematisch sein, so hatten wir gehört. Doch abends als Anhalter in einer Millionenstadt, zu zweit und noch dazu mit schwer bepackten Fahrrädern...?! Ein Toyota mit zwei jungen Leuten drinnen huscht vorbei. Der Fahrer grüßt. In solch eine Box kriegte man nicht mal ein Klapprad rein.

»Gibt es eine Alternative für diese Strecke?«

Während ich den bei der Touristeninformation am Airport erhaltenen Mini-Stadtplan, der in meiner Gesäßtasche schon viel von seiner Unschuld eingebüßt hatte, auseinander falte, flammen dicht rechts neben uns rote Bremslichter auf. Pfeifend, leicht asthmatisch beißen Bremsbacken in alte Bremsscheiben. Fünf Meter weiter kommt der betagte Datsun-Pick-up-Truck zum Stehen. Ein kräftiger Mann, so um die Mitte dreißig, die langen schwarzen Haare zum dicken Knoten im Nacken geschlungen, kurbelt das Fenster ganz runter, sieht interessiert zu uns hin.

»Wohin?«

»Auf die andere Seite der Harbour Bridge. Fahrräder sind hier nicht erwünscht!«

Er grinst. Die breite Nase zwischen den dunklen Augen, über

Die Maoris waren die gefürchtetsten Krieger der Südsee. Herausgestreckte Zunge ist Angriffsgeste.

denen sich dicke schwarze Augenbrauenwülste türmen, scheint noch breiter zu werden. Dann schleudert er den ausgestreckten Daumen nach hinten in Richtung Ladefläche. Ich deute das als *alles einladen!*

Momente später klettern wir zu ihm auf den zerschlissenen, schmalen Vordersitz seiner Rostlaube.

»Geht es?«

»Okay.« Ich schiebe einen Schraubendreher, der mir kräftig in den Hintern piekt, zur Seite, die anderen Werkzeuge, auf denen ich sitze, sind zwar hart, stechen aber nicht.

»Ich bin Motu.« Er streckt erst Juliana, dann mir die Pranke entgegen. Die Linke versucht geräuschvoll, anfangs mit wenig Erfolg, den ersten Gang einzulegen. Mit nervösen Zuckungen hopst der alte Pick-up-Truck, bis seine Bocksprünge weicher werden und meine Hand sich am Armaturenbrett entspannt.

Motu deutet auf die Brücke. »Als man das verdammte Ding 1959 baute, hätte man gleich Fuß- und Radwege anlegen sollen. Aber die Burschen damals haben nicht mal die Brücke für Autos breit genug gebaut. Hier, die Nippon-Clip-Ons«, er weist auf die beiden nachträglich angefügten Fahrspuren jeweils rechts und links der Hauptbahnen, »wurden rund zehn Jahre nach der Fertigstellung der Harbour Bridge von den Japanern angebaut.«

Das asthmatische Geröchle ist in ein schepperndes Grollen übergegangen. So klingt es, wenn ein Auto sein Dasein ohne Auspuff fristen muss.

»Nicht die beste Zeit, um mit Fahrrädern hier unterwegs zu sein.« Motu dreht sich mir zu. »Wo wollt ihr hin, wenn ihr die Nordseite der Brücke erreicht habt?«

»Takapuna«, sage ich.

»Das ist noch ein gutes Stück. Kann euch hinfahren! Kein Problem für mein Auto.« Er grinst, als hätte er meine Gedanken erraten.

An diesem Abend, auf dem Gipfel der Auckland Bay Bridge, wo

sich die Konstruktion nach Norden hin langsam wieder absenkt und der vollen Bodenhaftung zustrebt, erhalten wir die erste Lektion in unkomplizierter neuseeländischer Gastfreundschaft.

»Wie lange bleibt ihr in Auckland?«

Ich zucke die Achseln.

»Besucht mich, wenn ihr Zeit habt«, sagt Motu, der Maori, mit den schneckenartig ineinander verschlungenen Tätowierungen auf den muskulösen Oberarmen. Er setzt uns direkt vor Mrs. Simons Haus in Takapuna ab. Der alte Datsun wirkt hier wie ein Fremdkörper zwischen den frisch weiß gestrichenen Holzhäusern mit den sorgsam angelegten Blumenrabatten, in denen mir unbekannte Pflanzen nach dem kurzen Gewitter einen schweren, betörenden Blütenduft verströmen.

Mrs. Simon ist Teil dieses Bildes. Aufgeschreckt durch den Lärm des klapprigen Trucks, steht sie in der Tür, eine zierliche, weißhaarige Frau von fast siebzig Jahren. Agil ist sie und herzlich. Sie schließt uns in die Arme wie zurückgekehrte Kinder. »Nennt mich Kathleen«, beschwört sie uns, »Michael hat mir so viel von euch und eurer Reise erzählt. Kommt rein.«

Wir folgen ihr hinter das Haus zu einem weißen Schuppen, in dem wir unsere Räder entladen. Auch hierher dringt der Duft der Blüten durch die Ritzen. Bevor wir ins Haus gehen, werfe ich einen Blick zum Himmel. Die Gewitterwolken über Auckland haben sich fast verzogen, Sterne funkeln matt. Kein Wind geht. Im Januar in Neuseeland stehen selbst die Jahreszeiten Kopf, wir haben Hochsommer hier.

Der erste Maori

»Manchmal finde ich mich in Auckland kaum noch zurecht.« Kathleen Simon lenkt mit ruckartigen Bewegungen den alten Morris (Juliana spekuliert, die beiden müssten wohl dasselbe Geburtsjahr haben) durch Auckland. Sie würde uns gern den Albert Park zeigen, hatte sie gesagt, »wegen der Statue von Queen Victoria.«

Anfang der 50er-Jahre war sie als junge Frau von England ins Land gekommen. »Du kamst von der anderen Seite der Welt und warst in Neuseeland sofort zu Hause.« Damals war New Zealand noch eine Art Dependence, eine exotische, unendlich weit entfernte Außenstelle des nach-kolonialen Mutterkonzerns Großbritannien.

»Heute ist Auckland die ›Hauptstadt Polynesiens‹«, hatte Kathleen gesagt und ein wenig wehmütig gelächelt, so wie jemand, der an bessere, vergangene Zeiten zurückdenkt. »Jedenfalls haben wir die größte Population und Konzentration von Polynesiern, die es irgendwo auf Erden gibt.« Ich hatte davon gehört, dass im Vorort Manukau mehr als 140 Ethnien eine neue Heimat gefunden hätten. Seitdem ist Auckland tatsächlich die größte polynesische Stadt der Welt.

»Mit fast 180 000 Pacific Islanders«, wie Kathleen weiß. Doch am liebsten sitzt die alte Dame in ihrem Garten, serviert und trinkt Tee, plaudert davon, wie ihr vor Jahren die Ehre zuteil geworden war, die Queen im fernen Buckingham-Palast mit anderen neuseeländischen Frauen besuchen zu dürfen. »Neuseeländer waren damals ein reiselustiges Völkchen«, erinnert sie sich, »uns ging es wirtschaftlich blendend. Doch dann trat Großbritannien in die europäische Gemeinschaft ein...!«

Ich wusste, dass bis dahin Neuseeland der Fleischtopf des fernen Mutterlandes gewesen war. »Über Nacht waren wir unsere Märkte los für Fleisch, Wolle und Milchprodukte.« Neuseeland orientierte sich im südpazifischen Raum neu. Und damit begannen die Veränderungen. Die flinken Neuseeländer erschlossen neue Märkte in diesem Teil der Welt, bald sprach sich herum, dass Neuseeland das gelobte Land sei. Das löste einen Exodus der Polynesier dorthin aus, vor allem Auckland galt als Top-Adresse für die Neuankömmlinge. Seitdem isst man hier auch andere Dinge als nur Fisch und Chips.

Kathleen Simon zeigt uns die Stadt, nimmt uns mit zu Freunden und führt uns so in das Leben der Aucklander ein, denen man schmunzelnd nachsagt, sie lebten am Wochenende auf und nähmen sich die ganze Woche Zeit, um sich davon zu erholen. Unsere Gastgeberin verliert nur einmal kurz die Fassung, als Juliana beim Abendessen mit Blick auf deutsche Essgewohnheiten fragt: »How do you eat *Mais*?« Die Frage geschah in aller Unschuld, Juliana hatte nur vergessen, dass das deutsche Wort Mais (engl.: corn) wie *mice* (Mäuse) klingt. Die Frage musste also in den Ohren einer Neuseeländerin klingen wie etwa: »Wie esst ihr eigentlich Mäuse?« Kathleens schnelle Antwort: »Weder gebraten noch gebacken!« Neuseeländer sind so schnell nicht aus der Ruhe zu bringen.

Vorsichtigen Schätzungen zufolge liegen in Auckland 65 000 der landesweit 150 000 registrierten Yachten vor Anker. Das trug der Stadt den Spitznamen *City of Sails* ein. An einem sommerlichen Wochenende, so heißt es, sei mehr als die Hälfte ihrer Bevölkerung unter Segeln. Als uns anderntags ein Bus über die Harbour Bridge Richtung Innenstadt bringt, bleibt mir beim Anblick eines unendlichen Meeres Seite an Seite liegender 100 000-Dollar-Schmuckstücke vor der Skyline von Downtown Auckland wirklich die Spucke weg.

Überall ist hier Wasser. Es bestimmt das Lebensgefühl der Aucklander, die in den Augen der *Ronzers*, des *Rest of New Zealanders* in einer Art Sündenbabel vegetieren. Das Vergnügen stehe bei ihnen an der Spitze aller Lebenswerte. Womit wir schon im Schlagabtausch *Auckland gegen den Rest des Landes* (oder umgekehrt) drin wären – uns allerdings auch schleunigst wieder verabschieden. Doch es bleibt nun einmal dabei, Auckland und die Ronzers sind zwei verschiedene Welten. Aber wenn ich das Schönste beider Welten kosten dürfte, dann entschiede ich mich heute und hier spontan für diesen Segeltraum, würde wie die Aucklander mit Barbecue und eiskaltem Bier in den von Landnasen, Buchten und Inseln geschützten Hauraki-Golf reinsegeln. Wie heißt es doch: »Innerhalb nur einer halben Fahrstunde erreichst du von Downtown Auckland 102 Strände.«

Im Norden begrenzt der Waitemata Harbour, im Süden der Manukau Harbour die Stadt. Segeln ist hier beileibe kein Privileg der Reichen. »Das war offenbar schon vor 1000 Jahren so«, witzelt Juliana, als wir wenig später im National Maritime Museum vor den Booten der ersten maorischen Einwanderer stehen.

»Ich werde euch einen internationalen Cocktail servieren«, überrascht uns Kathleen Simon, als wir abends fußlahm, aber sehr zufrieden zu ihr nach Takapuna zurückkehren. Ein Vogel tiriliert über uns, während wir in ihrem Garten zwischen Weinranken, Pflaumenbäumchen, Äpfeln, Pfirsichen und rot leuchtenden Tomaten sitzen und Orangen in einen erfrischenden Fruchtsaft verwandeln. »Mein Freund Serge hat uns heute Abend zum Dinner eingeladen. Serge ist ein begnadeter Gärtner, ihr werdet von seinem Garten begeistert sein.«

Seit rund 30 Jahren schon lebt der Italiener Serge auf der neuseeländischen Nordinsel. »Zurück nach Europa?« Serge grinst bis zu den Ohren über das braun gebrannte Gesicht. »No way!« Dann stellt er uns die Anwesenden vor: Dan aus Toronto in Kanada, Alex aus der Ukraine, sein Nachbar ist ein Albanier, und dann ist da noch Betty, gebürtig aus England. Etwa 60 Jahre ist diese Frau alt, fast ebenso reiselustig wie wir und gerade, wie sie sagt, *von einer Tramp-Reise mit dem Rucksack* durch Südostasien nach Auckland zurückgekehrt.

Serge ist ein Leichtgewicht von höchstens 50 Kilo; schlank, sehnig, mit nervigen Händen und einem ledernen, faltigen Gesicht, dem man ansieht, dass der Bursche sein Leben nicht in stickigen Büros verbracht hat. »Habe seit Jahren einen guten Job als Postzusteller«, sagt Serge. Damit scheint er zufrieden zu sein, denn er lebt für seinen Garten. Aber was heißt hier Garten? Auf seiner Minifarm am Rande von Auckland züchtet er Bienen und Pfaue, eine dralle schwarz-weiße Kuh sorgt für köstlich frische Milch, und »Gemüse habe ich die letzten zehn Jahren nie gekauft«, schwärmt er, als wir uns zu Tisch setzen. »Nur die Fasane hier bereiten mir Sorge.« Serge balanciert einen großen Teller mit Roastbeef zwischen uns durch auf den Tisch.

»Langt zu.«

Tags drauf begleiten wir ihn in seinem Wagen eine halbe Autostunde weit nach Norden, wo er anhält und zwei zappelnde Säcke von der Ladefläche seines Kombis zieht. »Diese Fasane haben meine Sämereien gefressen. Ich musste sie in der Falle fangen, sonst wäre von meinem Gemüse kaum noch was übrig geblieben.«

Ein Fasan nach dem anderen fliegt bald flügelklatschend davon. Serge grinst: »Denke, die Vögel kennen die Richtung zu meinem Garten genau...« Und so wiederholt sich das Katz-und-Maus-Spiel von Vogelfang und -freilassung alle paar Wochen. »Sie abzuschießen bringe ich nicht übers Herz.«

Es fällt schwer, sich aus solch einer herzlichen Gastfreundschaft zu lösen. »Bleibt noch ein paar Tage. Wir könnten noch einen Ausflug hoch zum Ninety Mile Beach machen«, schlägt Kathleen Simon vor. Doch mir brennt es in meinen Reiseschuhen. Ich möchte endlich los. Dafür haben wir uns doch in Downtown Auckland Karten und Reiseinformationen beschafft. Abends sitzen wir drei noch einmal gemütlich zusammen im Garten. Kathleen versorgt uns mit Tipps und Anschriften von Freunden, die wir unbedingt besuchen müssten.

Juliana beugt sich zu mir über die Karte. Wir tüfteln Routen aus, verwerfen andere. Die Hauptdurchgangsstraßen würden wir meiden, das stand fest. Hundert Highlights, die uns sicherlich auch interessierten, mussten deshalb ausgeklammert werden. Es kam uns nicht aufs Kilometer-Fressen an. Wir wollten den Finger am Puls Neuseelands haben, den Menschen hier begegnen, mit ihnen am Lagerfeuer sitzen und sicherlich irgendwo auf den einen oder anderen neuseeländischen Vulkan steigen. »Lake Taupo wird das erste Etappenziel sein«, hatten wir beschlossen. Südöstlich dieses berühmten Forellensees erheben sich im Tongariro National Park einige der schönsten und höchsten Vulkane Neuseelands, schneebedeckt, mit türkisfarbenen Kraterseen.

»Übermorgen kann es losgehen.«

Für morgen hatten wir uns mit Motu verabredet.

Eine Klingel könnte nicht eindringlicher auf ihn aufmerksam machen. »Das wird wohl euer Freund sein!«, sagt Kathleen Simon, als ein metallisches Gehüstel vor dem Haus uns aufschreckt.

Fehlender Auspuff hin, fehlender Auspuff her, Motus klappriger Datsun fährt uns an diesem Tag nicht nur in die weiten landschaftlichen Schönheiten der Nordhalbinsel, sondern auch hinein in die Geschichte Neuseelands.

»Ich zeige euch heute, wo meine Wurzeln sind.« Motu lenkt sein Ungetüm auf die östliche Seite der Nordhalbinsel, manchmal dicht entlang der Küste, dann wieder etwas Inland, an Buchten und Lagunen vorbei, aber immer nach Norden, vorbei an Whangarei Richtung Pahia und Waitangi, durch Wälder, von deren mächtigen Bäumen Flechten wie Bärte bis auf den Boden hängen, entlang grüner, rundbuckeliger Hügel, auf denen wie gelbliche Farbtupfer Schafe weiden.

Auf die Frage, warum er uns so weit hinauf nach Norden führe, lächelt er nur: »Als ich euch zwei am ersten Abend an der Harbour Bridge sah, nur mit zwei Fahrrädern statt mit protzigem Wohnmobil, und als ich hörte, dass ihr im Zelt schlaft anstatt im Hilton, da habe ich gedacht, die beiden wollen mein Land wirklich kennen lernen. Und wenn ich sage *mein* Land, meine ich vor allem das meines Volkes. Deswegen habe ich euch eingeladen, nach Waitangi mitzukommen.«

Natürlich wusste ich, dass in Waitangi jener Vertrag geschlossen worden war, der die Kultur der Maoris, ihr Leben und was an eigenständiger Identität neben der Dominanz der Engländer sonst noch übrig geblieben war, unter den Schutz der Weißen gestellt hatte.

»Schutz?« Motu lacht. »Fast 1000 Jahre vor den ersten Weißen sind meine Vorfahren aus Hawaiki gekommen. Ich weiß nicht, wo das liegt. Keiner weiß das. Anthropologen behaupten, mein Volk stamme aus Asien und sei 2000 Jahre lang durch die Südsee gekreuzt, bis es nach Neuseeland kam.«

Mittlerweile haben wir die Bay of Islands erreicht, eine tief ins Land hineinreichende Bucht mit 150 Inseln, die aus der Sicht eines Albatros wie leuchtend grüne Jadesteine im Blau des Pazifik funkeln müssen. Hier betrat Kupe der Überlieferung nach als erster Maori neuseeländischen Boden. Er war es, der dieses Land *Aotearoa – Land der weißen langen Wolke* nannte. Aber als Entdecker und Forscher Captain Cook 1769 die Ostküste Neuseelands betrat, nahm er diesen Teil der Welt mit der für Entdecker typischen Selbstverständlichkeit für die englische Krone in Besitz.

Motu steht zwischen Juliana und mir. Unsere Zehenspitzen spielen im Sand, der von müde plätschernden Wellenausläufern unterspült wird.

»Einfach so…« Motu macht eine weit ausholende Bewegung mit der Hand, und über sein sonst fröhliches Gesicht fliegt einen Moment lang ein düsterer Schimmer. »Einfach so hat Captain Cook gemacht.« Und er lässt seine Hand noch einmal durch die

Luft über Buchten, Inseln, über das Meer, Strände, Bäume und den Sand des Ufers fliegen. »Mit dieser Handbewegung waren das Land meiner Vorfahren und sie selbst Teil des britischen Empire.«

Noch heute zeugen zahlreiche Maori-Ortsnamen entlang der Bay of Islands von dem Leben der Maoris einst, aber auch noch heute. Waikare, Kerikeri, Manawaora oder Purerua. Cooks erster Besuch und zwei weitere waren nur von kurzer Dauer. Doch der Weltumsegler trat eine lawinenartige Entwicklung los, die im Vertrag von Waitangi und der Selbstaufgabe eines Volkes endete. Dem Forscher Cook folgten die Walfänger und Schiffsbauer. Denn es hatte sich schnell herumgesprochen, dass die Bay of Islands nicht nur einen geschützten Hafen hatte, sondern dass das Holz der hier wachsenden riesigen, Jahrhunderte alten Kauri-Bäume ideales Baumaterial für Schiffsmasten abgab.

Immer mehr *Pakehas* – wie die Maoris die weißen Ankömmlinge bezeichneten – drangen in das Land vor und nahmen sich, wonach ihnen der Sinn stand. Sie brachten als Tauschgüter teilweise Waffen mit, die die Maoris bald sogar auch gegeneinander einsetzten. Mit ihnen kamen außerdem Krankheiten. »Mit dem Ergebnis, dass von den bei der Ankunft Captain Cooks gegen Mitte des 19. Jahrhunderts rund 120000 Angehörigen meines Volkes gerade noch die Hälfte übrig geblieben ist. Der hübsche Ort Russel, der auf einer wie eine Pfeilspitze in die Bay of Islands hineinragenden Landnase liegt, markierte in jener Zeit ein besonders düsteres Kapitel neuseeländischer Geschichte.« So berichtet uns Motu.

»Damals hieß der Ort Karorareka. Manche verfluchten ihn auch als *Höllenloch des Pazifiks*.« Das änderte sich etwas, nachdem sich 1814 der anglikanische Priester Samuel Marsden in der Bay of Islands niedergelassen hatte. Doch war die einmal begonnene Entwicklung nicht mehr aufzuhalten und vollzog sich in atemloser Rasanz. »Am 6. Februar 1840 wurde der Vertrag von Waitangi unterschrieben«, fährt Motu fort. Er lächelt spöttisch.

»Als Waitangi Day feiern wir das Ereignis heute. Aber damit gaben wir Maoris die Souveränität über unser Land auf und erkannten die der Pakehas an.«

Die späte Abendsonne blitzt aus den Scheiben der Häuser in den nördlichen Randgebieten Aucklands, als wir mit Motus altem Pick-up-Truck Richtung Takapuna zurückrollen. Schon längst habe ich mich an die skurrilen Macken dieses hüstelnden, malmenden Autoungetüms gewöhnt. Motu zeigt auf den glühenden Sonnenball: »Wir Maoris sind heute Teil Neuseelands. Man hat uns während der letzten Jahrzehnte endlich wahrgenommen. Auch wenn die Auseinandersetzung manchmal mit Fäusten geführt wurde! Man hat uns Landrechte zugebilligt, Neuseeland – und sogar die britische Queen – haben sich bei meinem Volk entschuldigt. Das ist gut…«

Das Dröhnen des Pick-ups hat Kathleen Simon vor die Tür gelockt.

Zum Abendessen mit reinzukommen hat Motu leider keine Zeit mehr. »Mein Job im Hafen wartet«, sagt er.

»Danke, Motu«, sage ich.

»Wenn ihr durch Neuseeland radelt, seht euch das Land mit den Augen eines Maoris an, der vor vielen Generationen hierher kam, als noch die großen Moa-Vögel die Inseln bevölkerten und nicht die Schafherden.« Er stockt einen Moment. »… und ihr werdet ein einmaliges Paradies entdecken, wie damals Kupe, als er mit seinem großen Kanu erstmals Neuseelands Strände berührte und das Land Aotearoa nannte.«

Die Begegnung mit Motu hat mich nachdenklich, aber mehr noch gespannt gemacht. Schwerer Duft liegt wie am Tag unserer Ankunft über der Stadt. Der Sternenhimmel hängt an diesem Abend so tief, als wolle er den Boden küssen, wären da nicht die Dächer der Nachbarhäuser. Juliana hat bereits die Packtaschen unserer Fahrräder gepackt, ich hatte noch etwas Öl auf die Ketten gegeben und Luft in die Reifen gepumpt. Wir sind reisefertig.

Wir haben vor, von Auckland aus gen Süden zu radeln. Die erste Etappe bleibt, wie schon Tage zuvor beschlossen. Zunächst das vulkanische Hochland um den Tongariro National Park, dann Rotorua mit seinen berühmten Geysiren und kochendem Schlamm. Die zweite Halbzeit ist auf der Südinsel eingeplant. Doch wie das so ist mit Plänen und dem Einsammeln von Touristenzielen ... Vor allem, wenn ein Land voll davon ist wie Neuseeland. Reiseführer überbieten sich mit vollmundigen Bekundungen über das *schönste, größte, einmaligste* Land. Dass diese Hitliste zu Recht besteht, möchte ich nicht bezweifeln. Doch was nützt dem Radler mit ein paar Monaten Zeit das Wissen um alle Einmaligkeiten, wenn er bedenkt, dass es von der Spitze im äußersten Norden bis zum südlichsten Punkt Neuseelands 1770 Kilometer sind. Auf europäische Verhältnisse übertragen, wäre das vergleichbar mit der Distanz Hamburg-Rom. Die Kunst des Reisens per Drahtesel liegt auch hier in der Beschränkung auf weniges. Das ist gut ..., so halten wir uns noch Freiraum offen für spontane Entschlüsse, vielleicht auch die eine oder andere verrückte Idee.

Wenn es mit der Gastfreundschaft der Neuseeländer so weitergeht wie bisher, wird es allerdings Engpässe im Zeitplan geben. Aber wenn es weiter nichts ist ..., denke ich und schlafe dabei auf dem Rasen unter dem Kreuz des Südens ein.

Rotorua –
wo der Teufel sein Süppchen kocht

Um die achtspurige Auckland Harbour Bridge zu umgehen, lassen wir uns dieses Mal mit einer Fähre über die tief in die Nordinsel eindringende Waitemata-Bucht übersetzen. An die Reling gelehnt, beobachte ich aus den Augenwinkeln, wie ein Mann, dem offenbar der Bart das ersetzt, was er trotz seiner jungen Jahre bereits an Haupthaar eingebüßt hat, unsere Fahrräder mit Interesse und Kennerblick prüft. Über *nice day today, isn't it*, Feststellung und Frage in einem, Grußformel für alle Fälle im Leben eines Neuseeländers, vergleichbar einem deutschen *Wie geht's*, kommen wir mit Barry, dem Farmer aus der Gegend von New Plymouth im westlichsten Zipfel der Nordinsel, ins Gespräch. Zehn Minuten später notiert er seine Anschrift auf der Rückseite unseres Tagebuches. »Ihr müsst uns unbedingt auf unserer Farm besuchen.« Mit dem Versprechen, in etwa zehn Tagen bei ihm und seiner Frau Alison zu sein, geht dieses kurze Intermezzo, von dem wir nicht ahnen können, welch lang anhaltende Wirkung es haben wird, zu Ende.

Gut zwei Stunden radeln wir von Takapuna, bis wir das weitflächige Stadtgebiet Aucklands mit seinen südlichen Vororten endlich hinter uns gebracht haben. Doch auch dann bleibt der Verkehr stark, die Nationalstraße 1, die Nord-Süd-Achse, ist eine der Schlagadern des Landes. »Zu viel Verkehr«, knurre ich. Manchmal pfeift mir Rollsplit um die Ohren. Endlich passieren wir »Bombay«, und tatsächlich – einige Inder stehen vor dem kleinen Obstladen des Ortes. Gegen Abend erreichen wir Lake Waikare, wo wir die Hauptstraße verlassen, um dichter an den See heranzukommen. Eine Frau, die wir nach dem Weg fragen, bietet uns ungefragt an: »… wenn ihr mögt, könnt ihr auf unserer Obstplantage übernachten.« Und sie fügt hinzu: »Mein Mann ist begeisterter Radfahrer und wird sicherlich begierig eurem Erfahrungsbericht lauschen.« Um es kurz zu machen: Es wird ein urgemütlicher und sehr unterhaltsamer Abend. Als wir zu unserem zwischen Apfel- und Pfirsichbäumen aufgebauten Zelt zurückkommen, ist die Luft trotz der vorgerückten Stunde noch angenehm mild. Wir setzen uns ins Gras, flüchten aber bald ins Zelt, da sich blutgierige Mücken wie wild gewordene Bestien auf uns stürzen.

Nicht weit von Ngaruawahia, einem Ort, der jedes Jahr im März der Schauplatz eines berühmten Rennens von Maori-Kriegskanus ist, befindet sich eine Farm, auf der man auf unser Kommen vorbereitet ist. Es waren zwei junge Frauen aus der Schweiz gewesen, die uns vor Monaten auf Bali die Anschrift von John und Penny Scott gegeben hatten: »Die beiden müsst ihr unbedingt besuchen. John ist lange Jahre durch Europa getrampt, in Deutschland hat er sogar einen Job als Packer gehabt, wetten, dass der sich auf euren Besuch freut!«

John und Penny bewirtschaften eine Farm, zu der 150 Hektar Land gehören. 600 Schafe und 200 *pieces of beef* nennen sie ihr Eigen. »Die Bullen exportieren wir nach Amerika, dort kommen sie als *Hamburger* auf den Tisch«, sagt John.

»Bin gerade heute Morgen mit meiner Familie von einem Kurzurlaub zurückgekommen.« Segeln im Pazifik! Aber der liegt ja hier vor der Haustür. Die schnittige Yacht hängt noch an dem Anhänger seines Trucks.

»Mein Ersatz für die weite Welt…«, bekennt er mit ruhigem Lächeln (aus dem ich ein leises Bedauern herauslese) in dem frischen, braun gebrannten Gesicht, das ein 3-Tage-Bart umrahmt. Sein Blick streichelt das Boot. Und wie zur Entschuldigung: »Aber jetzt habe ich ja Familie… und dann diesen Besitz.«

Wir rücken am Tisch zusammen, als Penny das Abendessen serviert: »Beef«, wie ein jetzt strahlend stolzer John bemerkt. Doch zum Leidwesen der Rinderzüchter sei der Fleischkonsum bei den Neuseeländern rückläufig. Nicht so bei uns an diesem Abend. Großes Hallo, als Penny fast heißen Apfelkuchen mit Vanilleeis aufträgt, eine Spezialität zum Nachtisch, auf die eine neuseeländische Hausfrau, die was auf sich hält, niemals verzichten würde. Dann serviert Penny Kaffee. »Nein danke, nicht für mich, nicht abends um 22 Uhr.«

»Früher war diese Gegend ein Kernland der Maoris«, sagt John, während er den im Land allgegenwärtigen Instantkaffee umrührt und in vorsichtigen Schlucken kostet. »Ihr seid heute durch Ngaruawahia gekommen. Dort residiert seit Jahrzehnten die Maori-Königin Te Arikinui am Waikato River.« Wir hatten schon davon gehört, dass die große alte Dame der Maoris sich zwar im öffentlichen Leben Neuseelands bescheiden im Hintergrund hält, als Identifikationsfigur für die Ureinwohner jedoch von immenser Bedeutung ist.

Das Leben der Scotts beginnt sehr früh, und so komme ich mir, als wir gegen sieben Uhr aufstehen, schon als Langschläfer vor. John ist bereits mit seinem Geländemotorrad unterwegs, das er wie einen Mustang bändigt, um ausgebrochene Schafe einzufangen. Er winkt, seine Worte aber gehen unter im Gekreisch der Maschine …, und der war Möbelpacker in Frankfurt!

Zwei Tage später sind wir dabei, John und Penny zu verlassen. Es ist früh am Morgen. Nebel liegt über den Wiesen, auf denen pralle Rinder mit glänzendem Fell grasen. Ein Reiher zieht durch die Luft. Feine Tautröpfchen blitzen auf den Gräsern und auf den Lenkern unserer Räder. Wir packen.

»Penny, nicht das auch noch.« Doch sie lässt es sich nicht nehmen, uns mit saftigem Fruitcake, einem mit Sukkade und Trockenfrüchten angereicherten schweren Fruchtkuchen, einem halben Dutzend saftiger Sandwiches und einem Bündel Rhabarber

(»extra noch schnell für euch gepflückt«) zu verwöhnen. Über seine Verwendung werden wir später ernsthaft nachdenken müssen...

»Ich denke, dass wir es heute bis Rotorua schaffen werden.«

»Es sei denn, es fängt uns jemand von der Straße weg und lädt uns wieder ein.« Angesichts der Rasanz der Schlag auf Schlag folgenden Einladungen könnte unser Reiseplan ins Trudeln geraten.

Macht nichts.

Während der Jahre unserer Reisen durch alle Winkel der Welt habe ich bei mir eine Veränderung beobachtet. War ich früher mehr auf das Abenteuer in Extremsituationen aus, durch die ich mich mit Vorliebe allein oder mit Juliana durchbiss, ist jetzt die Begegnung mit den Menschen für mich die Würze des Reisens. Wobei ich mich aber auch durchaus tage- oder auch wochenlang in die stille Natur zurückziehen kann. Berührungsängste mit dem Alleinsein habe ich nicht.

Die Sonne steht schon fast im Zenit, längst hat sie den Rest Morgentau geschlürft, der jetzt als klebrige Schwüle die Luft schwer macht und wie Schweiß auf der Haut liegt. Ich glaube zu dampfen. Über die Baumlandschaft links und rechts der Straße notiere ich später im Tagebuch: »Dschungelhaft. Sattgrün das Laub, so dicht, dass die Strahlen der Sonne Mühe haben, auch nur die kleinsten Lichtkleckse auf den moosigen Boden des Waldes zu malen.«

Highway 5 zieht sich durch diese Landschaft, die an jene erinnern mag, auf die die ersten Maoris vor 1000 Jahren trafen. Dann überquert er die Mamaku Range, einen in Nord-Süd-Richtung verlaufenden Höhenzug, kaum mehr als 500 Meter hoch.

Bäume versuchen sich in mehreren Etagen darin zu übertrumpfen, noch ein Blatt, noch einen Ast höher zu recken, um den besten Platz an der Sonne zu ergattern. Es ist früher Nachmittag, und wir hätten eigentlich noch zwei Stunden weiterradeln können, doch angesichts dieser verwunschenen Welt beschließen wir, das Nachtlager sofort aufzuschlagen. Was nicht ganz leicht ist. Denn wir müssen die Ausrüstung über Lagen umgestürzter, ineinander verkeilter Bäume schleppen. Fast eine halbe Stunde benötige ich, bis ich einen Platz fürs Zelt freigelegt habe. Dann hocken wir zwischen Riesenfarnen und lauschen den Stimmen des Urwaldes.

»Gut zu wissen, dass es keine Giftschlangen in Neuseeland gibt.«

Nach der Radtour durch Australien, diesen *Weltmeister der giftigen Reptilien*, ist das ganz beruhigend. Da raschelt es zwischen meterhohen Farnen. Ich halte die Luft an.

»Augen auf«, wispere ich in Julianas Richtung. »Wenn du jetzt ein schrilles *Ki-Wi* hörst, wird das für uns Premiere sein.« Doch auf den eigentümlichsten Laufvogel unseres Globus warten wir an diesem Abend vergeblich. Ich hatte davon gehört, dass der langschnäblige, gut ein Drittel Meter große Kiwi-Vogel in den Wäldern im Norden der Nordinsel zu Hause ist. Man trifft ihn aber auch mit etwas Glück in wind- und regengepeitschten, nässetriefenden Wäldern im Westen der Südinsel. Während andere flugunfähige Vogelarten Neuseelands vor den Menschen ausweichen mussten, bis sie nicht mehr weiterkonnten und ausstarben, hat der Kiwi überlebt. Mehr noch: Der Nachtvogel feierte Auferstehung als Maskottchen und Namengeber der ganzen Nation. Der lichtscheue Geselle, der seine von dichten Pflanzen umgebene Höhle nur nachts verlässt, um seinen langen Schnabel in Beerensträucher zu stecken und Insekten zu picken, war das perfekte, griffige Logo. Neuseeländer in aller Welt fühlen sich geschmeichelt, wenn man sie Kiwis nennt. Und die Frucht gleichen Namens, obwohl eigentlich in China beheimatet, trat von hier aus einen Siegeszug in die Fruchtschüsseln der ganzen Welt an.

Einen Moment noch raschelt es hinter den Farnen. Dann Stille. Schwarze Nacht liegt über unserem Urwald. Schon längst ist Julianas Ruf »Dinner is ready« verklungen. Satt und zufrieden lehne ich an dem meterhohen Stamm einer Farnpflanze. Das gelbliche Licht unserer Petroleumfunzel taucht den Dschungel in gespenstisches Licht. Vielleicht ist dies der Grund, warum Juliana sich dichter an mich heransetzt.

»Morgen wird uns der Teufel ein Süppchen kochen.« Heiße Quellen, brodelnder Schlamm und fauchende Geysire werden die Highlights unserer nächsten Etappe zwischen Rotorua und Lake Taupo sein.

»Ich las kürzlich die Geschichte von Hinemoa.« Juliana dreht den Lampendocht sicherheitshalber etwas höher. So hat man auch in den alten Zeiten die Geister vertrieben. »Hinemoa lebte am Ufer des Rotorua-Sees. Die Welt war für sie und ihre Familie so lange in Ordnung, bis sie sich unsterblich in den Häuptling Tutenakai verliebte. Der wohnte auf einer Insel namens Mokoia mitten im See, von wo aus der Wind Hinemoa sein Flötenspiel zutrug.«

Juliana schmunzelt: »Es war die Zeit noch vor Erfindung der Schwimmweste. Also nahm Hinemoa getrocknete Kürbisse, die wie Luftblasen wirkten. Die band sie sich um den Körper. So erreichte sie Mokoia Island.« Sie hält inne. »Wäre es ein Leinwandschmachtfetzen, würde die letzte Kameraeinstellung die beiden Lover in inniger Umarmung im Rot der untergehenden Sonne zeigen. Ihr Happy End war jedenfalls auch nach der Legende hollywoodgerecht inszeniert.«

Hinemoas Heimat liegt in einem Land, das auf mich wirkt, als habe hier die Erdoberfläche einst gebrodelt und Blasen geworfen. Man fühlt sich hier noch immer dicht am Puls der Erde. Witzbolde nennen die Nordinsel die *Bebende*.

Rotorua ist ein Vorgeschmack auf die Hölle, es zischt und riecht wie in Satans Experimentierkammer, so hatte es in meiner Reiseinformation gestanden: Hier kocht Schlamm, dort sind es Geysire, die meterhoch in den Himmel speien. Tief unter der Oberfläche ist

Neuseeland immer in Aufruhr. Der zerstörerische Ausbruch des Mt. Tarawera und das Erdbeben, das die Stadt Napier 1931 verwüstete, haben das drastisch belegt.

Wir fahren zunächst um den Rotorua-See herum, bis wir die Quellen von *Hamurana* erreichen. An einem glasklaren Bach, dessen Untergrund in eigentümlich satten Grün-Gelb-Tönen leuchtet, bummeln wir über eine kleine hölzerne Brücke an Rot- und Damwildgehegen vorbei zur tief im schattigen Wald gelegenen Hauptquelle, auf der sich Enten tummeln.

Die Nacht verbringen wir nicht weit vom See, wo beim Ausbruch des Vulkans Tarawera das Dorf Te Wairoa zerstört wurde. Zufällig hatten wir dort ein australisches Kamerateam bei Landschaftsaufnahmen getroffen. Spontan fragte einer der vier Filmer, ob wir für ihre Kameras radeln würden. »Why not…?« Einige Extrarunden lang traten wir für sie in die Pedale. Unsere »Gage«: kalte Cola und Studentenfutter.

In dieser Nacht habe ich das Gefühl, dass wir nicht allein am See sind. War da nicht eben ein Klatschen von Kanupaddeln auf dem Wasser? Doch still liegt der Lake Tarawera vor uns, schwach illuminiert durch das blasse, mager wirkende Gesicht eines halb sich hinter Wolken versteckenden Mondes. Die unregelmäßige Linie der Baumkronen am anderen Ufer reflektiert schwach aus dem bleischweren Spiegel des Sees.

Da, wieder dieses Klatschen!

War es nicht hier, wo am 31. März 1886 von einem Ausflug zurückkehrende Touristen erschrocken berichtet hatten: »Wir haben ein prächtig verziertes Kanu gesehen, gepaddelt von festlich geschmückten Maoris.« Sie hatten den sie neugierig umstehenden Einheimischen von Te Wairoa ihre Erscheinung genau beschrieben. Die Maoris des Dorfes waren entsetzt. Würde nicht nach einer Überlieferung eines Tages ein Unglück bringendes Kanu über den See gleiten, um den Menschen hier Tod und Verderben zu bringen? In Eile riefen die Maoris ihre Ältesten zusammen.

Ein greiser *tohunga*, dessen dunkle, schon verwaschene Tätowierung mit den Falten seiner ledrigen, runzligen Haut verwachsen schien, stampfte mit seinem Stützstock auf den Boden. Ruhe trat ein. Alle hier respektierten und ehrten den Priester.

Der Tohunga sah in die Runde: »Unglück«, sagte er mit düsterer Miene. »Unglück bedeutet das Boot. Unser Land wird von Feuer, Asche und Stein vernichtet werden.«

Als Mt. Tarawera tatsächlich am 10. Juni 1886 ausbrach, verschüttete sein Auswurf das Land. Auch das Dorf Te Wairoa. Asche und Steine begruben auch die Hütte des greisen Tohunga, der das Desaster vorausgesehen hatte, unter sich. Vier Tage lang fristete der unter Trümmern Verschüttete sein Leben, bis ihn Rettungsmannschaften bargen. Das geheimnisvolle Kanu aber wurde seit jenem Tag nicht wieder gesehen.

Die letzten Wolkenzipfel huschen über den Rand des Mondes. Mal lächelt er jetzt hell aus dem Himmel, dann wieder aus dem tiefen Schwarz der reflektierenden Wasseroberfläche. Kein Laut mehr ist zu hören, nicht mal der Ruf eines Käuzchens, kein Rascheln eines Opossums, auch nicht der Laut eines Kiwi, der sein Weibchen lockt.

Kein Klatschen von Kanupaddeln dringt mehr ans Ohr, so angestrengt ich auch in die Nacht hineinhorche.

»Wie hast du geschlafen, Sir?«, fragt Juliana am anderen Morgen.

Draußen jubeln bereits die Vögel über die Klarheit dieses neuseeländischen Morgens. Über die Oberfläche des Lake Tarawera huschen hauchdünne Wellenschleier, getrieben von einem leichten Wind. Dort wo die Sonne zwei Handbreit über dem Wasser steht, muss der schlummernde Vulkan Mt. Tarawera mit jener langen Scharte liegen, die ihm der Vulkanausbruch vom 10. Juni 1886 wie einen Schmiss tief ins Gesicht geschlagen hat. Hundert Meter vor mir spielen kleine Kinder am Wasser. Ihr Lachen klingt klar zu uns heran, als seien sie unmittelbar neben uns. Was für ein

Morgen. Ich schäle mich aus dem Schlafsack, stecke mutig die Zehe ins kalte Seewasser, gleite dann ganz hinein. Wie herrlich frisch es ist!

Juliana hat Eier und Schinken gebraten. Ein verlockender Duft liegt über unserem Camp. Ich gieße heißes Wasser auf den Nescafé in meinem Becher. Noch einmal werfe ich einen zaghaften Blick auf den unverändert vor mir liegenden See.

»Du«, beginne ich, »ich glaube, ich hatte die letzte Nacht einen merkwürdigen Traum…«

Noch am selben Tag erreichen wir den Ort Rotorua, eine Mischung aus Merry Old England, Südseeromantik mit Maori-Shows, Schwefeldämpfen und einer Erde, die am Kochen ist. Zwischen den gepflegten Blumenrabatten des Government Gardens dampft es, wirbelt heißer Schlamm, wenige Meter weiter spielen weiß gekleidete Ladies Bowling vor der eindrucksvollen Kulisse des Tudor Towers, eines ehemaligen Badehauses. Unübertrefflich fotogen: Ein Hauch fernes England liegt hier am Ende der Welt über Rotorua. Wir schieben unsere Fahrräder in den Park hinein und setzen uns auf eine Bank. Es ist kaum einer unter den Vorbeigehenden, der nicht grüßt und ein paar nette Worte mit uns wechselt.

Einer meiner nachhaltigsten Eindrücke von Neuseeland ist der Besuch des Waimangu Valley: Spätabends erreichen wir das Randgebiet des Tales und bauen unser Zelt auf einem Platz neben der Straße auf. Kalter Wind pfeift, und bald verkriechen wir uns nach drinnen. Auf dem Bauch liegend, die Köpfe dem offenen Eingang zugewandt, beobachten wir die Durchbruchsversuche des Mondes hinter schnell über den Himmel jagenden Wolken. Ist er erfolgreich, huscht sein weißes Licht über große Büschel Silbergras, die sich im Wind vor uns verbeugen. Bereits kurz vor sechs Uhr am anderen Morgen klopft es: Vorsichtig sehe ich aus dem Zelt… genau in das Gesicht eines jungen Parkrangers, der uns freundlich darauf aufmerksam macht, dass wegen der anhaltenden Trockenheit *fireban* sei. Überall habe die Parkverwaltung Schilder mit dem Feuerverbot aufgestellt, »… aber was machen unsere Besucher? Sie reißen die Schilder raus und verfeuern sie beim Grillen.«

Wir sind die Ersten an diesem Morgen im Waimangu Valley. Trotz der Morgenkühle, die ich eben noch verspürte, ist es im Tal mild, fast schwülwarm. Hier und dort kriechen heiße Dämpfe aus dem Boden.

Juliana witzelt: »Hätte ich das eher gewusst, dann hätte es trotz Feuerverbots gekochte Eier zum Frühstück gegeben.«

Ich habe an diesem Morgen den Eindruck, der Schöpfungsstunde nahe wie selten zuvor zu sein. Wir passieren den türkisblauen Emerald Pool, dann den Hauptkrater mit dem Cathedral Rock, aus dem Dampf und Gase aus dem Erdinneren langsam an uns vorbeistreichen.

Manchmal riecht es faulig, schweflig, kurz drauf wird es warm wie in einer Sauna. Heiße Fontänen zischen, es blubbert, brodelt und kocht. George Bernhard Shaw hatte hier einst gesagt: *Es ist schön, einmal die Hölle erlebt zu haben… und doch ins Leben zurückkehren zu können.* Vielleicht ist das Waimangu-Tal einer der besten Orte, um sich vorzustellen, wie es überall auf unserem Planeten vor Jahrmillionen ausgesehen haben muss, lange bevor ihn Menschen bevölkerten.

Zwei Stunden später werden sie auch hier wieder sein; mit Bussen, lautstark und kameraklickend. Manche aus Neuseeland, viele aus Australien, einige aus Amerika und natürlich auch aus Österreich, der Schweiz und Germany. Die Bilder sind noch die gleichen wie am frühen Morgen, die Schöpfungsstimmung aber wird verschwunden sein – genau wie wir.

Wairakei – Leben unter Dampf

Zwischen Rotorua und Lake Taupo kriecht uns immer wieder der faulige Atem aus dem gereizten Bauch der Erde in die Nasenlöcher: Mal blubbert kochender Schlamm, wölbt sich wie ein Bubblegum, bis er in meterdicken Blasen zerplatzt, mal zischen zwanzig Schritt weiter Schwefeldämpfe aus Erdrissen, die wie faule Eier stinken. Nach einer Fahrt durch dichte Nadelbaumwälder erreichen wir gegen Abend Wairakei am Ufer des Waikato River. In einer *Grocery*, in der wir wieder mal die köstliche neuseeländische Milch kaufen, kommen wir mit der Verkäuferin ins Gespräch: »Aus Deutschland!«, sagt sie. »Da war ich doch im letzten Jahr!« Begeistert schwärmt sie uns von ihrer Bootstour auf dem Rhein vor. Da unterbricht uns eine deutsche Stimme: »Grüß Gott…, mein Garten ist zwar nicht sonderlich groß, aber doch so, dass ihr euer Zelt bequem drin aufbauen könnt.« Ein Mann lehnt sich an den Türrahmen, lächelt uns freundlich an.

»Hallo, ich bin Rainer, habe draußen eure Räder mit dem ›D‹ drauf gesehen.«

Ende Vierzig ist er und promovierter Chemiker aus Deutschland. Seit rund zwanzig Jahren lebt er in Neuseeland und arbeitet in dem 1958 gebauten geothermischen Kraftwerk von Wairakei, in dem er Strom aus Erddampf erzeugt.

»Habt ihr was Besseres vor, als die Nacht bei mir zu verbringen?«

Haben wir nicht.

In dem Garten hinter seinem weiß gestrichenen Holzhäuschen bauen wir unser Zelt auf.

Rainer tritt neben mich: »Lass dich nicht stören, aber wenn ihr fertig seid, lade ich euch zum heißen Bad in den Taupo Hot Springs ein.« Eine halbe Stunde später aalen wir uns in einem herrlich heißen Pool.

»Das heiße Wasser, in dem wir baden, hat einen langen Weg hinter sich«, weiß Rainer.

Er prustet und schüttelt seine langen Haare, dass sie ihm wie ein stummeliger Pferdeschwanz um den Kopf fliegen. »Ich will euch nicht nerven – aber interessiert ihr euch für die Heiß-Wasser-Story hier?«

Klar doch. »Soviel mir bekannt ist, liegt Neuseeland an der Nahtstelle zweier höchst aktiver Schollen in den Tiefen unserer guten alten Erde. Es ist ähnlich wie bei der San-Andreas-Falte im Westen der USA, die zwischen California und Washington State immer mal wieder für schlimme Erdbeben sorgt.«

»Nicht *schlimm*!«, korrigiert Rainer. »Als Geologe liebe ich das Grollen im Bauch der Erde. Sonst hätte ich den Beruf verfehlt. Und genau deswegen bin ich ja hier, denn unter Neuseeland treffen sich zwei auf dem glühenden Erdkern driftende Erdschollen, die Indisch-Australische und die Pazifische Platte. Ihr müsst euch vorstellen: Eine will ausweichen. Aber die Pazifische gewinnt die Oberhand, drückt die Indisch-Australische pro Jahr etwa fünf Zentimeter nach unten, dabei kommt es in der zu Brüchen, und Lava schießt durch Spalten an die Erdoberfläche hinauf. Die Ergebnisse könnt ihr in Neuseeland überall sehen: Vulkane, brodelnder Schlamm und Geysire.«

Rainer hält inne, taucht wieder einmal kurz ab und schnauft: »Mein Tipp – fahrt in den Tongariro National Park. Der nördlichste und kleinste der Vulkane dort, der Tongariro, ist zwar schon ins gesetzte ruhige Alter gekommen. Doch die anderen beiden, Mt. Ngauruhoe und der Vulkan Ruapehu, werden immer wieder mal aktiv.«

»Ruapehu?«, ich grüble einen Moment. »War das nicht der

Ruapehu, der in den 50er-Jahren eine Zugkatastrophe ausgelöst hat?«

»Stimmt. 1953 hatte der Vulkan eine relativ unbedeutende Eruption, aber immerhin führte die dazu, dass sein Kratersee überlief. Daraus entwickelte sich eine Schlamm-, Stein- und Wasserlawine, die fast 40 Kilometer vom Kratersee entfernt die Eisenbahnbrücke in Tangiwai fortriss.« Rainer macht eine kleine Pause. »Just in dem Moment raste der Nachtexpress heran, ohne dass der Lokführer und seine Passagiere das Geringste ahnten. 151 Menschen starben.«

Rainers Berichte hatten in mir Neugier geweckt. Vulkane, egal ob auf Hawaii, auf der Aleutenkette in Alaska, in Japan oder hier, haben schon immer größte Faszination auf mich ausgeübt. Ich hatte gehört, dass die Hochlagen des Mt. Ruapehu zu den beliebtesten Skiregionen des Landes zählen. Und als Leckerbissen für Hiker gilt der Tongariro Northern Circuit, bei dem man auf einem 5-Tage-Hike die tollsten Thermalgebiete um den Mt. Ngauruhoe herum durchwandert.

»Ich habe noch 'n Tipp für euch«, sagt Rainer. »Letztes Jahr habe ich den Taranaki bestiegen. Ein Ex-Vulkan. Plant für den etwas Zeit ein. Die Aussicht von seinem Gipfel ist so perfekt wie seine vollendete Form.« Er grinst: »Mit Verlaub – die Claudia Schiffer der Vulkane.«

»Unser ganzes Leben steht hier unter Dampf«, sagt Rainer, als wir entspannt und herrlich müde von den Taupo Hot Springs nach Wairakei zurückrollen. »Regenwasser dringt in die Erdspalten ein, erhitzt sich, je tiefer es kommt, durch die relativ hoch liegenden Magmamassen, schießt als heißes Wasser nach oben und tritt hier als Dampf wieder ans Tageslicht.«

Dieses geothermische Spektakel beschert Rainer nicht nur einen Job, sondern er und auch die meisten anderen Bewohner von Wairakei duschen sich mit heißem Thermalwasser und heizen mit dem Dampf ihre Häuser. Im großen Stil zapft man die Hitze bei der weitflächig angelegten Wairakei Geothermal Power Station ab. Ein nicht unbeträchtlicher Teil der neuseeländischen Elektrizität wird so aus dem heißen Atem der Erde gewonnen.

Auf Rainers Stirn hatten sich bei den Worten ein paar Sorgenfalten gebildet. »Aber seitdem wir Menschen begonnen haben, die Erde anzuzapfen und den Dampf im großen Stil zu nutzen, ist die Wassertemperatur um rund 20 Grad gesunden.«

Tagebuchnotizen
vom 27. bis 31. Januar

27. Januar – Camp: Am Lake Rotoaria – Tagesleistung: 81 km
Der Abschied von Rainer nach dieser erfrischenden Begegnung ist herzlich. Von Taupo aus folgen wir dem Ufer des gleichnamigen Sees. Die Luft ist drückend schwül. Im Südwesten grüßt einladend, wenn auch unerreichbar fern, die schneebedeckte Kuppe des Vulkans Ngauruhoe. Am Ufer des kleinen Lake Rotoaria vergeht der Abend mit Tätigkeiten, die ich im Tagebuch als »hausfrauliche Jobs« skizziere: Vor uns türmen sich Mehl, Salz, Backpulver und Zucker, wir schöpfen Seewasser, kneten Teig und backen über dem Lagerfeuer dünnes Fladenbrot. Wolken huschen mit rasanter Geschwindigkeit über den See, bauen sich auf, verdunkeln den hellen Wasserspiegel. Früher als üblich wird es stockfinster. Ein Witterungsumschwung kündigt sich an.

28. Januar – Camp: Am Chateau Tongariro – Tagesleistung: 36 km
Feiner Regenspray liegt morgens auf dem Zelt und den Gräsern. Schwere graue Wolken driften wie am Vorabend über uns hinweg, es ist kalt. Wir hoffen, trotz des miesen Wetters unser Tagesziel, den Vulkan Tongariro, erreichen zu können.

Fast schnurgerade führt die Straße bergaufwärts. Zwei Stunden treten wir schwer atmend in die Pedale, als uns ein fröhlich pfeifender Bursche namens Scott aus Melbourne entgegenkommt. Mutterseelenallein kommt er mit einem riesigen Rucksack auf dem Rücken vom Berg herabmarschiert. Für kurze Zeit vergessen wir unser Ziel und unser Tagespensum. Ungeachtet des Nebels, des Regens und des nasskalten Windes, der mir eine Gänsehaut über die Knochen legt, hocken wir uns an den Straßenrand, Juliana zaubert ihren Kocher hervor, und bald schon summt das Teewasser. Dabei plaudern wir, tauschen Erfahrungen aus. Nur einmal wird die Ruhe um uns herum unterbrochen, als zwei junge Maoris auf kräftigen Pferden die Straße bergab galoppieren. Wie Geisterreiter tauchen sie auf und verschwinden wieder im nebelgrauen Nichts.

»Kennt ihr die Geschichte des Berges?«, fragt Scott. Wir zucken die Achseln.

»1887 verschenkte Häuptling Te Heuheu Tukino vom Stamm der Ngati Tuwharetoa gut 2600 Hektar Land an die Kolonialregierung, um die heiligen Berge seines Volkes hier schützen zu lassen. Heute sind daraus fast 80 000 Hektar Nationalpark geworden. International wurden sie als World Heritage Site anerkannt, zum einen wegen der spektakulären Vulkanlandschaft, zum anderen wegen ihrer kulturellen Bedeutung für die Maoris.«

Je höher wir in den Tongariro Nationalpark kommen, umso mehr klart das Wetter auf. Zum Schluss brennt die Sonne aus einem stahlblauen Himmel. Das am Berg gelegene Hotel Chateau Tongariro ist ein verblüffendes Muster eidgenössischer Hochgebirgsbaukunst inmitten einer gepflegten Golfanlage. Im Winter dient es als Sprungbrett für Wintersportler. Und wie um das Einmalige dieses entlegenen Fleckchens Erde zu betonen, steht auf einem Wegweiser, wie weit es von hier zum Rest der Welt ist: 19 000 Kilometer nach Rom, 11 000 Kilometer bis San Francisco.

**29. Januar – Camp: Hinter Ohura im Urwald –
Tagesleistung: 106 km**

Kurz nach neun Uhr brechen wir auf. In rasantem Tempo radeln wir die Straße runter, nachdem wir uns gestern mühsam bergauf gekämpft hatten. Als Spitzengeschwindigkeit lese ich auf dem Tacho *70 km/h*. Wenn jetzt ein Reifen platzt …!

In Taumarunui verlassen wir unsere Nord-Süd-Richtung für einen Abstecher nach Westen, Richtung New Plymouth, zu Barry und Alison. Ob die beiden sich noch an ihre Einladung nach unserer kurzen Begegnung auf der Fähre bei Auckland erinnern?

Die Strecke nach Westen ist landschaftlich abwechslungsreich, jedoch hügelig, steinig und staubig. Kaum eine halbe Stunde sind wir hier unterwegs, als sich ein Verkehrsunfall der anderen Art ereignet: Ein Schaf, offenbar durch den Weidezaun ausgebüxt, rast kopflos über die Straße, und *rumms!*, genau rein in das erste Auto, das uns seit langem entgegenkommt. Einen Moment lang bleibt es wie tot liegen, springt dann wie von der Tarantel gestochen auf und jagt blökend, Staubwölkchen auf dem Boden hinter sich lassend, zurück zu seinen Artgenossen.

Ausgepumpt erreichen wir gegen *High Noon* Ohura, ein Nest wie ein Relikt aus den wilden Pioniertagen. Der schläfrige Ort scheint um diese Zeit wie ausgestorben. Als wir Ohura wieder den Rücken kehren, passieren wir zunächst ein Gebäude mit Aufschrift *Meyers Garage*, danach ein dichtes kleines Wäldchen. »Ein richtiger Urwald«, denke ich. Stimmen, wie ich sie aus Dschungelfilmen meiner Jugend kenne, dringen zu uns: Vögel schreien, Schritte tapsen, Zweige knacken.

»Wollen wir hier die Nacht verbringen?«

»O.K.«

Juliana, wie ich von diesem Ambiente angetan, hebt ihr Rad bereits über brusthohe Farne, balanciert vorbei an dicht bemoosten Baumstämmen. Mühsam bahnen wir uns einen Pfad durchs Unterholz, bis wir einen leidlich ebenen Platz fürs Zelt gefunden haben. Noch lange liegen wir an diesem Abend wach. Der Schlaf will sich nicht einstellen, zu ungewohnt sind die Stimmen des Waldes: hier ein Rascheln, dort ein Knacken, dann wieder kreischt ein Vogel. Ich liege im Zelt und starre an die Decke; das Leben gefällt mir …

30. Januar – Camp: Vor Ahititi – Tagesleistung: 46 km

Die Straße Richtung Küste ist das, was man hier als *metal road* beschreibt: grob und steinig. Wir schieben über die Berge des Waitaanga Saddle mehr, als dass wir radeln. Endlich, nach sieben Kilometern Knochenarbeit bergauf, belohnt uns die klare Fernsicht auf den Mt. Taranaki. Unser Ziel rückt näher.

Soviel ich durch den über meine Augen laufenden Schweiß erkennen kann, würde ich dieses Land als »malerisch, zerklüftet, mit bis zu zehn Meter hohen Farnen bewachsen« beschreiben.

Will diese Schinderei denn kein Ende nehmen? Während wir wieder einmal rasten, stoppt nicht weit von uns entfernt auf der Straße ein Auto.

»Wo soll's denn hingehen?«

»New Plymouth«, sage ich. Der Fahrer, ein älterer Herr, war auch schon einmal in Deutschland. »Im Auftrag der Briten«, sagt er, »als Verwalter nach dem Zweiten Weltkrieg.«

Er sucht im Kofferraum seines Wagens. »Sorry, ihr beiden, habe leider nichts zu trinken dabei. Aber vielleicht könnt ihr mit diesen beiden Äpfeln etwas anfangen.« Er bringt zwei rotbackige Braeburn zu uns rüber.

Nachdem wir den letzten Bergsattel hinter uns gebracht haben, geht es bergab. Endlich. Doch auch hier können wir nicht allzu schnell fahren – zehn, fünfzehn km/h, wenn überhaupt, sonst rutschen die schwer beladenen Räder auf dem sandigen, mit Steinen gespickten Untergrund weg.

Als es zu regnen beginnt, verkriechen wir uns in einem verlassenen, teilweise eingestürzten Farmhaus. Aus der erhofften ungestörten Nachtruhe allerdings wird nichts: Gut ein Dutzend höchst lebhafter Mäuse teilt das Quartier mit uns.

31. Januar – Camp: New Plymouth – Tagesleistung 70 km

Tristes Grau eines »Nach-dem-großen-Regen-Tages« liegt über unserem verlassenen Farmhaus. Noch lange sammeln sich die Regentropfen der Nacht in kleinen Rinnsalen, suchen sich Ritzen im Gebälk und tropfen zielsicher auf unsere Schlafsäcke.

Doch dann brennt die Sonne die Morgennebel fort. Es ist einer dieser verblüffenden Freudensprünge des Wetters, wie wir sie schon mehrmals in Neuseeland erlebt haben. So weit so gut – aber mein Fahrrad bereitet mir Kummer: Übles Knacken aus dem Tretlager lässt Böses ahnen. Am späten Nachmittag, wir sind nur noch neun Kilometer von New Plymouth entfernt, blockiert es. Weder gutes Zureden noch Improvisieren hilft, die Pedale lassen sich weder vor- noch zurückdrehen. Tretlagerschaden.

»Danke deinem Schutzengel, dass es hier und nicht im tiefsten Busch passiert ist«, kommentiert Juliana und radelt allein voraus, um unsere Bekannten von der Fähre um Hilfe zu bitten. Eine Stunde später kommt sie in einem alten VW-Bulli zurück, in den ich mein Fahrrad lade.

Der Empfang bei dem Farmerehepaar Barry und Alison ist so herzlich, als besuchten wir alte Freunde.

Auf dem Gipfel des Mt. Taranaki

Ich schätze Barry auf Mitte 30. Er ist hager, schlank, hoch gewachsen mit sehnigen, muskulösen Armen und einem offenen, strahlenden, fast heiteren Gesicht, wie man es bei Menschen erlebt, die fest in sich ruhen und mit ihrem Leben zufrieden sind.

»Solange ich denken kann, bin ich Farmer«, sagt Barry lachend. »Milchfarmer«, setzt er hinzu, »*Cow Cockies*, wie Witzbolde uns nennen. Das Gras hier bei uns ist gut, das Klima mild, die Milchkühe gedeihen prächtiger als anderswo, und wir leben auf dem schönsten Fleck der Welt. Was willst du mehr. Habt ihr Lust, mit mir rauszugehen?« Er sieht mich fragend an.

Barry ist schon an der Tür. Snapp, der pummelige Terrier, wuselt zwischen unseren Beinen hindurch, bringt Chaos in den Hühnerhof und lehrt selbst die Gänse das Fürchten.

Es duftet nach frischem Gras. Zwei Spatzen streiten sich an einem Wassertrog, aus dem wellblechgedeckten Stall dringt zufriedenes Muhen zu mir.

Alison tritt zu uns. »Gegensätze ziehen sich an«, denke ich. Alison ist gut einen Kopf kleiner als Barry, von schlankem, zierlichem Körperbau. Ihre Haare sind schwarz und voll, während sich auf seinem Kopf bereits eine gähnende Leere breit macht und sich in das, was der Zahn der Erosion dort übrig ließ, schon unübersehbar das erste Grau einschleicht. Vier Kinder haben die beiden, alles Mädchen. Ihr unbeschwertes Lachen klingt von der anderen Seite der Farm zu uns.

»Ich lebe gern hier.« Barry sieht über das Land, bis dorthin, wo sich die zumeist ganzjährig schneebedeckte Kappe des Mount Taranaki wölbt. Er bleibt einen Moment stehen:

»Natürlich würde ich auch gern einmal verreisen, vielleicht nach Amerika, vielleicht auch nach Europa.«

Er lächelt ein wenig versonnen.

»Aber wenn ich jetzt meinen landwirtschaftlichen Betrieb als Grund dafür vorschieben würde, nicht verreisen zu können, wäre das nicht sehr glaubhaft. Denn viele Farmer reisen nach Übersee.«

Er hält einen Augenblick inne. »Ich glaube, es genügt mir, mein Fernweh auf andere Art zu stillen – indem ich zum Beispiel zwei Radler aus Europa einlade, die mir von der Welt erzählen.«

Barry lächelt uns auf seine feine Weise an.

»Barry ist in der Welt durchaus zu Hause, auch wenn er Neuseeland noch nie verlassen hat.« Die resolute Alison schaltet sich in das Gespräch ein. »Ihr solltet mal seine Bibliothek sehen. Und das neueste Mosaiksteinchen, um das er seinen Kosmos erweitert hat, steht dort hinten.«

Ich hatte mich schon darüber gewundert, wieso ein kleines Kirchlein, dem irgendwann einmal der Turm abhanden gekommen sein musste, hier verlassen zwischen Farmgeräten, Weidezäunen und Schuppen stand. Die Fenster waren teilweise zugenagelt, die Farbe abgeblättert. Barry musste meine Blick bemerkt haben.

»Wir haben die Kapelle gekauft. Sonst wäre sie abgerissen worden.« Er sieht meinen fragenden Blick und setzt nach:

»Hat nur 250 Dollar gekostet, spottbillig für ein Wohnhaus, wenn du so willst.«

Aber dies ist doch eine Kirche, denke ich.

»Barry hat unterlassen zu erwähnen, dass die Kosten der Restaurierung mit Sicherheit ein Vielfaches über den Kosten des Kaufs liegen werden. Von den unzähligen Arbeitsstunden, die wir in unsere Kirche werden stecken müssen, gar nicht zu reden.«

Und dann erzählten unsere beiden ungleichen Gastgeber die

Geschichte dieser kleinen Kirche, die fast ein Jahrhundert lang den Gläubigen der Taranaki-Region als Ort der Andacht gedient hatte. Als eine neue Kirche gebaut werden sollte, hatte man die alte zur Disposition gestellt. Und Barry griff kurz entschlossen zu.

»Doch das mit dem Zugreifen war so eine Sache.« Barry lächelt etwas gequält. »Wir charterten einen Tieflader-Truck. Mit hydraulischen Hebern – du musst dir eine Art Wagenheber vorstellen – wuppten wir unsere Kirche auf den Truck, und dann ging es los.«

Er kratzt sich bei der Erinnerung auf der haarlosen Schädelplatte.

»Das gab ein Rauschen im Blätterwald! Kaum eine Zeitung in Neuseeland, die nicht darüber berichtet hat. Das ist wirklich ungewöhnlich, denn nicht wenige Kiwis nehmen ihr Haus schon mal huckepack, wenn sie umziehen. Aber eine Kirche auf Reisen, das ist auch hier etwas Besonderes.«

Umzüge auf diese Art sind hier nicht unüblich.

»Barry hat aber schon verdrängt, dass ihm der Transport ein paar graue Haare mehr beschert hat. Denn Stromleitungen mussten gekappt beziehungsweise höher gelegt werden, kleine Brücken mussten wir stabilisieren lassen, und bei der Einfahrt auf unser Grundstück wäre die Kirche fast vom Truck gekippt.« Alison hakt den Arm unter den ihres Mannes.

»Aber eben nur beinahe – ich hoffe, unsere Kirche in ein oder zwei Jahren ausgebaut zu haben. Dann wird sie unser Zuhause sein – unser Mikrokosmos«, setzt Barry mit einem Schmunzeln hinzu.

Am nächsten Tag leiht mir Barry ein Rad, damit radle ich mit Juliana nach New Plymouth, wo ich Ersatzteile für mein stark beschädigtes Tretlager erhalte.

Barry und Alison reichen uns bei den Nachbarn und in der Verwandtschaft herum. Anders als im Outback Australiens, wo wir Radler von dem einen oder anderen als »komische Vögel«, gelegentlich sogar als Spinner betrachtet wurden, die sich offensichtlich nichts Anständiges, zum Beispiel ein Auto, leisten konnten, wird unsere Radtour hier als sportliche Leistung anerkannt.

Anderntags ruft Barry den *Taranaki Herald*, die örtliche Zeitung, an.

»Weltreisende, die durch Neuseeland und Australien radeln, kommen hier nicht alle Tage vorbei. Man wird Interesse an einer Story über euch haben.«

Am nächsten Tag erscheint tatsächlich ein großer Artikel mit einem Bild von uns auf der Titelseite der Zeitung:

They have fallen in love with New Zealand's mountains and will climb Mt. Taranaki tomorrow.

Ich bin kein technisch versierter Bergsteiger, aber ich liebe Berge und die Möglichkeit, auf dem Gipfel über den Wolken ein Stück persönlicher Freiheit zu genießen. Zu dem 2518 Meter hohen Mt. Taranaki, auch als Mt. Egmont bezeichnet, dem Kernstück des gleichnamigen Nationalparks, empfand ich Liebe auf den ersten Blick.

Glücklich am Fuß des Mt. Taranaki angekommen.

Nach einem gemeinsamen Frühstück mit Barry und Alison setzen wir uns auf unsere Räder und radeln zum Fuß des Berges. Dort lassen wir sie im Schutz einer Ranger-Hütte zurück. Danach beginnt ein Bilderbuchmarsch durch sattgrünen, undurchdringlichen Regenwald. Da wir nur leichtes Gepäck mit uns führen, kommen wir schneller voran als erwartet. Spontan beschließen wir, einen Abstecher zur *Holly Hut* zu machen, einer abseits gelegenen Unterkunft für Wanderer.

Ein gut erkennbarer Trail führt ohne nennenswerte Steigungen am unteren Drittel des Berghanges entlang zur Hütte. Mittlerweile hat es zu regnen begonnen, die Wolken hängen tief, doch noch immer ist der Ausblick auf das flache Land, die vorgelagerten, kleinen Vulkane und das Meer in der Ferne malerisch. Man hatte uns gesagt, der breite grüne Gürtel um den Mt. Taranaki herum vermittle einen Eindruck davon, wie das Land ausgesehen habe, das die ersten Siedler vor gut 100 Jahren in dieser Region vorgefunden hatten: undurchdringlicher Dschungel, und eine über Jahrtausende gewachsene, ungestörte Pflanzen- und Tierwelt.

Dass dieser Wald in nur einem Jahrhundert den scharfen Axtklingen der Siedler, ihren Sägen und Rodungsfeuern zum Opfer gefallen und damit ein wichtiges Glied in der Ökokette unserer Erde verschwunden ist, stört vermutlich kaum einen der Farmer am Fuß des Berges. Zu forsch ist noch der Pioniergeist, zu jung die Erinnerung, zu groß der Stolz auf das, was die Vorfahren geleistet haben. Schließlich waren es die eigenen Urgroßeltern und Großeltern, die den Wald rodeten und die Maoris bekämpften.

Nach zweieinhalb Stunden Marsch erreichen wir die Holly Hut.

Hätten wir sie nicht gesehen, so hätten wir auf jeden Fall gehört, wo sie stand.

»Schau mal die Hunde dort.«

Juliana ist stehen geblieben. Rund hundert Meter vor uns balgen sich große Hunde, mindestens fünf, schätze ich. Als sie uns wittern, springen sie auseinander. Vorsichtig nähert sich ein Rüde, den Kopf weit nach vorn gereckt, beschnuppert mich. Offenbar hat er nichts gegen uns einzuwenden. Er läuft zu den anderen zurück, schnappt einen von ihnen spielerisch am Nacken, und schon beginnt die Balgerei aufs Neue.

Ein scharfer Pfiff schreckt die Hunde auf. In der Tür der Holly Hut erscheint ein junger Mann, Anfang zwanzig schätze ich ihn. Über seinem offenen, rot karierten Flanellhemd grinst er uns mit rotbraun gebranntem Gesicht an.

»Hoffe, meine Hunde haben euch nicht erschreckt.« Er lacht. »Kommt rein, wir haben gerade Tee aufgegossen.«

Marc, so heißt er, macht uns in der Hütte mit Neil, seinem Partner, bekannt.

»Setzt euch.« Wir nehmen auf der groben Holzbank Platz. Marc füllt zwei Plastikbecher mit Tee und schiebt sie uns samt einem Beutel mit Zucker über den Tisch hinüber.

»*Goat hunter*, Ziegenjäger sind wir«, sagt Marc. Die Lizenz zum Abschuss hatten sie von der Regierung bekommen, da die wilden Ziegen hier im Nationalpark überhand genommen hatten.

»Sonst werden die Verbissschäden zu groß, schließlich sollen sich hier im Nationalpark Flora und Fauna wieder so entwickeln, wie sie damals vor 150 Jahren waren«, sagt Neil.

Gegen Mitte des 19. Jahrhunderts hatte der »weiße Mann« die Tierwelt Neuseelands radikal zu verändern begonnen – nicht allein durch den Import von Rindern und Schafen. Als Nutztiere brachte er auch Ziegen, ja sogar Kaninchen ins Land.

Hirsche sind ebenfalls keine waschechten Neuseeländer. Die Dauer ihrer Anwesenheit hier deckt sich in etwa mit der Zeit des Hierseins der weißen Ankömmlinge. Die Einwanderer holten eben ins Land nach, was immer ihnen wertvoll erschien. Auch die eingeführten Pflanzenarten (mehr als fünfhundert waren es) sollten das Bild Neuseelands in wenigen Jahrzehnten verändern. Manche Überlebenskünstler der Flora kamen zwar auch ohne Einladung, wie die Disteln. Doch in erster Linie waren die Mitbringsel gewünschte Nutzpflanzen wie zum Beispiel die Brombeere. Hier schlug der Vorteil aber bald in Nachteil um. Die kilometerlangen und meterbreiten Brombeerhecken, die heute weite Landstriche durchziehen und das Land dem Außenstehenden wie einen Garten Eden erscheinen lassen, wurden für die Landwirte zur Plage. Eine Folge des Bemühens, Neuseeland zum hochglanzpolierten Spiegelbild der alten Heimat zu machen, war also, dass die bestehende Vegetation immer weiter zurückgedrängt wurde. Das galt nicht minder für die Tierwelt, denn mit den Pflanzen waren, wie gesagt, auch Schiffsladungen voller Haus- und Wildtiere nach Down Under gekommen.

Die neuseeländischen Einwanderer – zumeist aus einfachen oder mittelständischen Verhältnissen stammend –, denen die Jagd im klassenbewussten England jener Tage kaum möglich gewesen wäre, wollten nun hier nachholen, was ihnen Europa verwehrt hatte. So setzte man auch Hirsche aus. Bereits ein Menschenalter später hatten sie sich mangels natürlicher Feinde und dank idealer Lebensbedingungen so stark verbreitet, dass sie zum ernsten Schaden für die Landwirtschaft wurden.

»Mit dem Rotwild ist heute allerdings ein gutes Geschäft zu machen. Das Fleisch geht in den Export. Aber die verwilderten Ziegen will niemand haben.« Neil zieht die Stirn kraus. »So haben wir den Auftrag bekommen, den Bestand kurz zu halten.«

Davon, dass *deer farming* ein lukratives Geschäft in Neuseeland sei, hatte ich schon gehört. So um 1920 galten Rot- und Damhirsche wegen ihrer zu großen Verbreitung in Neuseeland noch als Plage. Büschen und Bäumen fügten sie erhebliche Schäden zu, woraufhin sie rigoros abgeschossen wurden. »Später sogar von Hubschraubern aus«, weiß Marc.

»Bis die cleveren Kiwis herausfanden, dass Wildbret vom Hirsch in Europa extrem teuer ist. Und schon entstand ein neuer Beruf: *deer farmer*, Hirschfarmer. Das Wildbret geht nach Europa und findet dort reißenden Absatz.«

Marc lächelt: »Fleisch ohne Umweltbelastung und fettarm…«

Und Asiaten zahlen für den Bast, das *velvet*, das sich um das Geweih der Hirsche entwickelt, tolle Preise. »Als Heilmittel und Aphrodisiakum!«, lächelt Neil über den Rand seiner Teetasse hinweg.

Draußen ist es dämmrig geworden. Die Bäuche regensatter Wolken schleifen fast über den Berghang.

Offensichtlich genießen Neil und Marc unsere Gesellschaft. Wir beschließen, trotz der kläffenden und sich balgenden Hundemeute die Nacht in der Hütte zu verbringen. So wird der Abend lang, mehrfach kreist der Teekessel der beiden, und unsere Abenteuergeschichten aus der weiten Welt machen die Runde. Die beiden Jäger kriegen ungläubig große Kinderaugen, als sie hören, dass dort, wo wir herkommen, ohne besondere Genehmigung nicht mal Karnickel erlegt werden dürfen.

Wer Distanz zur Hektik der Zeit gewinnen will, sollte einmal, wie ich gerade, frühmorgens auf einen Berg steigen und beobachten, wie hier die Welt zu leben beginnt und Gestalt annimmt. Nur zögerlich tut sie das. Aus dem Schwarz der Nacht lösen sich ein paar Felskonturen, noch schemenhaft. Nur widerwillig, so will es scheinen, werden sie gegenständlicher. Noch sind sie düster, kalt und abweisend, gewinnen aber an Konkretheit und Tiefe, je mehr der Hintergrund an Leuchtkraft zunimmt. Schon verblassen die Sterne, haben keine Chance gegen das wie ein Ring über dem Horizont schwebende Purpur. Langsam verschieben sich die Elemente der Farbpalette; Dunkelrot macht einem Karminrot Platz, das Momente später einem lodernden Brennen zu weichen scheint. Schon legt sich ein zartes Gelb über das Land, noch fahl, dann ein warmer Goldton, und just in diesem Moment schiebt sich die Sonne über den Horizont. Mit ihrer bedingungslosen, Besitz ergreifenden Realität verbrennt sie die letzten Gaukelbilder der nächtlichen Götterdämmerung.

Mich fröstelt. Ich kuschle mich an einen Stein, der zwar eiskalt ist, aber doch Schutz vor dem aufkommenden frischen Wind bietet. Hügel und Bäume tief unter mir werfen lange Schatten.

Das Leben beginnt jetzt auch im Camp; der erste von Marcs und Neils Hunden räkelt sich, schnauft, gähnt, streckt sich, steht auf, schüttelt sich und hebt dann entschlossen an einem ausladenden Zweig das Bein.

Um acht Uhr sind Juliana und ich bereits wieder am Berg. Mit der schöpferischen Stille und Einsamkeit aber ist es jetzt vorbei. Neuseeländer lieben ihren Taranaki, und an Wochenenden, wie heute, ist daher recht viel auf ihm los. Bergsteigerisch bietet der Berg keine Schwierigkeiten, allenfalls im letzten Viertel des Aufstiegs verlangt er wegen losen Gerölls einiges an Geschick.

Da wir nach Monaten auf dem Fahrradsattel topfit sind, überholen wir zwei Wanderer, die bereits vor uns auf den Beinen waren. Am späten Vormittag erreichen wir die Spitze des Berges. Was für eine Sicht! Dann und wann schieben sich Kumuluswolken am Gipfel des Taranaki vorbei. Weit im Westen mache ich die Spitzen zweier entfernter Vulkane aus. »Vermutlich Mt. Ruapehu und Mt. Ngauruhoe«, sage ich zu Juliana.

Nach mehr als zehn Stunden Fußmarsch an diesem Tag und weiteren 45 Minuten Radfahrt erreichen wir abends zufrieden, aber hundemüde die Farm von Barry und Alison.

Die älteste Tochter Marie darf länger aufbleiben als sonst und lauscht, ebenso wie die Eltern, begierig unseren begeisterten Erzählungen.

Als wir unsere Gastgeber Tage später verlassen, geschieht das allseits mit schwerem Herzen.

Zuvor müssen wir noch unsere Namenszüge in den gerade eingebauten Kamin der »Kirche« meißeln: »Ich will mich später immer an diese wundervolle Zeit mit euch erinnern«, sagt Barry. »Ihr habt uns ein Stück von der weiten Welt ins Haus gebracht.« Und er fügt hinzu: »Wann immer ihr Neuseeland wieder bereist, steht euch unser Haus offen.«

Er schmunzelt:

»Ihr habt doch gewiss nichts dagegen, dann in einer Kirche zu schlafen…?«

Die Weiterfahrt entlang der Küste gen Süden in Richtung Wellington ist zwar reizvoll, aber wegen des Windes oft eine Tortur. Juliana, die seit Beginn unserer Radtour in Australien eine Statistik über tausenderlei Kleinigkeiten – von den Einkaufspreisen bis hin zu versandten Ansichtskarten – führt, notiert am Abend des nächsten Tages: »zwei Reifenpannen«.

Am 9. Februar erreichen wir die Kleinstadt Levin, unweit Wellingtons. Über dem Ortszentrum liegt die schläfrige Stille der Mittagszeit. Ich beobachte aus den Augenwinkeln, wie sich zwei ältere Damen zum Picknick auf einer Bank niederlassen.

Plötzlich steht eine der beiden entschlossen auf, kommt zu uns und fragt: »Seid ihr Juliana und Dieter?«

Ja..., aber woher sie denn wisse...? Doch gleich klärt es sich auf. Unsere liebe Freundin Kathleen Simon in Auckland hatte ihre Freunde in Levin, die Cromwells, gleich nach unserem Abschied dort angerufen und sie auf unser eventuelles Kommen vorbereitet.

Eigentlich hatten wir nicht vorgehabt, uns bei den Cromwells zu melden, da wir in die vielen Einladungen und Begegnungen mit Kiwis schon so viel Zeit investiert hatten. Aber natürlich erwähnen wir das mit keinem Wort und folgen Martha Cromwell.

Da unsere neuen Gastgeber an diesem Abend selbst eingeladen sind, bittet Martha einen befreundeten Farmer namens Kevin zu unserer Unterhaltung ins Haus. Was selbstverständlich eine weitere Einladung Kevins nach sich zieht!

Am anderen Morgen, lange vor Sonnenaufgang, ist Kevin zur Stelle und fährt uns mit seinem Auto über Land, wo er uns stolz die Milchfarmen von Freunden zeigt. Meine nachhaltigste Erinnerung an diesen Ausflug ist ein blitzsauberer, moderner Kuhstall, in dem 250 Kühe maschinell innerhalb von zwei Stunden bei dezenter Popmusik-Berieselung gemolken werden.

Natürlich plaudern wir mit den jeweiligen Farmern. Wo immer und mit wem auch immer wir sprechen – es fällt auf, wie zufrieden und stolz die Menschen auf das sind, was sie und ihre Familien hier innerhalb weniger Pioniergenerationen geschaffen haben.

Am Nachmittag führt uns Martha Cromwell zu einem befreundeten Schafsfarmer. Dick, Herr über 1600 wonnige Fellträger, ist ein Bilderbuch-Kiwi. Trotz des etwas kühlen Tages trägt er ein kurzärmliges Hemd, dazu die obligatorischen Shorts und Gummistiefel. Auch er ist einer der zahlreichen modernen *cow-*

boys, die ihre Schafe mit dem Motorrad zusammentreiben. Während wir uns unterhalten, wird es hinten im Körbchen auf dem Rücksitz der in der Nähe lehnenden Maschine lebendig, und ein struppiger Hirtenhund schiebt neugierig seine Nase vor.

Außer Dick und seiner Frau arbeitet niemand auf der Farm. Nur zur Schur werden zusätzlich Schafscherer gedungen. »Die Burschen scheren ein Tier in weniger als einer Minute und verdienen dabei gute Dollars«, sagt Dick anerkennend.

Abends klingt unser Aufenthalt bei den Cromwells mit einem edlen Tropfen Wein aus. »Schaut mal auf das Etikett«, strahlt Martha und hält mir die Flasche mit dem Aufdruck *Bernkastler Riesling* hin.

Als Apfelpflücker
auf der Südinsel

Neuseelands Hauptstadt Wellington ist kein Platz für Hutträger. Eine Windböe fährt uns in die Flanken und reißt Juliana fast vom Fahrrad. Die über zahllose Hügel verstreute Stadt dehnt sich an weiten Buchten, die einen natürlichen Hafen an der Südwestspitze der Nordinsel bilden. Eine interessante Stadt, die rasant wächst und mit Entschlossenheit alte Gebäude dem Fortschritt opfert. Trotzdem ist Wellington immer noch ein malerischer Fleck: ein klein wenig beschauliches Provinzstädtchen, aber mit einem Schuss San Francisco. Damit meine ich nicht das Quirlige, Hyperamerikanische, sondern die großzügige Lage der Hügel, das Grün, die immer frische Luft. Dann und wann regnet es natürlich auch in Wellington. Doch sich hier mit einem Schirm gegen den Regen schützen zu wollen ist ein hoffnungsloses Unterfangen. Schirme dienen in erster Linie den Verkäufern, dem Käufer helfen sie selten über den Tag. In Wellington pfeifen eben die Winde.

Ich bin durch die Fjorde Skandinaviens gefahren und habe mit Freunden Segeltörns durch die wilden Küstenregionen West-Kanadas und Alaskas unternommen. An diesem Tag komme ich zu dem Schluss, dass sich die die Nord- und Südinsel trennende Wasserstraße, die Cook Strait, und die tief in die Nordinsel dringenden fjordähnlichen *sounds*, durch die unsere Fähre im weichen Abendlicht hindurchgleitet, sich mit anderen berühmten Schären- und Fjordlandschaften der Welt erhobenen Hauptes messen können.

Mich berauscht diese »nordländische« Herbheit. Still liegt das

Wasser einer Bucht vor uns, kein Windhauch irritiert die klaren Spiegelbilder auf der Oberfläche, deren Konturen schärfer sind als die Realität. Doch die verklärende Weichheit des aufziehenden Abendlichts mildert die nordische Klarheit. Möwen kreischen, Kinder werfen ihnen Brotkrumen zu, worauf ein heftiger »Luftkampf« entbrennt.

Diese erste Stunde der Einstimmung auf die Vielfalt und Schönheit der Südinsel erscheint mir wie ein Versprechen: So wird es landschaftlich bleiben – in Nuancen zwar immer wieder anders, aber immer wieder großartig.

Der an einem Seitenarm am südlichen Ende des Queen Charlotte Sound gelegene kleine Ort Picton ist der Endpunkt der Fährfahrt von Wellington zur Südinsel und gleichzeitig die Fortsetzung der uns schon vertrauten neuseeländischen Nord-Süd-Achse, der Nationalstraße Nummer 1.

Oberhalb Pictons machen wir neben der Straße nach Nelson einen reizvoll gelegenen Übernachtungsplatz aus. Und wieder ist der Mond unser Gesellschafter, ebenso ein Opossum, das regungslos im Baum über uns sitzt und interessiert zu uns herabschaut.

Die Weiterfahrt auf dem Queen Charlotte Drive, immer dicht entlang der verschnörkelten Küstenlinie, ist wie eine Begegnung mit den Fotos eines Bildbandes, die lebendig werden. Seen hier, Fjorde dort und Berge im Hintergrund.

Nelson, eine Stadt mit gut 30 000 Einwohnern, erreichen wir in der zweiten Februarhälfte. Eigentlich hatten wir nur vorgehabt, uns das hübsch am Meer gelegene Städtchen kurz anzuschauen, Einkäufe zu erledigen und dann Richtung Westküste weiterzuradeln.

Es kommt anders.

Eine zufällige Begegnung im Supermarkt sollte unsere gesamte weitere Reise verändern.

»Hallo, ihr seht aus, als wäret ihr schon weit gereist.«

Eine junge Frau, die sich mit einem herzlichen Lächeln als

Eileen vorstellt, schiebt ihren Einkaufswagen dicht neben den unseren. Die nächsten zwanzig Minuten blockieren wir zwar den Durchgang zwischen den Einkaufsregalen, erhalten aber hundert tolle Tipps über die Südinsel, von der Eileen mit leuchtenden Augen schwärmt.

»Warum unterhalten wir uns eigentlich die ganze Zeit im Supermarkt? Habt ihr Zeit...?« Ich sehe kurz rüber zu Juliana, eigentlich wollten wir heute noch dreißig Kilometer radeln – und sage: »Ja.«

Wir begeben uns zu Eileen ins Haus. Sie zeigt uns die Umgebung Nelsons, fährt uns, vorbei am Abel Tasman Park, über Takaka hinaus an die Golden Bay zu Freunden, die dort wie viele andere Leute in dieser Region das alternative Leben praktizieren: in einem selbst gebauten, schmucken Holzhäuschen, mit einer Töpferwerkstatt, die Sheila bedient, und einem alten Kahn, den Allan, ihr Mann, zum Fischfang benutzt. Die beiden stammen aus Auckland.

»Too crowded, too noisy«, sagen sie. »Einen Weg zurück gibt es nicht.«

Sheila und Allan sind sich einig, hier den richtigen Fleck für den Rest ihres Lebens gefunden zu haben.

Auf der Rückfahrt stoppt Eileen ihren Wagen an einer Apfelplantage nahe Upper Moutere, einem Ort, der bei seiner vor über hundert Jahren durch Deutsche erfolgten Gründung St. Paulidorf hieß.

»Dort hinten wohnen Codgea und Martha, zwei ganz liebe Freunde von mir. Es ist noch früh, lasst uns sie besuchen.«

Es ist die Ausstrahlung dieses freundlichen Landes und die unserer herzlichen Gastgeber, die uns an diesem Abend, wie schon so oft in Neuseeland, den Hauch von »heiler Welt« spüren lassen.

Codgea, der Maori, zeigt uns seine große Obstplantage. Zwischen Tausenden dickbackiger reifer Äpfel bummeln wir durch das Gelände, das Codgea sein *Paradies* nennt. Grillen zirpen, Vögel tirilieren. Ich weiß immer noch nicht, was Juliana an diesem

Abend geritten hat, plötzlich zu sagen: »Ich hätte Lust, hier zu bleiben und Äpfel zu pflücken.«

Codgea sieht auf: »Na dann bleibt doch ... you are most welcome.« Darauf haben wir später unsere Gläser erhoben und neun Tage lang gemeinsam Äpfel gepflückt.

Morgens um acht Uhr beginnen wir zu arbeiten, die Äpfel sind dann noch kalt und von frischem Morgentau überzogen. Sechs Tage lang pflücken wir Cox Orange, die übrige Zeit Golden Delicious.

»30 Hektar Obstplantage«, hatte Codgea gesagt.

Das sind 22 000 Kisten Äpfel jährlich, zu je zwanzig Kilo. Die von uns gefüllten Kisten werden schon bald ihren Weg in die weite Welt antreten.

In den Bäumen höre ich die Stimmen der anderen *apple pickers*, Maggie, John und Gerrick aus Australien. Allesamt nette Menschen. Abends, beim gemeinsamen Kochen, frage ich, warum sie hier arbeiten, wo sie doch in Australien doppelt so viel die Stunde verdienen könnten.

»New Zealand is different«, sagt Maggie. Das reicht als Erklärung; so viel ist hier anders, freundlicher, harmonischer als sonst wo auf der Welt, selbst beim Nachbarn Australien. Die anderen nicken.

Ich hatte Julianas Apfelpflückidee nicht widersprochen, weil ich spürte, dass bei ihr der Punkt erreicht war, an dem sie zumindest für einige Zeit einen festen Platz brauchte.

Rechnete ich die Zeit unseres vorausgegangenen Fahrradmarathons durch Australien dazu, waren wir schon viele Monate unterwegs, fast jede Nacht auf einem anderen Fleck. Und ich kenne Leute, die weitaus komfortabler reisen als wir, sich aber schon nach fünf Wochen *on the road* die Behaglichkeit ihres Stammsessels und das gewohnte Fernsehprogramm herbeisehnten.

Ich hatte Julianas Wunsch, den sie sicher nie so klar artikuliert hätte, wäre ihr der Zufall nicht in Gestalt dieses großen Gartens entgegengekommen, akzeptiert. Doch ich war weiß Gott nicht um die Welt gereist, um hier für ein paar Mark pro Stunde Golden Delicious in eine große Schürze zu pflücken. Dazu brennt's zu sehr in meinen Reiseschuhen.

Am Abend des 23. Februar finden wir eine Lösung, die uns beide befriedigt. Ich werde allein über die Südinsel bis nach Christchurch radeln. Juliana bleibt während der nächsten Wochen bei Codgea und Martha und kommt per Bus nach.

Als ich am nächsten Morgen früh die gastliche Farm verlasse, sind meine Packtaschen prall und voller Äpfel. Die nächsten Tage brauche ich mir um meinen Vitaminhaushalt keine Sorgen zu machen.

Hätte mir die Rasanz der Ereignisse am Vorabend etwas Zeit zum Nachdenken gelassen, ich glaube, ich hätte doch noch versucht, Juliana umzustimmen. Die Vorstellung, nach weit mehr als 10 000 gemeinsamen Fahrradkilometern jetzt den Rest allein abzustrampeln, zumal ich auf der Südinsel so etwas wie einen landschaftlichen »Paukenschlag« erwarte, hat wenig Attraktives an sich.

Ich habe vor, die Nationalstraße 6 am Buller River entlang zur Westküste zu radeln, dann weiter zu den Gletschern am Mt. Cook. Für den 14. März haben Juliana und ich uns in Christchurch an der Ostküste verabredet. Bis dahin verbleiben nur ein paar Wochen – nicht sonderlich viel für das, was die Insel an herrlicher Landschaft zu bieten hat.

West-Coast Story

Eiskalter Westwind streicht durch das Buller River Valley, doch der ständig wechselnde Blick auf die vor mir liegenden Berge entschädigt mich für die elende Kälte, die mir trotz der schweißtreibenden Schinderei bis unter die Haut kriecht.

Neben mir tost der Buller River, klar und grünblau. Wenn es nur etwas wärmer würde! Zwei Nächte verbringe ich – an rund hundert Kilometer voneinander entfernten Punkten – an dem pittoresken River. Rad und Ausrüstung schleppe ich jeweils weit ins breite Flussbett hinein, wo ich auf Geröll- oder Sandbänken mein Nachtlager aufschlage. Am Abend des zweiten Tages geht dem Wind die Puste aus. Endlich! Da ich nach der Radtour staubig und völlig verschwitzt bin, gleite ich ins Wasser; eiskalt ist es, noch lange danach prickelt meine Haut. Fast wie auf Verabredung suchen mich an diesem Abend Scharen saugender und stechender Insekten heim. Tausende von Sandfliegen! Seit dem Outback Australiens habe ich eine solche Plage nicht mehr erlebt. Als der Schöpfer die Landschaftsparadiese dieser Erde schuf, konnte er es sich wohl nicht verkneifen, auch Wermutstropfen in die Kelche der Freude zu mischen: Mistfliegen in Australien, Myriaden von Moskitos in Kanada und blutrünstige Sandfliegen in Neuseelands Süden.

Westlich der malerischen Buller Gorge kann es der Fluss gemächlicher angehen lassen. Sein Ziel, das Meer, ist kaum mehr als eine halbe Tagesreise entfernt.

Schlagartig bewölkt sich hier der Himmel, schon rieche ich die schwere Feuchtigkeit, für die Neuseelands Westküste berüchtigt ist. Der Bewuchs ist sattgrün, undurchdringlich dschungelhaft. Grillen zirpen in nervöser Eile, als wollten sie die Pausen zwischen den Wolkenbrüchen mit quirligem Leben füllen.

Die *Coaster*, dieser windgebeutelte Menschenschlag entlang der Westküste, seien, so sagt man, *hard working, hard fighting and hard drinking people*. Raues Klima und ein unwegsames Land züchten einen besonderen Typus. In Charleston, einst einer Stadt mit mehr als 10000 Einwohnern, gab es früher über achtzig Kneipen. Das war um 1860, als die bis dahin unbeachtete Westküste mit Schlagzeilen von spektakulären Goldfunden von sich reden machte. Viel mehr als das All-Nations-Hotel bleibt mir vom heutigen Charleston nicht in der Erinnerung haften.

Der Blick auf die Landkarte verrät, dass die Westküste nur ein schmaler Landstreifen zwischen der Tasman-See und den fast unmittelbar dahinter steil aufsteigenden Neuseeländischen Alpen ist. Ein spektakulärer landschaftlicher Kontrast: hier schneebedeckte Berge, reißende Flüsse, üppige Regenwälder, dort wildromantische Küsten.

Die Fahrt von Charleston gen Süden gleicht einer Achterbahnfahrt, die allerdings großartige Blicke auf zumeist felsengesäumte Buchten freigibt. Fast hätte dieser Tag böse geendet: Als ich mein Fahrrad gegen einen Straßenbegrenzungspfahl lehne, gibt der nach, das Rad rutscht weg, überschlägt sich mehrfach und stürzt rasant die Steilküste runter, bis ein Busch den fast freien Fall bremst.

Zum Glück ist nur wenig beschädigt – mit Ausnahme meiner Hand, die ich mir beim Bergen meiner Ausrüstung zerschneide. Kräftiger Wind fegt über die Küste, als ich die *Pancake Rocks* erreiche, bizarre, durch das Nagewerk von Wind und Wellen modellierte Kalksteinfelsen, die an abertausend penibel übereinander geschichtete Riesen-Pfannkuchen erinnern.

Unweit von hier schlage ich an einem einsamen Strand zwischen Hunderten angeschwemmter Baumstämme mein Camp auf. Angelehnt an einen toten Baumriesen, beobachte ich, wie dünne Wolken mit reißender Geschwindigkeit über den südlichen Nachthimmel driften. Der Schein des Lagerfeuers tanzt über meinem einsamen Platz, bricht sich matt im Chrom meines Fahrrades. Ein verlockender Duft entsteigt meiner Pfanne, die Pfannkuchen sind bereits goldgelb. Was Zünftigeres hätte es an den Pancake Rocks zu essen geben können?

In Shantytown, einem aufgeputzten Wild-West-Ort, in dem die Tage des neuseeländischen Goldrausches noch nachklingen, treffe ich drei Weltumsegler aus Deutschland, die ihren Törn hier für eine kurze Landexkursion unterbrechen. Vermehrt kommen mir heute auch Radler entgegen, zwei aus Australien, tags drauf einer aus Alaska.

Je dichter ich an den Mt. Cook herankomme, umso praller werden die Wolken, die wie schwarze Umhänge die Berge ummanteln. Doch bereits wenige Kilometer zur Rechten, über dem Meer, leuchtet blauer Himmel.

Der Franz-Josef-Gletscher (so benannt nach dem österreichischen Kaiser) hat sich mir nicht gezeigt. Kein Wunder, denn nach einer Maori-Legende ist dieser Teil Neuseelands die Heimat der alles verhüllenden Regenwolken. Ich habe keinen Moment daran gezweifelt.

Doch wenn der Himmel zwischen den Regenschauern einmal aufreißt, wirkt das Land verwunschen, geisterhaft schön. Nebelschwaden, vermischt mit Wolkentupfern, schwimmen dann durch die Luft, Grautöne aller Schattierungen überziehen das Land und dämpfen das Licht – auch meine Stimmung, denn als Radfahrer ist man dieser Naturshow hautnah ausgesetzt.

Das Hinweisschild: *18 km winding road* verbessert meine Stimmung nicht. Mir ist kalt, auch unter meiner Regenjacke ist kaum noch ein Faden, der nicht am Leib klebt. Drei Berge überwinde ich trotz alledem in rekordverdächtigem Tempo.

Ich denke heute viel an Juliana. Wahrscheinlich scheint bei Nelson jetzt gerade die Sonne.

Hat sie vielleicht doch den besseren Entschluss gefasst?

Doch Muße zum Träumen bleibt mir kaum. Wieder wischt mir Regen ins Gesicht. Entgegenkommende Autofahrer blicken hinter Scheiben, die nur mühsam vom Wischer wasserfrei gehalten werden, irritiert zu mir rüber.

Meine Hoffnung, dass sich das Wetter am Fox-Gletscher bessern könnte, schwindet mit dem nächsten Wolkenbruch. *Fox Glacier* ist ebenso wie *Franz Josef Glacier* ein kleiner Touristenort, der überwiegend aus Hotels, Restaurants und kleinen Shops besteht. Hinter dem beschlagenen Fenster eines Restaurants blicken ein paar Leute zu mir rüber. Ich komme mir deplatziert vor, fühle mich wie ein begossener Pudel.

Manch einer der dort bei Wein und Kerzenschein Dinierenden hat eine Reise um die halbe Welt hinter sich, um den atemberaubenden Anblick des Gletschers am Mt. Cook zu erleben. Wie ich. Doch an diesem Abend bin ich zu kaputt, zu durchgefroren und zu nass, als dass ich auch nur ein Fünkchen Elan verspürte, zur Gletscherzunge hochzuradeln. Stattdessen schlage ich an einem Nebenweg auf einer triefnassen Wiese mein Zelt auf. Auf dem Weg dorthin bricht an meinem Hinterrad eine Speiche.

Tags drauf wird es wärmer. Allerdings ohne dass der Himmel aufklärt und sich der Nebel hebt.

Bereits zwei Stunden bin ich schon wieder auf der Straße – mein Fahrrad gleicht einem rollenden Wäscheständer, überall flattert tropfnasse Kleidung –, als ein Wohnmobil abbremst, langsam neben mir herfährt und eine Männerstimme mir auf Deutsch zuruft: »Bist du aus Deutschland?«

Ich rolle an die linke Fahrbahnseite. Erna, Kai und Gernot aus Hamburg, zurzeit auf einem mehrwöchigen Australien-Neuseeland-Trip, klettern aus dem Camper. Wir plaudern am Straßenrand, bis Erna vorschlägt, doch auf den nächsten Parkplatz zu fahren, um bei einer Tasse Kaffee weiterzuschwatzen.

Gesagt, getan. Doch allein dabei bleibt es nicht, denn neben dem Kaffeepott steht eine Pfanne randvoll mit köstlichen Spiegeleiern.

Wieder allein *on the road* fühle ich mich einsamer als je zuvor. Eine weitere Stunde später regnet es erneut. Auch auf die Gefahr hin, mich zu wiederholen: Es schüttet dermaßen, dass mir das Wasser oben in den ölimprägnierten Anorak rein- und unten aus den Hosen rausläuft. Mehr die Ahnung, dass irgendwann ein Ende dieses Regenlochs kommen muss, als das Verlangen, Wind und Wetter zu trotzen, treibt mich voran. »Wetten, dass fünfzig Kilometer weiter im Land die Sonne scheint«, rede ich mir ein. »Aber erst musst du dorthin kommen. Denk dran – nur noch neunzig Kilometer sind es bis zum Haast Pass. Dort beginnt der Einstieg ins trockene Hochland.«

Gegen Nachmittag stoppt ein Amerikaner namens John neben mir und bietet mir samt Fahrrad in seinem großen Mietwagen einen Lift an. Ich zögere keine Sekunde.

Unterhalb des Moeraki River hellt der Himmel endlich auf. Das ist gut für meine Gemütsverfassung. An einem menschenleeren Strand schlagen John und ich unsere Zelte auf.

»You won'a walk with me?«

»O. K.«, sage ich.

So bummle ich mit John aus Philadelphia am Rand der Tasman Sea entlang, wir finden einen angeschwemmten toten Pinguin, große Muscheln und unendlich viel Treibgut. Abends am Lagerfeuer lasse ich den Rest meiner nassen Kleidung trocknen. Wie lange sie wohl trocken bleiben wird…?

Der Morgen danach ist klar und wolkenlos. Ein perfekter Radeltag. »Danke, John«, sage ich, verabschiede mich von ihm und trete kräftig in die Pedale. Doch Wetterprognosen an der Westküste unterliegen anderen Regeln als anderswo. Keine zwanzig Minuten bin ich auf dem Fahrrad, da bezieht sich der Himmel erneut, und schon schüttet es wie aus Eimern.

Äußerlich nasskalt, aber innerlich erhitzt, erreiche ich nach einer Rekordzeit im Sattel den Fuß des Haast-Passes. Für die 62 Kilometer dorthin habe ich trotz Wind und Regen nur zwei Stunden und dreißig Minuten benötigt!

Die Passstraße ist steil, zumeist schiebe ich mein Rad. Tief zur Linken unter mir tost der reißende Haast River. Ungezählte Wasserfälle, durch den Regen der letzten Tage gespeist, verzaubern die Landschaft. Überall gurgelt und rauscht es. Überall riecht man Flechten, die wie Bärte voller Greise von den Bäumen baumeln, und immer wieder mannshohe Farne. Ein feucht-modriger Geruch liegt über dem Land.

Am Nachmittag des 4. März erreiche ich das Ende des Passes. Endlich! Erstmals leuchten mir herbstliche Farben entgegen. Der Fluss zu meiner Rechten verbreitert sich und wird zum Lake Wanaka. Den schmalen, lang gestreckten See mit dem unheimlich dunklen Wasser säumen kahle Berge, an deren Spitzen drohende Wolken kleben. Mir scheint, als grinsten sie mich an und riefen: »Warte ab, wir erwischen dich schon!«

Ich halte auf einem Rastplatz, um etwas zu essen. Plötzlich – ich weiß nicht woher – sind zwei große Hunde bei mir. Einer schnappt knurrend mit gemein hochgezogenen Lefzen nach meinem Bein. Aber vor Hunden habe ich nie Angst gehabt. Beruhigend rede ich deutsch auf ihn ein. Das kommt an. Mein Gegenüber hebt den Kopf, spitzt die Ohren, und nachdem wir uns meine restlichen Corn-Flakes geteilt haben, scheiden wir als gute Freunde. Der Wind ist rasant geworden, er heult, wirbelt Staub auf, der mir in die Augen brennt. Als ich über *The Neck*, die Verbindung zwischen Lake Wanaka und Lake Hawea komme, reißt mich eine Böe fast vom Fahrrad.

An wilder Natur kann ich mich leicht berauschen. Dieser Nachmittag bietet hundertfach Gelegenheit dazu. Von der anderen

Seite des Wassers her treibt der Sturm riesige Staubfahnen hunderte von Metern bis zur Mitte des Sees. Zum Glück stimmt die Windrichtung: Mich schiebt er fast die Berge hoch.

Als ich Luggate erreiche und auf dem Sportplatz des Ortes mein Zelt aufschlage, begegne ich einem jungen australischen Radler, einem patenten Burschen, der allerdings für meinen Geschmack das Radfahren zu akademisch angeht. Ergriffen steht er vor meinem Rad, schüttelt den Kopf: »Nein, ein Tacho am Fahrrad..., das kostet doch viel zu viel Kraft!« Er radle auch immer die Berge runter, sagt er, um den Körper nicht aus dem Rhythmus kommen zu lassen. Auch mein Gepäckvolumen scheint ihn aus der Fassung zu bringen. Ich gebe zu, dass aus der Sicht eines Bikers, der fünf oder sechs Wochen Urlaub macht und die Radtour durchgetimt und unter sportlichem Aspekt angeht, ein monströses Gepäck wie das meine abenteuerlich erscheinen muss. Aber vielleicht liegt hier auch der Unterschied zwischen einem Sechs-Wochen-Trip und einer jahrelangen Tour um die Welt.

Die Fahrt von Cromwell zum Touristenknotenpunkt Queenstown frischt Bilder auf, wie ich sie einst in den sonnengebackenen Hochländern des Iran und Afghanistans erlebt habe. Jetzt schleudert mir der unbarmherzigste Sturm der gesamten Radtour seine ganze Brutalität entgegen. Direkt von vorn kommt er, drückt mich wie eine Hand gewaltsam zurück. Am Himmel stehen gedrehte, gezwirbelte, zerfetzte Wolkengebilde wie Windgesichter. Sie grinsen. Nur kurz grapscht der Wind auf diese brutale Art nach mir – doch mit solch gemeiner Wucht, dass ich mitsamt dem Rad stürze. Ruckzuck – wie eine Faust hat er mich zu Boden geknallt. Benommen rapple ich mich hoch. Weiter zu radeln hat keinen Sinn, also schiebe ich, den Kopf gegen den Wind tief über den Lenker gebeugt.

Queenstown ist ein von Bergen umgebener Ort am Wakatipu-See. Besucher promenieren hier, Ausflugsdampfer ziehen über den See. Eigentlich ist es ein Ort, wie er, hübsch und einladend, überall in Urlaubsgebieten zu finden ist. Nur seine Kulisse macht ihn einmalig.

Ich hatte vorgehabt, von Queenstown nach Te Anau zu fahren, um Neuseelands berühmtesten Track, den »Fußmarsch aller Fußmärsche« zu machen. Wenngleich der *Milford Track* auch einer der nassesten Wanderpfade der südlichen Halbkugel sein mag, so schwärmen doch alle, die ihn gegangen sind, von seiner wilden Schönheit. Andererseits trennen mich nur noch acht Tage vom vereinbarten Treffen mit Juliana in Christchurch.

Der Autofahrer mag jetzt schmunzeln und denken: »Wenn ich am Vormittag in Queenstown in den Wagen steige, ist mir das Abendessen in Christchurch allemal sicher.« Das macht den Unterschied zwischen dem Alltag eines Autofahrers und dem des Radlers nur allzu deutlich. Und außerdem, ich gebe es ja zu, ist die Vorstellung, mich noch einmal tagelangem Regen auszusetzen, nicht sonderlich verlockend. Kurz entschlossen streiche ich den Milford Track von meinem Reiseplan.

Beschwingt radle ich durch das Otago-Hochland gen Norden. *Mt. Cook* lautet mein nächstes Ziel. Die Luft ist jetzt heiß und trocken. Der 970 Meter hohe Lindis Pass verlangt mir noch einmal alles ab. Doch da mich kein Wind tyrannisiert, steige ich bei der Überquerung nicht ein einziges Mal vom Rad.

Danach passiere ich Twizel, einen Ort, der seine Lebensberechtigung dadurch erhält, dass man hier Flüsse und Seen staut und die frei werdende Energie in Kraftwerken nutzbar macht. Bald darauf erreiche ich Lake Pukaki.

»Traumhafte Radelei am Ufer des Sees entlang. Klar, wie zum Greifen, liegen die Dreitausender der *Southern Alps* vor mir«, notiere ich während der Mittagsrast im Tagebuch. Plötzlich bremst auf der Straße scharf ein Camper. Großes Hallo, es sind Erna, Kai und Gernot, die drei Hamburger, die ich schon an der Westküste getroffen hatte. »Aller guten Dinge sind drei«, behaupten wir und verabreden uns für Mitte März in Sydney.

Mein Gott, das ist ja schon bald! Dann soll die Radtour wirklich endgültig vorbei sein?! Angesichts dieser Landschaft, die auf mich wirkt, als hätten Riesen Kulissen aufgestellt, fällt es mir schwer, mir auszumalen, was danach kommen soll. Werden wir weiter um die Welt reisen – oder aber nach Deutschland zurückkehren?

Ach, erst einmal zurück zu Juliana. Ich freue mich schon riesig auf das Zusammentreffen. Wir werden viel zu erzählen haben. Schade, dass sie diese Bilder nicht mit mir sieht. Dieses Land hier ist ganz anders als all das, was der Rest Neuseelands, ja auch Tasmanien und ganz Australien, zu bieten vermögen.

Nervöses Gebrumm kleiner Flugzeuge, die für eine Hand voll Dollars Touristen zu den Gletschern am Mt. Cook bringen, schreckt mich aus meinen Gedanken hoch. »Hallo, ihr dort oben, mit keinem von euch möchte ich jetzt tauschen!«

Das Gedröhn der Flugzeuge verklingt. Außer dem Rascheln

Vor Mt. Cook, benannt nach Captain Cook, dem ersten Weißen, der den Boden Neuseelands betrat.

und Wogen des trockenen Grases vernehme ich kein Geräusch. Dieser Nachtplatz ist der schönste der gesamten Radtour. Blicke ich das Tal aufwärts, trifft mein Auge auf Mt. Cook, den 3764 Meter hohen Riesen des Landes. Aorangi, *Wolkendurchstoßer*, lautet sein Name in der Sprache der Maoris. Im letzten Augenblick glänzt das harte Gras um mich herum fast rot. Juliana hätte ihre Freude an diesem Anblick. Vielleicht aber fühlt sie sich genauso wohl in der friedlichen Harmonie eines Apfelpflückeralltags in Codgeas großem Obstgarten. In wenigen Tagen werde ich es wissen.

Wie mit Klarsichtlack übergossen, leuchtet die Kette der *Southern Alps*. Mit wechselndem Stand der untergehenden Sonne kommt Bewegung ins Bild. Rot, fast wie Signalfarbe, überzieht die Berge, wechselt über Rosa zu sattem Rotbraun. Noch lange liege ich vor dem Zelt, schaue und lausche in die Nacht. Doch außer meinem Herzschlag ist da kein Laut.

Bloody feiner Trip –
Finale eines Abenteuers

Der Anfang vom Ende einer Reise ist der Moment, wo man Gedanken und Bilder Revue passieren lässt, sich erinnert; an das morgendliche Jubilieren der Vögel, das frische Füllhorn landschaftlicher Einmaligkeiten Neuseelands, dann die Gastlichkeit der Menschen hier.

Lange muss man auf unserem auch für den Reisenden schnell kleiner werdenden Globus suchen, bis man diese Kombination wieder findet. Vor allem wenn man sie als Radler erleben will.

Doch ich gebe es unumwunden zu – ein Honigschlecken war diese Fahrradtour nicht immer. Dazu pfiff der Wind zu stark, schüttete der Regen zu dauerhaft, war die das Mark aus den Knochen lutschende Hitze in der ersten Woche zu marternd gewesen. Doch die Qualität eines großen Abenteuers besteht ja nicht aus der kleinlichen Addierung der Alltagsproblemchen. Um eine solche Liste zu komplettieren, müsste ich, bezogen auf das gesamte Radabenteuer, auch noch 24 gebrochene Speichen und 25 Reifenpannen erwähnen. Wenn ich das hier am Rand doch tue, so nur, um der Pflicht des Chronisten zu genügen.

Für mich ist es eher die bunte Abfolge all jener »Hochs« und »Tiefs«, die, keinesfalls verklärt durch die rosarote Brille der Erinnerung, mich veranlasst, im Überzeugungston zu sagen: »War 'n bloody feiner Trip!«

So empfinde ich auch, als ich am Morgen des 10. März aus dem Schlafsack krieche. Über mir brummen schon die ersten *Scenic Flights*, auf der Straße sind bereits zwei Wohnmobile auf Achse.

Ich räkle mich noch ein wenig vor dem Zelt und genieße die Strahlen der warmen Sonne. Die erste Mücke des Tages landet auf meinem Ohr, ein Igel läuft geschäftig hinter dem Zelt hin und her. Ein schöner Morgen.

Noch eine weitere Nacht verbringe ich hier in den Bergen – dieses Mal am unteren Ende des Lake Pukaki. Sicher, ich hätte während dieser Zeit auch einen Rundflug über die Gletscher machen können, aber an diesem stillen Tag ist mir nicht danach zu Mute. »Ein andermal«, sage ich mir. Es wird bestimmt ein »nächstes Mal« geben.

Stattdessen hocke ich am Ufer, schüre mein Lagerfeuer, koche Tee mit Seewasser und nehme dieses Bild vor mir immer wieder tief in mir auf. Mir ist, als wäre ich selbst Teil eines überdimensionalen Panoramafilms, eines Movies ohne grelle Töne und *action* – wäre da nicht das sich ewig ändernde rasante Spiel der Wolken.

Vorbei an Lake Tekapo fahre ich weiter über den Burke Pass. Wolken liegen wie eine flauschige, wattierte Decke über dem Land. Es wird kalt. Ich stoppe und ziehe mir all meine warmen Kleidungsstücke an. Wenn ich nicht genau wüsste, dass mich Juliana am 14. März in Christchurch erwartet, ich würde noch länger hier bleiben, würde das Ende der Radtour hinauszögern – so weit wie irgend möglich.

Ich bin auf der Ostseite der Berge, nördlich von Mayfield, als ein Pick-up-Truck neben mir hält. Hinten auf der Ladefläche sitzen acht fidele junge Leute. Wir kommen ins Gespräch, auch sie sind interessiert, wissbegierig. Ich berichte von unserem Leben daheim und versichere auf die stets neu gestellte Frage »How do you like New Zealand?« überzeugt »Great, I like it very much!«, was das letzte Eis zum Schmelzen bringt. Die Beifahrerin, offenbar die Frau des Farmers am Lenkrad, lädt mich ein, mitzukommen. Eigentlich hätte ich gern angenommen, andererseits möchte ich aber die letzte Nacht irgendwo am Fluss zelten, nur den Sternenhimmel über mir, wie so oft während der letzten Monate.

Sie lächelt, versteht das. »Ein andermal dann.«

Den Farmer sehe ich am nächsten Vormittag noch einmal, wie er im Auto inmitten einer riesigen Schafherde gemächlich die Straße entlangrollt.

»Ich führe einen Teil meiner 2000 Schafe ›gassi‹«, ruft er mir schon von weitem lachend zu. Wird dann aber ernst.

»Selten in meinem Leben habe ich die Weiden und Felder so trocken erlebt wie dieses Jahr. Da die Schafe bei mir kein frisches Gras mehr finden, lasse ich sie den Straßenrand abgrasen.«

Als ich kurz vor Christchurch bin, stelle ich fest, dass eine weitere Speiche am Hinterrad gebrochen ist. Die Reparatur ist blitzschnell erledigt, ich habe Routine. Nur eine Reservespeiche ist mir jetzt noch verblieben. »Macht nichts!« Denn jetzt beginnt der Endspurt.

Christchurch ist überschaubar, der Verkehr ist mäßig und die Innenstadt geradezu britisch.

»Christchurch ist die englischste aller neuseeländischen Städte«, hatte man mir oft versichert. Radfahrer, die hier zahlreicher sind als sonst wo Down Under, grüßen mich freundlich, als ich dem Weg zum *Cathedral Square* folge, dem Zentrum, wo ich mich mit Juliana verabredet habe.

Wird sie pünktlich sein? Hat sie einen Bus hierher bekommen?

Morgen bereits geht unser Flug nach Sydney. Ich setze mich auf die Stufen der Kathedrale, genieße die Sonne und das friedliche Straßenbild, beobachte Schüler in Schuluniformen, lausche einem Straßenredner.

»Halt, du wolltest doch noch einen Film für die Kamera kaufen«, schießt es mir durch den Kopf.

Gleich am *Square* finde ich ein Fotogeschäft, erstehe einen Film, bezahle. Da fällt mein Blick aus dem Fenster… Juliana! Deutlich habe ich sie gesehen, mit Fahrrad. Ich rase aus dem Laden, lasse sogar vor Aufregung meinen bereits bezahlten Film zurück.

Braun gebrannt und strahlend, steht die Apfelpflückerin vor mir. »Wie war's? Wie bist du hergekommen?«

Sie legt den Arm um mich. »Später«, sagt sie. »Ich habe dir etwas mitgebracht.«

Dann radeln wir raus zum Hagley Park, setzen uns auf eine Bank, und Juliana packt aus.

»Ich habe mir gedacht, dass du hungrig sein wirst.«

So ist sie immer... Dann reicht sie mir einen Apfelkuchen, »selbst gebacken natürlich« und einen Viertelliter geschlagener Sahne. Ich putze fast alles allein auf. Und Juliana sitzt dabei und strahlt.

»Vor zwei Tagen hat mich einer von Codgeas Apfeltransporteuren per Lkw nach Christchurch mitgenommen«, berichtet sie. Jetzt wohnt sie bei den Eltern von Topsy, Codgeas rechter Hand auf der Plantage. Die Nacht verbringe natürlich auch ich dort. Dabei sorge ich noch für Heiterkeit, als ich auf den Hinweis unserer Gastgeber, in unserem engen Zimmer stünden viele große Pflanzen, entgegne: »Ich bin gewohnt, im Dschungel zu leben.«

Eine Maschine der Air New Zealand bringt uns am nächsten Tag nach Sydney. Mir fällt es schwer, mich im Lärm und Mief einer Millionenstadt zurechtzufinden, auch wenn sie eine der schönstgelegenen auf Erden ist.

Die letzten Tage wohnen wir bei Freunden, verstauen, ordnen, packen aufs Neue. Wieder kommt ein Abschied, aber gleichzeitig würde es ein Neubeginn sein.

Es ist während dieser Tage, dass Juliana einen tollen Vorschlag unterbreitet:

»Du willst dir doch schon seit langem eine neue Kamera kaufen. Ich spendiere dir eine – von meinem Apfelpflückerlohn. Aber nur unter einer Bedingung: Du musst sie in Hongkong kaufen. Weil da doch alles zollfrei ist...!« Womit das nächste Reiseziel bereits fest umrissen wäre. Der Entschluss, noch einige Zeit auf dem Pfad der Globetrotter zu bleiben, hatte sich schon seit längerem abgezeichnet. Jetzt nimmt die Sache Gestalt an. An diesem Abend knallt ein Sektkorken, und eiskalt perlt es in den Schampuskelchen.

Drei Tage später hebt ein Jumbo vom Sydney International Airport ab. Drinnen zwei, die sich die Nasen aufgeregt an den Scheiben platt drücken. »Da, sieh mal, das Opera House. Kannst du die Harbour Bridge erkennen?«

Bereits wenige Stunden später wird unsere Maschine das Etappenziel erreicht haben.

O nein, noch nicht Hongkong.

»Ladys and Gentlemen, bitte halten Sie sich für die Landung in Manila auf den Philippinen bereit.« Die Ansage der Flugbegleiterin klingt wie Musik in meinen Ohren. Philippinen, das ist ein Land mit 7107 Inseln. Ich sehe aus dem Flugzeugfenster in das warme Licht des Spätnachmittags hinaus, tief unten erkenne ich die Konturen eines Vulkans, palmengesäumte Ufer und weiße Strände.

Meine Hand tastet nach der von Juliana. »So viele Inseln, das lässt Visionen von Badeferien aufkommen.«

Sie lächelt: »…genau das Richtige nach mehr als 12 000 Kilometern Strampelei im Fahrradsattel durch Australien und Neuseeland.« Verschmitzt sieht sie mich von der Seite an.

»In vier Wochen sollten wir in Hongkong sein, und von da ist es nur ein Sprung zum chinesischen Festland – wäre das nicht auch ein Traumland zum Radfahren?!«

Die Suche nach dem
schönsten Platz auf Erden

Wir zogen weiter um die Welt. Auf viel Spektakuläres stieß ich, doch oft schlich sich in meine Gedanken die Erinnerung an Neuseeland, auch wenn andernorts die Berge höher, die Gletscher länger und die Strände vielleicht lieblicher waren. Als wir nach Jahren des ununterbrochenen Reisens nach Deutschland heimkehrten, fragten mich Freunde:

»Was kannst du denn noch unternehmen, nachdem du die ganze Welt bereist hast…?«

»Je mehr ich gesehen habe, desto deutlicher erkenne ich die weißen Flecke auf der Landkarte der eigenen ›Eroberungen‹«, antwortete ich. Nicht zuletzt dachte ich dabei an Neuseeland, denn dort erkannte ich noch viele dieser »weißen Flecke«.

Da uns wieder kein Lottogewinn und kein Erbonkel den Weg geebnet hatten, mussten wir erneut Geldschein um Geldschein zur Seite legen, um den alten Traum vom Reisen weiter zu spinnen.

Das Sparschwein war endlich voll. Es konnte losgehen. Der Absprung von daheim war schnell gemacht. Darin hatten wir mittlerweile Routine.

Frühere Reisen hatten Juliana und mich kreuz und quer durch Afrika geführt, lange waren wir mit einem alten VW-Bulli durch den Orient gezogen, durch Asien und Südamerika mit Rucksack und viele Sommer per Kanu durch Nordamerika. Doch jetzt kam die Feinauswahl: die Suche nach den schönsten Plätzen der Welt. Immer wieder streiften dabei die Gedanken Neuseeland. Bei solch zauberhaften Bildern, wie wir sie im Handgepäck der Erinnerungen mit nach Hause gebracht hatten, war die Frage schon nicht mehr »ob«, sondern nur noch »wann« wir ins Land der Kiwis zurückkehren würden.

Jetzt ist es soweit.

Wir haben einige Monate Zeit im Reisegepäck, bis hinein in den südländischen Herbst mit seinen berauschenden Laubfärbungen. Am Kilometer-Fressen liegt uns nichts, vielmehr an der Begegnung mit einem Stück typischen Neuseelands, irgendwo abseits der Durchgangsstraßen.

Unsere Planung sieht einen Mietwagen für den Einstieg und das Ende der Reise vor. Gut drei Monate sollen einer Pferdetour vorbehalten bleiben.

Warum Pferde? Nun, gewiss spielt da Romantik eine Rolle, mit mir groß gewordene Jungenträume. Nie waren sie so alt und bleich geworden, um in die für »Unerfülltes« reservierte Ecke gestellt zu werden. Schon bei unserer Radtour damals hatte die Idee, hier einen Pferdetrip zu unternehmen, feste Formen angenommen. So war der Traum zum Entschluss gereift. Ob mit Reit- und Packpferden oder Kutsche ist jetzt bei unserer Ankunft offen. Der Romantiker in mir tendiert zu Pferd und Wagen: *gipsy wagon*, wie sie hier sagen.

Wir werden also die Augen nach einem geeigneten Gefährt offen halten müssen.

Unser Zweier-Team ist übrigens inzwischen um eine entzückende Komponente bereichert, ihr Name lautet Bettina. Natürlich hatte der eine oder andere bei Bekanntwerden unserer Reisepläne die Hände über dem Kopf zusammengeschlagen. »Mit einem kleinen Kind ans Ende der Welt reisen…!«

Ich hatte geschmunzelt. Als wenn es in Down Under keine Pampers gäbe.

Glatte Landung in Christchurch

Ein Prickeln unter der Haut breitet sich aus, wie immer, wenn ein neues Reisekapitel aufgeschlagen wird. Die Müdigkeit, Stammgast am Ende langer Flüge, ist wie weggewischt.

»Etwas zu deklarieren?« Der Zöllner blickt auf unsere Gepäckberge. »Nein, nur Reiseausrüstung.«

»Haben Sie Zelt und Campingzubehör dabei?« Ich bejahe. »Ist das Zelt auch frei von Erde?« Er schaut mich kritisch an.

Jetzt soll er bitte nicht verlangen, dass wir die Koffer und Kisten auspacken, damit wie beim ersten Mal, aus Angst vor eingeschleppten Pflanzenkrankheiten, jeder Zelthering einzeln desinfiziert werden kann – so schießt es mir durch den Kopf.

Zum Glück denkt der Beamte vernünftig. Mit einem freundlichen »Have a nice journey« lässt er uns die letzte offizielle Barriere passieren, während drei Japaner die Inhalte all ihrer Taschen auf einem Tisch ausbreiten müssen, weil einer von ihnen einen Apfel im Handgepäck verschwiegen hatte.

Dann stehen wir draußen. Klar ist der Himmel über der Südinsel, die Luft von einer deodoranthaften Frische. Ein Januartag in Christchurch, ein Tag, wie man ihn sich als Auftakt eines neuen Abenteuers nicht klarer, nicht brillanter wünschen könnte.

Nachdem Freunde von mir kürzlich Neuseeland besucht hatten, war meine erste erwartungsvolle Frage nach ihrer Rückkehr gewesen: »Wie war's?«

»Wunderschön.«

»Und wie seid ihr mit den Neuseeländern zurechtgekommen?«

Mein Freund hat einen Moment lang die Stirn in Falten gelegt. Dann, nach einigem Nachdenken: »…eigentlich haben wir kaum welche getroffen. Außer in Touristenbüros, Supermärkten und Tankstellen gab es kaum Berührungspunkte.«

Merkwürdig – in meiner Erinnerung rangiert Neuseeland als eines der offensten, gastfreundlichsten Länder. Eine Nation, die auf den Besucher zugeht, die sich freut, wenn jemand den Hauch der weiten Welt auf die Inseln am Rand des Pazifik wehen lässt. Sollten sich die Menschen innerhalb weniger Jahre um so vieles geändert haben? Kaum. Hatte der über die Jahre zugenommene Tourismus einen Sättigungseffekt bewirkt, oder lag es einfach an der Art, wie meine Freunde durchs Land gereist waren?! Daran, dass die Hektik einer stundengenau durchgetimten Autofahrt eben nur wenig Muße für Kontakte ließ?

Es ist Sonntag, als wir in unserem mit Ausrüstungsgegenständen voll gestopften Mietwagen vom Airport in die zu dieser Zeit wie ausgestorbene Innenstadt von Christchurch fahren. Auf die Frage »Wie fandest du Neuseeland?« gilt noch immer die scherzhafte Antwort: »Geschlossen«. Im Land der schier unbegrenzten Freizeitmöglichkeiten, so witzelt man, »werden die Bürgersteige der Innenstädte ab Freitagnachmittag hochgeklappt«. Ein Bonmot, gewiss, doch wer vor dem Wochenende seine Einkäufe verschusselt hat, kriegt hier ein Problem. Richtig zu darben braucht freilich niemand, damals wie heute. Die *dairy*, oder der *corner store*, der kleine Tante-Emma-Laden, ist nie allzu weit entfernt und zumeist sieben Tage die Woche geöffnet.

Man hat Christchurch den Beinamen *Garden City* gegeben. Große Parks und Grünflächen lockern wie grüne Tupfer das Stadtbild auf. Wie ein Wurm windet sich der Avon River durch die City. An seinen Ufern laden Promenaden zum gemütlichen Bummeln unter Schatten spendenden Weidenbäumen ein. Mit einer Bevölkerung von rund 356 000 Einwohnern ist Christchurch nach

Auckland und Wellington Neuseelands drittgrößte Stadt. Vororte eingeschlossen, lebt hier knapp die Hälfte der Gesamtbevölkerung der Südinsel (ca. 1 Million Menschen). *The most English city outside England* sei sie, sagt man.

Dass Christchurch auf den ersten Blick englischer als England wirkt, hat einen Grund, der bis ins Jahr 1850 zurückreicht. Zu jener Zeit dachte der junge Adlige John Robert Godley darüber nach, wie er fernab der alten Heimat ein »neues England« gründen könnte, in dem die damaligen Ideale dauerhaft Bestand haben würden. Er warb um die »fleißigsten und ehrlichsten« Menschen, die – und das war eine seiner weiteren Bedingungen – zu den angesehensten Familien gehören mussten. Godleys Pläne gingen zunächst auf. Zwischen 1850 und 1855 trafen mehr als 3500 Immigranten in der neuen Welt down under ein. Doch auch als Godleys Träume sich später als Utopia entpuppten und platzten, war der Anfang von Christchurch gemacht. Bei dieser Vorgeschichte wundert's nicht, dass das Herz der Innenstadt »Cathedral Square« heißt und die aufstrebenden Steinwände der anglikanischen Kathedrale alle Blicke auf sich ziehen.

Es ist später Nachmittag, als wir dort ankommen. Wie verschlafen wirkt der an Wochentagen vor Aktivität überbordende Platz an einem Sonntag. Nur ein Tourbus hält, aus dem schick gekleidete Japaner sich über das Pflaster ergießen. Wie auf Kommando nimmt die eine Hälfte der Reisegesellschaft stramme Haltung an, und das Klicken von Auslösern durchbricht die Stille. Mit höflichen Gesten tauscht man die Kameras aus, das Lächeln in den Gesichtern der anderen Hälfte gefriert für ein paar Sekunden, und schon klicken die Auslöser aufs Neue. Auch die Töchter und Söhne des Landes der aufgehenden Sonne haben das schönste Ende der Welt entdeckt.

Unsere erste Nacht verbringen wir in einer kleinen *cabin* (Hütte) auf dem am Rand der City im Grünen gelegenen Campground. Den nächsten Tag haben wir für die ersten Reisevorbereitungen reserviert. Ich durchstöbere Buchgeschäfte und den *Government Bookshop* auf der Suche nach Literatur über außergewöhnliche Trips durch Neuseeland – erfolglos, bis ich auf ein vor Jahren erschienenes Buch des englischen Autors Hanbury-Tenison *Fragile Eden – A ride through New Zealand* stoße. So gut es als Hintergrundlektüre für das Land selbst ist, Anhaltspunkte für die logistische Seite einer Pferdetour auf eigene Faust gibt es nicht. Wie denn auch: Als der Verfasser das Land besuchte, waren die Details seiner Reise von guten Geistern vororganisiert, die Pferde längst gekauft. Ein Versorgungs-Lkw samt Reservepferd stand bereit und begleitete die Tour. Das war um einiges anders als das, was uns vorschwebt.

Es ist Mittag in Christchurch, als ich über Cathedral Square bummle. Eine entspannte Atmosphäre liegt heute über dem Platz, den zu dieser Tageszeit die Selbstdarsteller, Exzentriker und Volksredner als ihre Bühne betrachten, um den Vorbeischlendernden ihre Überzeugungen entgegenzuschleudern.

Auf den Stufen der anglikanischen Kathedrale duellieren sich zwei junge Männer in dunklen Nadelstreifenanzügen, die eher in das Büro einer Versicherungsagentur als auf die Stufen einer Kirche zu passen scheinen, im Wortgefecht. Kaum älter als 20 sind sie. Ein halbes Dutzend Neugieriger umlagert sie.

Ein Dritter baut nur ein paar Meter von ihnen entfernt sein Podest auf. Umständlich klappt er eine Leiter auf, klettert hinauf. »Gott oder nicht Gott…?!« – das scheint für ihn die zentrale Frage. Mit donnernder Stimme, die so gar nicht zu diesem mickrigen Kerlchen passen will, schleudert er seine Thesen in die Zuhörerschar. Bald hat auch er seine Bewunderer und Kritiker.

Das Highlight dieser Show aber beginnt, als ein graubärtiger Mann in einem dunklen, weiten, mittelalterlich wirkenden Gewand seine Trittleiter auseinandernimmt, sie gemächlich besteigt und langsam in die Runde schaut. Wenige Minuten später hat er gut hundert Menschen vor sich versammelt.

Wortgewandt, seiner rhetorischen Wirkung bewusst, beschwört er die dominierende Rolle des Mannes und wettert gegen die Emanzipation der Frau, »... was wäre damals Maggie Thatcher ohne ihren Mann gewesen ...?!« Schon reichen seine weltumspannenden Betrachtungen bis zu Hillary Clinton und ihrem Bill. Ich habe in diesem Moment nicht die geringste Ahnung, dass in dieser Verkleidung der legendäre *Arch Wizard of Canterbury* steckt. Den Beruf des Universitätslehrers hat er an den Nagel gehängt. Stattdessen verkündet er: »I am a living tourist attraction.«

An jenem Wochentag gegen Mittag steht der »Magier von Christchurch und Canterbury« auf dem Cathedral Square, pustet einige Blasen in die Luft, um die Windgeschwindigkeit zu prüfen, und beginnt seine Rede:

»Der gefährlichste Zauber geht von Frauen aus, die Männer

Der »Magier von Christchurch« beschwört seine Zuhörer.

in Ehemänner verwandeln...«, warnt er heute. Bald sind der Staat dran, die Kirche und die Monarchie. »...der beste Weg, den Fortschritt zu stoppen, ist, die Macht der Monarchie zu stärken...« Auch über Wortspielereien und wohldosierte Spitzen gegen die Kirche, vor deren Gebäude sich alles abspielt, verfügt er. Er ist schwer zu widerlegen. Aber es heißt, er nehme nicht in Anspruch, dass das, was er sagt, richtig sei. Es komme ihm nur auf den Effekt an. Jemand klatscht, als er über »...die allgemeine Stupidität der Männer« wettert.

Anders die kleine, entschlossen dreinblickende Frau. Bewaffnet mit einer Geige, baut sie sich keine vier Meter neben dem Wizard auf und beginnt mit piepsiger Stimme zu singen, während sie ihrem Instrument höchste Töne entlockt. Offenbar sucht sie die Zuhörer von dem Redner abzulenken. Eine Frau in der Menge springt auf und will mit dem Wizard tanzen. »Madam, ich tanze nicht mit Frauen«, antwortet dieser. »Sie sind der Grund für den Sturz des Mannes.« Und schon ist er bei Adam und Eva im Paradies. In der Zwischenzeit hat sich der *bird man* im Hintergrund aufgebaut, Möwen auf Kopf und Schultern fütternd.

Während sich der Wizard für die Korrektur der Weltkarte einsetzt: »Neuseeland muss nach oben – wer bestimmt eigentlich, dass der Norden den obersten Rang einnimmt...?!«, bummle ich weiter durch diese freundliche, grüne Stadt. Denn auch der Hexenmeister vom Dienst hat mir keinen Tipp geben können, wo Pferd und Wagen zu kriegen sind.

Als ich zu Juliana zurückkomme, hat sie eine ganz viel versprechende Nachricht. Im Hurunui Valley gebe es eine Firma, die Pferde-Trecks veranstaltet.

»Die haben angeblich auch *gipsy wagons*.«

Leider meldet sich dort niemand am Telefon. Also nichts wie hin. Noch am selben Abend rollen wir in Richtung Berge. Die Suche nach der angegebenen Adresse allerdings wird zur Fahrt durch einen Irrgarten, als der sich das von zumeist unbefestigten Farmstraßen durchzogene Hinterland der Canterbury Plains entpuppt. Als es dunkel wird, haben wir Hurunui Trecks immer noch nicht gefunden. Eine hilfsbereite Farmersfrau bietet sich an, für uns die Verbindung mit dem Unternehmen herzustellen. »Die melden sich bei euch«, tröstet sie uns. »Wo werdet ihr die Nacht verbringen?«

»Irgendwo, wo Platz zum Campen ist«, sage ich. Sie beschreibt uns einen reizvoll gelegenen Platz an einem Fluss ganz in der Nähe. Bereits an diesem Abend ist uns ein Handicap besonders für Reisen mit Pferdewagen deutlich bewusst geworden: die Zäune, die das Land durchtrennen, und Hinweisschilder wie *private property – keep out*. Privatbesitz. Mag Neuseeland aus der Luft wie ein weites und nahezu menschenleeres Land wirken, so ist es bei näherem Hinsehen, von Nationalparks und wenigen echten Wildnisgebieten im Westen der Südinsel einmal abgesehen, von Zäunen durchzogen. Besonders die Nordinsel. Praktisch alle Tracks abseits der Durchgangsstraßen sind in privater Hand. Wer sie benutzen will, wird nicht umhinkommen, sich mit dem jeweiligen Farmer vorab telefonisch in Verbindung zu setzen und um Genehmigung zum Überqueren seines Landes zu bitten. Zwar sind Neuseeländer auch hier entgegenkommend, doch bei einem langen Fußmarsch oder Ritt durchs Land kann derartiger Organisationsaufwand sehr ermüdend sein. Die Durchquerung des ohnehin schwer zugänglichen Gebirgslandes mit Planwagen auf Farmwegen, die selten miteinander verbunden sind, käme nicht in Frage. Wir wären also auf *farm roads* angewiesen. Das wäre in Ordnung, denn viele dieser Farmstraßen sind so einsam, dass zwei Autos pro halbe Stunde schon als Verkehrsknäuel gelten. Das hatte bei uns letztlich den Ausschlag gegeben, dieses Mal die Südinsel als Herzstück unserer Neuseelandabenteuer zu wählen. Trotzdem wäre einiges an Organisation erforderlich.

Wir sitzen vor unserem Zelt und lauschen in die Stille, die durch das Plätschern des nahe gelegenen Baches noch unterstrichen wird. Kühl ist es und dunkel. Nur die Sterne funkeln. Da tasten sich die Scheinwerfer eines Farmtrucks durch die Nacht, drehen ab, halten genau auf uns zu. Ein junger Mann, Mitte zwanzig, klettert aus dem Toyota Land Cruiser. Mit einem scheppernden *Rumms* fällt die Wagentür ins Schloss.

»Hallo, ich bin Alex.« Er kommt auf uns zu, baut sich vor mir auf.

»Will nur die Pumpe abbauen, mit der wir heute Wasser zum Tränken unserer Schafe in die Berge gepumpt haben.«

Und so kommen wir ins Plaudern. Vor gut drei Jahren habe sein *old man* (Ende vierzig sei sein Vater) die Farm gekauft. Alex zeigt in die Berge hinauf.

»Gut 10000 Schafe haben wir. Übrigens, in zwei Tagen schlachten wir ...«

Das meiste davon sei als Hundefutter eingeplant, hören wir. Dann schwatzen wir über Gott, die Welt und die Regierung. Alex schimpft. »Unser Government hat Neuseeland auf das Niveau eines Drittweltlandes heruntergewirtschaftet. Wir verdienen heute weniger als vor Jahren.« Und das Farmsterben gehe um, sagt er.

Der Halbmond kriecht als dünne Sichel über den Himmel. Mich fröstelt, die Nähe der kühlen Berge macht sich bemerkbar.

»Wenn ihr morgen Zeit habt, schaut doch bei uns vorbei. Wir scheren momentan einen Teil unserer Schafe.«

Alex beschreibt uns den Weg zur Farm und schwärmt, dass der *old man* ein Pferdenarr sei, der gewiss gute Tipps für uns parat habe. Dann tasten sich die Scheinwerfer seines Land Cruisers wieder durch die Nacht.

Die Kälte vertreibt die letzten fahlweißen Wolkenschleier. Warm angezogen krieche ich in meinen Schlafsack – und friere trotzdem.

Auch Ben Hur fing mal klein an

Auch im Hurunui Valley ist kein Pferdewagen zu bekommen. Sehr bald schon wird uns klar, dass es schwer sein wird, sowohl einen geeigneten Wagen als auch geeignetes Pferdegeschirr zu bekommen. Gut erhaltene und recht romantisch aussehende zweirädrige Karren mit riesigen Holzrädern werden zwar vereinzelt für weniger als 700 Dollar angeboten. Es könnte allerdings recht unbequem darin werden, da sie weder Federung noch Gummireifen haben. Und – wie hält man solch ein Vehikel eigentlich in der Waagerechten, wenn das Pferd ausgespannt ist?

Dass Pferde in Neuseeland preisgünstig sind, hatte ich in Erinnerung, doch dass trainierte ehemalige Rennpferde schon für ein paar hundert Dollar zu bekommen sind, übertrifft meine kühnsten Erwartungen. Die *Kiwis* sind ein pferdebegeistertes Volk. Ausreichend große Weideflächen stehen zur Verfügung, und sich eine Handvoll Pferde wie Haustiere zu halten, ist hier kein Luxus. Während Autos relativ teuer sind und selbst alte Klapperkisten, die daheim schwerlich Chancen hätten, eine Verkehrskontrolle zu passieren, noch mit einigen tausend Dollar gehandelt werden, sollten wir im weiteren Verlauf unserer Reise erleben, dass sich hier selbst Sozialhilfeempfänger Reitpferde halten.

Die Pferdebegeisterung der Nation reicht weit zurück.

1814 kamen die ersten Pferde nach Neuseeland. Sie waren ein Geschenk des Gouverneurs von New South Wales in Australien an die Maoris. Schon wenig später, mit der Einwanderung weißer Siedler, traten Pferde als Arbeitstiere der Pioniere ihren Siegeszug an. Doch nicht allein bei der Arbeit – bald schon waren in fast jedem kleinen Dorf *horse races* die gesellschaftlichen Ereignisse der Wochenenden. Tiere aus neuseeländischer Zucht, vor allem *Thoroughbreds* und *Standardbreds,* gingen auf die lange Reise per Schiff in die übrigen britischen Kolonien, vor allem nach Indien, und später in die beiden Weltkriege. Im Land selbst wurden Trabrennen *(trotting, harness racing)* zur großen Leidenschaft. Gewöhnlich erzielen gute neuseeländische Pferde Höchstpreise beim Verkauf ins gleichermaßen rennsportbesessene Australien, wo bekanntlich der Pulsschlag dieser 18-Millionen-Nation stoppt, wenn am ersten Dienstag im November der Melbourne Cup, das größte sportliche Ereignis des 5. Kontinents, ausgetragen wird.

Das Rennpferd *Phar Lap* ist, ich erlaube mir den Vergleich, neben dem Everest-Erstbezwinger Edmund Hillary einer der berühmtesten Neuseeländer.

Phar Lap stammte aus einem Gestüt aus der Nähe von Timaru auf der Südinsel, wurde nach Australien verkauft und gewann zwei Jahre später, man schrieb das Jahr 1930, den Melbourne Cup. Auch wenn er im darauf folgenden Jahr an der begehrten Trophäe vorbeilief, war er schon bald mit 36 Siegen in Folge das preisverwöhnteste Rennpferd Australiens. Doch dann, knapp drei Wochen nach seinem 37. Sieg beim *Agua Caliente Handicap* in Mexiko, starb Phar Lap 1932 aus ungeklärter Ursache. Spekulationen, *Red Terror*, so sein Spitzname, sei vergiftet worden, sind bis heute nicht verstummt.

Bei so viel Pferdeliebe und -begeisterung der Bevölkerung trifft unser eigenes Anliegen eigentlich immer auf offene Ohren.

Jemand gibt uns den Tipp, in der Nähe des Waipara River stehe ein *gipsy wagon*, ein Planwagen, den sollten wir uns anschauen. Ich bin sofort Feuer und Flamme, als ich ihn sehe. Das wäre doch etwas für uns: Vier gummibereifte Räder, ein Holzaufbau mit schindelgedecktem Dach darüber, Fenster mit bunten Gardinen, und über allem thront ein richtiger Schornstein ... Wahnsinn, ich bin begeistert und hangele mich am Fenster hoch.

»Du ... da scheint jemand drin zu leben!«

Schade. In der Nachbarschaft erhalten wir die Bestätigung.

»Dany ist ein richtiger Junggeselle«, sagt eine alte Frau, »frei und ungebunden. Und wann immer er genug Geld zusammengekratzt hat, zockelt er selbst mit Pferd und Wagen um die Insel.« Sie lächelt viel sagend: »Morgens um diese Zeit trifft man ihn meistens in der Kneipe. Geht doch mal rüber. Vielleicht vermietet er euch den Wagen.«

Kneipengespräche um diese Stunde sind nicht meine Stärke. Wozu sollten sie auch führen, wenn der Bursche doch in dem Wagen wohnt? So zerplatzt diese Hoffnungsblase.

Und doch hat dieser Tag noch einen jener Zufälle parat, die die Würze des Reisens sind. Aber was heißt schon Zufall?! Ungewöhnliche Ereignisse geschehen bei all unseren Reisen um den Globus selten als sternschnuppenhafte Wunder. Nach dem Motto »Nur wer wagt, gewinnt« hatten wir die Dinge meist selbst angepackt, waren auf die Menschen zugegangen und hatten letztlich irgendwie immer gewonnen.

»Ich kenne Ashley recht gut«, sagt eine Frau, zu der uns jemand mit – wie er es schmunzelnd nannte – »Pferdeverstand« geschickt hatte. »Schätze, Ashley kann euch helfen.«

Juliana, unsere Reisestatistikerin, notiert im Tagebuch: »23. Versuch.«

Es ist früher Nachmittag, als wir bei Ashley Halloway ankommen. »Geh du mal zu ihm rein, du machst das immer so toll ...«, sage ich noch zu Juliana.

Fünf Minuten später kommt sie zurück. Sie hat ein merkwürdiges Funkeln in den Augen. »Du sollst auch kommen, sagt Ashley. Damit er nicht alles zweimal erklären muss. Er meint, wenn wir nicht allzu begriffsstutzig seien, könnten wir in einer halben Stunde den Trip starten.«

Gut sechzig Jahre alt schätze ich ihn. Er ist untersetzt, von kräftiger Statur, mit einem faltigen, von Sonne und Wind gegerbten Gesicht, aus dem zwei muntere Augen funkeln.

»Sit down«, kommandiert er. Offenbar hält er nicht viel von höfischem Zeremoniell. Dazu, uns mit Namen bekannt zu machen, werden wir auch erst später kommen. Ashley breitet einen Stapel Bilder auf dem Tisch aus.

»Das sind meine Pferde … und die Wagen hab' ich alle selbst gebaut.«

Und schon plaudert er über Pferde und ihre Eigenarten. Ich habe Schwierigkeiten, ihm zu folgen, da er die Aussprache eines *country boys* vom platten Lande hat. Als ob er meine Gedanken erraten hätte, sieht er mich offen an:

»'tschuldige, zur Schule zu gehen hatte ich mein Lebtag kaum Zeit.« Und schon ist er wieder bei seinem Lieblingsthema.

»Reicht euch der kleine Planwagen draußen oder wollt ihr den großen?«

Den Wagen vor der Tür hatte ich in der Eile nur mit einem Auge gestreift.

»Wenn möglich, würden wir für einen langen Trip gern den größeren nehmen.«

Ashley schaut vor sich auf den Tisch.

»Dann braucht ihr aber zwei Pferde.« Er sieht mich an: »Wann hast du das letzte Mal einen Zweispänner gelenkt?«

Die Frage musste ja mal kommen.

»In den fünfziger Jahren auf dem kleinen Bauernhof, auf dem wir damals lebten.«

Ich verrate Ashley allerdings nicht, dass das auf dem Schoß von Bauer Hermann war und ich als Dreikäsehoch nur einmal die Zügel halten durfte.

Ashley schaut hoch. Fünfzehn Minuten kennen wir uns jetzt.

»Wenn ihr mit zwei Pferden reisen wollt, müsst ihr erst Erfahrung sammeln.« Er blättert in einem Kalender.

»Nach der *Country Fair* (Volksfest) in Belfast in vierzehn Tagen könnt ihr den großen Wagen und zwei Pferde für euren Trip kriegen.«

Er sieht schnell hoch. »Kommt mit raus. Spannt Jack an. Fahrt so viel mit ihm, wie ihr wollt, aber bevor ihr mit einem Zweispänner auf Reisen geht, müsst ihr euch erst den Wind um die Ohren wehen lassen.«

Und schon sind wir auf der Koppel. Es ist das erste Mal, dass ich dem einen unserer Reisegefährten für die nächsten Monate gegenüberstehe. »*Standardbred*, Ex-Rennpferd, Traber«, sagt Ashley ganz sachlich und zeigt auf die weißen Zuchtpferdmarkierungen am Hals. »Jack ist ein kräftiges und gesundes Pferd. Er hat keine Hufeisen. Ich werde dem Schmied Bescheid sagen, dass er morgen vorbeikommt und Jack beschlägt. Wir werden heute nur am Straßenrand auf Gras fahren können, damit er sich nicht die Hufe beschädigt.«

Während ich versuche, Jack das Geschirr anzulegen, frage ich Ashley, was es kosten würde, das Gespann von ihm zu leihen.

Er schaut während der Antwort nicht mal hoch:

»Pferde gegen Bezahlung gibt's nicht bei mir.«

Dann macht er eine Pause. Zum ersten Mal wird er nachdenklich.

»Der Arzt hat mir jede Form von Geschäft untersagt... zwei Herzinfarkte – bei einem dritten muss jemand anderes Jack den Futtersack hinstellen...« Er tätschelte dem Tier die Mähne. »Nur eins müsst ihr mir versprechen: Behandelt die Tiere gut, spart nicht bei den Hufeisen, und spendiert ihnen regelmäßig einen Eimer mit Hafer.«

Juliana, die währenddessen Ashleys kleinen Planwagen inspiziert hat, sieht mich später erwartungsvoll an.

»Was hat er gesagt? Was kosten Pferd und Wagen?«

Ich habe Mühe, eine geheimnisvolle Miene zu machen. Mit einer Handbewegung, die ich irgendwann einmal den Meistern der großen Gesten im Orient abgeschaut habe, drehe ich meine Handflächen nach oben. »Nothing, darling – einen Sack voll Hafer – oder zwei!«

Ashley tritt zu uns: »Lasst uns aufbrechen … in fünf Stunden wird's dunkel. Wir haben noch einiges auszuprobieren.« Ich sehe auf meine Uhr. Vor dreißig Minuten haben wir uns kennen gelernt …

Bettina findet Pferdewagenfahren herrlich. Eifrig ist sie dabei, sich ein kuscheliges Lager zu bauen. »Mami, mein Fläschchen bitte.« Momente später ist sie mit der Milchflasche in der Hand eingeschlafen. Zufriedenheit also auf der ganzen Linie, wobei ich zugebe, dass ich selbst feuchte Hände bekomme.

Ashley hat mir die Zügel gegeben. »Achte darauf, dass sie ja von oben über die Daumen durch die Handflächen nach unten gehen, wo sie oberhalb der kleinen Finger wieder herauslaufen müssen.« Er beugt sich über mich, ordnet die Zügel in meinen Händen.

»*Go Jack*, musst du sagen, wenn er anziehen soll, besser du schnalzt mit der Zunge … so!«

Ashley stößt einen scharfen Klicklaut aus, und schon zieht Jack an. Ich schließe nicht aus, dass ich in diesem Moment etwas verkrampft wirke.

»Wenn er halten soll, sag nur *whooii*!«

Ich kann's ja mal versuchen: »Whooii, Jack.« Und schon steht der brave Bursche.

Vorbeifahrende grüßen, wir winken zurück. Langsam löst sich meine Spannung, wenn auch mein Lehrmeister meint, ich solle die Hände mit den Zügeln noch viel relaxter auf den Knien ruhen lassen.

»Die richtige Dosierung von Entspanntsein und Wachsamkeit. Lass vor allem niemals die Zügel zu locker. Wenn ein Hirsch oder Hase vor dir hochgeht und du erst viel Zeit benötigst, um bei den Zügeln nachzufassen, kann es schon zu spät sein.«

Während wir so neben der Landstraße dahinzockeln, wird auch

Ashley entspannter. Er plaudert von sich und von früher. Vereinzelt habe er Touristen mit seinem Wagen kutschiert, doch in erster Linie waren Pferde seine Freunde, sein persönliches Vergnügen, seine Leidenschaft. Früher, als *chariot races*, Rennen mit schweren Wagen und mehreren Pferden davor, auf dem Land noch populärer waren, habe er sich sogar einen Wagen nach dem Vorbild römischer Streitwagen gebaut.

»Zweig hier nach rechts ab, ich zeige euch was.«

Vorbei an kleinen Farmen, auf deren Weiden zumeist Pferde grasen, rollen wir ins Hinterland in Richtung Berge.

»Fahr auf das Grundstück und halte dort.«

»Whooii, Jack«, und der gute alte Jack steht. Ich binde ihn am Zaun fest. Dann gehen wir zum Farmhaus, hinter dem ein gedrungener, halbrunder zweirädriger Wagen steht.

»Hey, Ashley, den hab' ich mal im Film *Ben Hur* gesehen.«

Er grinst. »Das ist meiner. Jetzt weißt du, warum sie mich *Ben Hur* nannten.« Nach einer Pause: »Aber – der Wagen ist über die Jahre genauso klapprig geworden wie ich.«

Vom Farmhaus aus gehen wir auf die Weide. Ashley drückt mir ein kurzes Seil in die Hand. »Dahinten ist Rick, bring ihn her. Wir werden ihn anspannen. Mal sehen, was du dann sagst…«

Rick, auch ein *Standardbred*, ist schmaler und viel feiner gebaut als Jack. Zehn Jahre ist er alt und außerordentlich temperamentvoll. Wir wechseln das Pferd vor dem Wagen, und plötzlich komme ich mir selbst vor wie Ben Hur.

»Mensch, Ashley, der Rick geht ja ab wie eine Rakete!«

Ashley klopft sich vor Freude auf die Oberschenkel und kichert vor sich hin. Nur dann und wann entfährt ihm ein mäßigendes *Steady, Rick!*, und schon zügelt der Wallach sein Temperament, um Augenblicke später erneut in flotten Trab zu fallen. Erst als er zu schnell wird, warnt Ashley: »Spiel nicht mit dem Feuer. Wenn Pferde erst einmal durchgehen, sind sie kaum noch zu halten. So weit darfst du es niemals kommen lassen!«

Ich ahne natürlich nicht, dass dieses feurige Pferd unser steter Begleiter für die nächsten Monate sein wird. Ashley vermutlich auch nicht. Schließlich ist Rick sein persönlicher Liebling.

Während der nächsten Stunden trotten wir durch die klare, kühle Luft der Südinsel. Ashley taut zunehmend auf und blättert ein wenig im Tagebuch seines Lebens.

»Früher bin ich monatelang durch die Berge gezogen, ganz allein mit zehn und mehr Packpferden, um die Burschen auf den entlegenen Schaffarmen mit Draht und Bauteilen für neue Zäune zu versorgen.« Dann setzt er ein wenig sehnsüchtig, vielleicht sogar traurig hinzu: »Wie ich euch um diesen Trip beneide…«

Doch zum alten Eisen zählt Ashley sich noch lange nicht. »Kürzlich habe ich mit diesem kleinen Planwagen hier versucht, einen Streckenrekord aufzustellen.«

Mir war schon der Aufdruck auf den blauen Planen aufgefallen: *Endurance run – Bluff to Picton*. Die beiden Orte markieren die »Pole« der Südinsel: Picton, der Hafen, über den die großen Autofähren die Verbindung nach Wellington auf der Nordinsel herstellen, und Bluff ist der südlichste Zipfel Neuseelands.

Als wir an diesem Abend zu Ashleys Haus zurückkehren, habe ich das Gefühl, erstmals seit langer Zeit wieder einen Finger am Puls Neuseelands gehabt zu haben, seit unserer vergangenen Fahrradtour, bei der die Stunden in der Gesellschaft der Kiwis fast zahlreicher gewesen waren als die Stunden im Sattel.

Es wird noch ein langer Abend bei Ashley, dessen Tochter Marian gestern aus Melbourne zu Besuch gekommen ist, um hier während der nächsten Tage zu heiraten.

»Aber danach geht's mit meinem Mann flugs zurück nach Australien.« Marian und ihr künftiger Göttergatte sind in der Computerbranche tätig.

»Darin hätten wir nur begrenzte Berufsperspektiven in Neuseeland.«

So machen es die beiden wie zehntausende anderer flügge gewordener Kiwis auch, die als qualifizierte Fachleute wenig Chancen im eigenen, überwiegend noch auf die Landwirtschaft fixierten Land haben, im großen Australien jedoch mit Kusshand aufgenommen werden.

In einem neuseeländischen Buch lese ich im Vorwort die sarkastische Anmerkung: »... New Zealand is the only third world country where you can drink the water....«

Zugegeben, das ist ein recht bissiger Seitenhieb auf die wirtschaftliche Situation Neuseelands, dessen Pro-Kopf-Einkommen noch vor Jahrzehnten zu den höchsten auf Erden gehörte, dessen Währung später jedoch durch Inflation und Preisanstieg erheblich an Kaufkraft und Attraktivität eingebüßt hat. Man mag das als die Kehrseite einer einseitigen Fixierung auf die Landwirtschaft sehen. Als Ausfuhrartikel nehmen landwirtschaftliche Produkte zwar nach wie vor eine Spitzenstellung ein, wenn auch Englands »Verrat« durch den Beitritt zur Europäischen Gemeinschaft und der dadurch bedingte immense Absatz-Knick von einem Tag zum anderen noch immer viele Gemüter in Neuseeland kräftig in Wallung bringt. Australien andererseits ist heute ein begehrter und wichtiger Handelspartner, und die Aussies werden von den Kiwis gern als Geld bringende Touristen umworben. Doch so richtig verwandt und zugehörig fühlt man sich zu dem Bier trinkenden und gelegentlich hemdsärmligen Nachbarn im Nordwesten nicht.

»Die kommen aus einem anderen Stall«, sagt mir ein Neuseeländer in der Sprache der Pferdezüchter. Dann mit einem Grinsen: »Die ersten Aussies waren nämlich über die Weltmeere abgeschobene *convicts*, Sträflinge – hierher jedoch kamen handverlesene, fromme und freie Bürger, um eine bessere Welt zu schaffen.«

Im Alltag machen sich diese Unterschiede kaum noch bemerkbar, aber unterschwellig leben sie fort und können abends am Stammtisch als schwungvolle Seitenhiebe zum Ausdruck kommen.

»Wenn ich mal nicht hier bin, könnt ihr allein das Pferd vor den Wagen spannen und schon mal ohne mich losziehen.« Diesen Freibrief hatte uns Ashley gegeben.

Als wir anderntags bei ihm ankommen, ist niemand zu Haus. Systematisch und in aller Ruhe beginnen wir mit unseren »Schularbeiten«; breiten das Pferdegeschirr aus und rufen uns immer wieder die einzelnen Handgriffe fürs Anspannen ins Gedächtnis. Ashley nickt zufrieden, als er in Gesellschaft eines Hufschmiedes zurückkommt. Bill heißt der breitschultrige Bursche. Seine Hose, in der Dutzende kleine Löcher für Ventilation sorgen, lässt ahnen, wie die Funken sprühen, wenn glühende Hufeisen unter seinen Hammerschlägen geformt werden. Bill überprüft Ricks Eisen.

»Die sind noch ordentlich.«

Dann beschlägt er Jack. Vierzig Dollar drücke ich ihm dafür in die Hand.

Während der nächsten Tage gehen wir bei Ashley ein und aus, spannen Jack an und zockeln durchs Land. Ständig lerne ich Neues, vor allem das Wenden des Gespanns auf der Stelle. Insgeheim wünsche ich mir, Jack hätte ein wenig von Ricks Feuer abbekommen. Aufmunternde Rufe wie *Go Jack, go!* helfen oft nur vorübergehend.

An einem Tag, der all die Register der Grauschattierung eines Novembertags in Deutschland zu ziehen scheint, fahren wir mit unserem Mietwagen den langen Weg nach Christchurch zurück, um noch ein paar Straßenkarten und die letzten fehlenden Ausrüstungsgegenstände zu kaufen. Mein erster Gang führt mich zum Automobilklub, wo ich zwei Sätze Detailkarten finde, die bereits ein paar Jahre auf dem Buckel haben.

»Bei uns verändern sich die Dinge nicht so rasch«, wirbt die Verkäuferin mit charmantem Augenaufschlag.

Ich kaufe die Karten, obwohl ich meine Zweifel habe, ob in den letzten Jahrzehnten hier wirklich alles beim Alten geblieben ist.

Meine Überlegungen gehen dabei weit über den Straßenausbau hinaus. Insbesondere die Städter haben im Vergleich zu unserem ersten Besuch eine schnellere Gangart eingelegt. Der Verkehr ist spritziger als damals, und wo noch vor Jahren fast ausschließlich englische Morris und andere altväterische Automodelle das Straßenbild bestimmten, flitzen heute überall schnittige japanische Wagen durchs Land. Das allerdings ist nur ein Grund von vielen, die Aussage jener Landkartenverkäuferin zu hinterfragen.

Während des Hinflugs nach Neuseeland war uns ein Film mit Szenen von massiven Maori-Protesten in Auckland gezeigt worden. Der eine oder andere Maori hatte mit der Faust gedroht. Ich habe noch gut in Erinnerung, wie mir bei unserem ersten Besuch Kathleen Simon in der Nähe von Auckland gesagt hatte: »Mein Lebtag habe ich mein Haus nicht abgeschlossen.« Als ich das jetzt bei einem Gespräch Ashley gegenüber erwähne, lächelt er nur: »Eure Freundin wird sich umgestellt haben.«

Im *Goodwill Store*, dem Laden einer sozialen Einrichtung, erstehen wir günstig Decken und warme, derbe Kleidungsstücke. Die Ausrüstung ist jetzt weitgehend komplett. Unsere Reise nimmt Gestalt an. Aber immer noch fehlen uns ein zweites Pferd und ein großer Wagen.

»Der steht auf dem Grundstück eines Freundes südlich von Christchurch«, beruhigt mich Ashley. Dann beschreibt er uns den Weg.

»Fahrt los, ihr habt jetzt genug Erfahrung gesammelt. Wenn ihr dort ankommt, werde ich bereits mit dem Auto da sein.« Und dann erklärt uns der alte Geheimniskrämer, was er vorhat:

»Zwei bis drei Tage werdet ihr mit Jack benötigen, um hinzukommen. Aber Vorsicht in Christchurch! Am besten, ihr umgeht die Stadt morgens, bevor der starke Autoverkehr beginnt. Ich werde euch auf dem Grundstück meines Freundes erwarten. Es stehen zwei Wagen von mir dort. Einen kriegt ihr, den anderen nehme ich, und gemeinsam ziehen wir von dort zur *Country Fair* in Belfast.«

Da ich nicht die geringste Ahnung habe, was uns dort erwarten wird, lächelt Ashley verschmitzt: »Dampfmaschinen und Holzfällerwettkämpfe.« Ich bin ganz Ohr.

Vor der Kutschfahrt durchs Paradies

Tage später erreichen wir Christchurch. Die Durchfahrung der Stadt, wenngleich auch auf Umgehungsstraßen, hatte mir schon geraume Zeit auf dem Magen gelegen. »Keine Angst, Jack scheut nicht«, hatte Ashley versichert, »der ist an den Verkehr gewöhnt.«

Als wir dort ankommen, ist es heiß, knapp dreißig Grad zeigt unser Thermometer, und Jack läuft der Schweiß.

»Das Pferd muss was zu saufen kriegen!«, sagt ein vorübergehender Mann, der sowohl Jack als auch uns taxiert. Verflixt, mich irritiert zu wissen, dass mindestens jeder Fünfte am Straßenrand mehr von Pferden versteht als ich.

»Die haben auch mal klein angefangen«, versucht Juliana mich zu trösten.

Mit der Zuversicht, dass man nur dann Neues lernt, wenn man die Dinge beherzt anpackt, hatten wir viele unsere Unternehmungen gestartet. Ich habe noch gut die Frotzeleien von Freunden und Bekannten in Erinnerung, als wir mit einem alten VW-Bulli unsere erste Durchquerung Afrikas angingen: »Was machst du, wenn dir mal der Motor verreckt?« Einer hatte zwei linke Hände wie Hilfe suchend in die Luft gestreckt und dabei viel sagend gegrinst.

Die Situation war eingetreten. Dreimal sogar. Ich werde nie vergessen, wie sich Juliana beim ersten Mal über unser dickes VW-Handbuch gebeugt und vorgelesen hatte: »Schraube oben links lösen – jetzt unten rechts...« So kriegten wir den Motor auseinander und, was noch viel schöner war, auch wieder zusammen. Beim zweiten und dritten Mal brauchten wir das Buch nicht mehr.

»Komm, lass uns anhalten«, schlägt Juliana vor, »ich gebe Jack Wasser.« »Hier, mitten in Christchurch?« Ich ziehe trotzdem die Zügel an. »Whooii.« Sie steigt vom Bock, holt Bettinas Kinderschubkarre, füllt sie mit unseren letzten zehn Litern Trinkwasser. Und am Rand der Johns Road gibt sie Jack zu saufen.

»Ich hoffe, dass kein Herrenreiter dieses Ex-Rennpferd-säuft-aus-Kinderschubkarre-Bild sieht.«

»Warum nicht...?« Juliana sieht solche Dinge viel nüchterner. »Hauptsache, das Pferd erhält, was es benötigt.«

Jack wendet den mächtigen Schädel, schnaubt und reibt seinen Kopf an ihrer Schulter.

»Okay, Jack, okay – du bist auf ihrer Seite. Eins zu Null für Juliana.«

Ashley hatte uns die Adresse einer Frau namens Ann in Christchurch zugesteckt.

»Sie erwartet euch. Die Nacht könnt ihr auf ihrem Grundstück verbringen.«

Ann und ihr Mann David sind Farmer, die es in die Stadt verschlagen hat, wo sie jetzt ein kleines Geschäft betreiben. Nach einem gemütlichen gemeinsamen Abend berichtet David am anderen Morgen, dass in der Nacht ein Autofahrer unmittelbar vor seinem Haus von der Fahrbahn abgekommen und gegen einen Laternenpfahl gekracht sei. Bis auf Blechschäden sei zum Glück nichts passiert. Erst wenige Tage zuvor hatte ein weitaus schlimmerer Unfall in der City von Christchurch für Schlagzeilen gesorgt: Ein PKW war mit einem Polizeifahrzeug kollidiert. Drei Menschen starben.

»Sehr viel anders als daheim sind die Probleme hier auch nicht«, denke ich.

Ann geleitet uns mit ihrem leichten einspännigen Kutschwagen aus der Stadt hinaus. »Wann immer ihr hier vorbeikommt, seid ihr als unsere Gäste willkommen.« Niemand von uns ahnt, wie schnell das der Fall sein wird.

Auf der McLeans Island Road rollen wir am International Airport vorbei. Ein paar Jets landen, einige von ihnen transportieren schweres amerikanisches Forschungsgerät. »Nur zum Auftanken landen sie hier«, hatte Ann uns gesagt, »bevor sie ihren Weg zu den Antarktis-Stationen fortsetzen.« Die Maschinen sind Spezialkonstruktionen mit Kufen zum Starten und Landen auf dem Eis. Für viele Antarktisforscher ist Christchurch die letzte Bastion der Zivilisation, bevor der große Sprung in das ewige Eis beginnt. Für einige wurde dieser »Sprung« allerdings zur Reise ohne Wiederkehr: Ein Denkmal nahe dem Avon River erinnert an Robert Falcon Scotts tragischen Versuch, als erster Mensch den Südpol zu erreichen. Als er am 18. Januar 1912 dort ankam, musste er enttäuscht feststellen, dass ihm Roald Amundsen zuvorgekommen war. Demoralisiert begab sich Scott mit seinen Männern auf den Weg zurück zum Basislager. Keiner erreichte das Ziel.

Am Nachmittag scheint auch uns der eisige Atem der Antarktis zu grüßen. Auf dem Kutschbock suchen wir unter unseren jüngst erstandenen Decken Schutz.

Ashley erreicht unser gemeinsames Ziel erst nach uns, gegen Mittag des nächsten Tages. Er grinst etwas unbeholfen: »Das verflixte Benzin ist mir auf der Herfahrt ausgegangen.« Dann wird seine Stimme ärgerlich: »Mit Pferden ist mir das nie passiert...«

Kurz danach stehen wir unserem neuen *Zuhause* gegenüber. Aus Sperrholz ist der Aufbau des großen Wagens, also sehr leicht, was ein großer Vorzug ist. Auch gibt es eine hydraulische Fußbremse. Ashley erinnert sich, dass das Unterteil einst das Chassis eines Wohnwagens gewesen sei... »Bis einer der Stürme der Südinsel den Caravan auf die Seite legte. Zum Glück war das Fahrwerk noch zu gebrauchen. Für eine Hand voll Dollar habe ich die noch verwertbaren Teile gekauft und einen Pferdewagen daraus gemacht.«

Genial. Man kann die vordere Verkleidung für die Fahrt herausnehmen und die Frontpartie mit wenigen Handgriffen zum offenen Kutschbock umfunktionieren. Außer zwei Betten und Kisten zum Verstauen des Notwendigsten gibt es keine Einrichtung. Für uns ist das in Ordnung. Wann immer es geht, werden wir uns sowieso draußen aufhalten und unser Essen am Lagerfeuer brutzeln.

»Seht euch den anderen Wagen an.« Ashley führt uns zu einem viel größeren und voll eingerichteten *wagon*, der wie kaum ein anderer die Bezeichnung »Zigeunerwagen« verdient, mit Bildern drinnen an den Wänden, Betten und Schränken. Das Tollste allerdings sind ein schwerer Eisenofen und ein langer Schornstein auf dem Dach.

»Funktioniert der Ofen?«, frage ich.

»Warte bis heute Abend«, sagt Ashley.

»Welchen von den beiden Wagen wollt ihr?... entscheidet euch. Wir haben noch einen langen Weg vor uns.«

Der Hektiker kommt wieder bei ihm durch. Ashley, denk an dein Herz... Aber unser Freund ist bereits auf der Weide, um seine beiden schweren Clydesdale-Zugpferde zu holen, die er bei der *Country Fair* in Belfast als Attraktion einsetzen will.

Wir inspizieren die Wagen: Den tollen grünen, den Ashley als *gipsy wagon* bezeichnet hatte, hatte er auch selbst gebaut. An und in ihm ist alles so, wie man es für eine lange Reise benötigt. An seinem Heck befindet sich sogar eine Kiste für Hafer und Häcksel, darüber hat der alte Praktiker ein paar Haken befestigt, an denen man die Pferde anbinden kann...

»Um wie vieles schwerer ist der grüne Wagen als der braune?«

Ashley, jetzt seine Clydesdales im Gefolge, legt die Stirn in Falten.

»An dem grünen ist alles solide – dicke Bretter, Stahlträger, Eisenofen. Na... ich schätze, der wiegt zweimal so viel wie der braune mit dem Sperrholzaufbau.«

Das gibt den Ausschlag für unsere Entscheidung. Schließlich wollen wir durchs Gebirge ziehen, da wiegt jedes Kilo doppelt schwer.

Als sich unser ungewöhnlicher Konvoi später in Richtung Christchurch in Bewegung setzt, begleiten uns die neugierigen Blicke der Menschen am Straßenrand. Ashley hat derweil alle Hände voll zu tun, seine beiden Clydesdales zur Raison zu bringen. Die schweren Zugpferde sind noch jung und waren ein Jahr lang nur auf der Weide. Sie traben zwar wenig, doch dank ihrer Größe erzielen sie auch so eine erstaunliche Geschwindigkeit. Am meisten aber staune ich über Jack. Mit der Nase klebt er fast an Ashleys Wagen und hält während des ganzen Tages beim Tempo der beiden großen Pferde mit.

Ich drücke Juliana die Zügel in die Hände, steige während der Fahrt ab und laufe nach vorn zu Ashley: »Was um alles in der Welt ist denn in Jack gefahren? Der ist heute nicht zu halten, nie zuvor habe ich ihn so spritzig erlebt.«

Ashley lacht. Vielleicht denkt er *Greenhorn*, obwohl er so etwas nie laut sagen würde. Mache ich einen Fehler, sagt er es mir so, dass es in der Regel keine Wiederholung des Irrtums gibt. Er ist ein strenger *Boss*, der einem allerdings so viel Spielraum lässt, dass eigene Erfahrungen gesammelt werden können. Auch durch Fehler.

Er erzählt mir, dass Traber trainiert werden, indem man sie, an Wagen gebunden, hinter Leitpferden herlaufen lässt. Die Gewohnheit, einem anderen Gespann zu folgen, wird so zur zweiten Natur des Tieres.

Eins zeigen mir diese Tage gemeinsamen Reisens ganz deutlich: Jack ist ein ungeheuer kräftiges Pferd. Ashleys Clydesdales sind am Ende des zweiten Tages so ausgelaugt, dass kein weiterer Weg mit ihnen vertretbar gewesen wäre. Kraftprotz Jack dagegen ist, obwohl er unseren Wagen allein gezogen hat, frisch wie ein junger Frühlingsmorgen.

»Die Nacht sollten wir auf dem Grundstück meiner Schwägerin verbringen«, schlägt Ashley vor, »sie wohnt nicht allzu weit von hier entfernt.«

Mehrfach stoppen wir, um am Straßenrand Kienäpfel zu sammeln. »Als Feuermaterial«, lacht Ashley, als er meinen fragenden Blick sieht. Kaum sind wir am Tagesziel angekommen, paffen aus dem Schornstein seines Wagens dicke Rauchwolken. Die Pferde genießen derweil auf einer angrenzenden Koppel den Auslauf. Dumpf klingt das Trommeln von zwölf Hufen durch die anbrechende Nacht, geheimnisvoll. Im Schein von Kerzen hocken wir in Ashleys Wagen. Mir wird wohlig warm. »Kühlen wir uns mit Bier«, schlage ich vor.

»Falls es auf eurer Tour irgendwelche Probleme geben sollte, egal ob mit den Pferden oder dem Wagen, wendet euch an John Cottle.«

Ich notiere Johns Anschrift, während Ashley uns die ungewöhnliche Geschichte dieses *horse man* und seiner Familie erzählt.

John hatte im Osten der Südinsel eine Farm gekauft. »Warum für den Umzug viel Geld an Transportunternehmen bezahlen?«, fragte er sich, setzte kurz entschlossen vier seiner fünf Kinder auf Ponys und belud zwei große Planwagen randvoll mit allem benötigten Hausrat. Dann begann er mit insgesamt neun Pferden eine Reise von der Nord- zur Südinsel, die fast eineinhalb Monate dauerte. Dreißig Kilometer am Tag waren der Schnitt. Johns Kommentar dazu war später in vielen Zeitungen nachzulesen: »Nicht nur für die Kinder war's eine Erfahrung fürs Leben!«

Als wir am Morgen darauf aufstehen, ist Ashley nicht aufzufinden. Wir plaudern gerade mit seiner Schwägerin, als er vergnügt zurückkommt und erzählt, er habe bereits um fünf Uhr morgens einen Nachbarn besucht.

»Sag, Ash, hast du ihn erinnert, dass er dir noch zwei Bücher schuldet…?«

Ashley grinst verschmitzt: »Warum sollte ich – schließlich wollte ich bei ihm frühstücken.«

Gemächlich zockeln wir weiter. Auch während der Fahrt brennt im Wagen vor uns ein Feuer im Ofen, eine graue Rauchwolke flattert wie eine Fahne hinterher. Ashleys Kommentar: »Sollen wir etwa kalten Tee trinken?«

Eine Hiobsbotschaft wartet auf uns, als wir am Nachmittag in Christchurch bei einem befreundeten Farmer unterkommen. Das Pferd, das Ashley als zweites für unsere Reise eingeplant hatte, hatte sich an einem Zaunpfahl lebensgefährlich verletzt und musste getötet werden.

»Dann nehmt stattdessen eben Rick.« Ashley sagt das ganz spontan.

Ich nehme diese Nachricht mit einer Mischung aus Freude und Bedenken auf. Ist Rick nicht zu feurig und ungestüm für uns Anfänger? Andererseits hätte er in Jack einen bedächtigen Gegenpol.

So kommen wir zu einem idealen Gespann.

Die nächsten Tage sind randvoll mit Vorbereitungen. Unsere Erledigungsliste wird anstatt kürzer immer länger. Am Ledergeschirr der Pferde muss einiges erneuert werden.

Die Sattlerei Clarke in Rangiora, bei der wir einen Großteil unseres Zubehörs kaufen, ist ein Erlebnis für sich. Ich nehme den frischen Duft von Leder schon auf, lange bevor ich den großen Laden betrete. Mehr als hundert Sättel der unterschiedlichsten Art sind drinnen ausgestellt, einer schöner als der andere, die Preise bewegen sich zwischen zweihundert und tausend Dollar. Zu kaufen brauchen wir allerdings keinen. Ashley hatte mir einen alten *Australian stock saddle*, wie ihn die Rinderleute Australiens, aber auch Neuseelands noch heute bevorzugt verwenden, geliehen.

»Er ist zwar an manchen Stellen aus den Nähten geplatzt, aber ansonsten ausgezeichnet, du musst nur noch ein paar Gurte dazukaufen.« Dieser schwere, komfortable Sattel kommt neu ganz locker auf tausend Dollar.

»Es hat fabelhaft ausgesehen, wie ihr die Main Street entlanggetrabt seid«, beglückwünscht uns Sattler Clarke, dann drückt er uns die Daumen für unsere Reise.

Es ist das erste Mal, dass wir völlig allein mit zwei Pferden unterwegs sind. Heute Morgen hatte ich die *Meisterprüfung* über mich ergehen lassen. Beim Pferdeanschirren hatte Ashley mit Argusaugen neben uns gestanden.

»Jetzt wende das Gespann auf der Stelle«, hatte er knapp kommandiert. Anfangs war ich mit mir nicht ganz zufrieden. Beim zweiten und dritten Mal aber gelang mir das Manöver, und das sogar auf kleinster Fläche zwischen Apfel- und Birnbäumen. Ashley hatte das mit keinem Wort kommentiert, hatte nur in seiner gelegentlich brummigen Art hinzugesetzt: »So… jetzt könnt ihr zu Sattler Clarke fahren.«

Rick platzt an diesem Tag vor Vitalität aus den Nähten, Jack hält zwar mit, ist aber verhaltener. Ich bin begeistert, aber ein wenig aufgeregt, jede Faser in mir ist gespannt. Vor allem, als wir durch Rangiora rausfahren. Trotz totaler Konzentration werfe ich einen kurzen Blick auf die Menschen am Straßenrand, die meisten sehen zu uns rüber, viele winken.

In mir ist ein unbändiges Kribbeln. Nur noch wenige Tage sind es bis zur *Country Fair* in Belfast – dann kann die Kutschfahrt durchs Paradies beginnen.

Franz Josef
und die Ungetüme von Belfast

Belfast ist ein Stadtteil im Norden von Christchurch, dessen Name an das alte Europa erinnert – wie so vieles, was von den britischen Inseln seinen Weg nach hier fand. Die jährliche *Country Fair*, ein großes Volksfest mit stark ländlichem Einschlag, ist eins der schönsten und ungewöhnlichsten Vergnügen während der Sommerzeit.

»Diese Seite, links halten!«, ruft eine Platzanweiserin und bugsiert uns in einen Bereich des Geländes, in dem bereits andere Planwagen und Kutschen stehen. Das Tollste jedoch sind vierzehn riesige, fauchende Dampfmaschinen. Ungetüme wie aus dem Bilderbuch, liebevoll restauriert und auf Hochglanz gebracht. In der Mitte des großen Platzes thront eine Dreschmaschine aus dem Jahre 1920.

Ein zweirädriger Heuwagen, gezogen von Ashleys Clydesdale-Pferden, bahnt sich seinen Weg durch die Besucher. Holzfäller mit Äxten, an denen gewaltige Klingen blitzen, warten auf ihren Einsatz im *wood chopping contest*. Kinder mit lustig bemalten Clownsgesichtern strahlen ihre Eltern an. Hare-Krishna-Jünger verkaufen vegetarische Suppen. Ein herrlich buntes Bild, dessen intensive Farben allenfalls durch den von den Hufen der Pferde aufgewirbelten Staub gedämpft werden.

Wir schirren die Pferde ab und binden sie an einen Zaun. Da es kein Grünfutter gibt, bringen wir ihnen Heu. Bill, der Schmied, ist einer der Ersten, der mir über den Weg läuft.

»How are you doing?« Seine grobe Schmiedpranke zerquetscht fast meine Hand.

»Ashley hat mir gesagt, dass Jack und Rick für den Weg mit schweren Eisen beschlagen werden sollen. Wann können wir damit anfangen?«

»Von mir aus gleich. Lass mich nur einen kurzen Blick auf den Jahrmarkt werfen.«

Eine friedliche Atmosphäre liegt über dem Platz, ein freundlich nostalgischer Hauch von Gestern und Vorgestern, ohne die laute, rummelhafte und kommerzielle Bierseligkeit deutscher Schützenfeste. Was geboten wird, basiert vorwiegend auf privater Initiative. Da sind Menschen und Vereine im Einsatz, die einfach Freude daran haben, anderen Dinge zu zeigen, die für sie selbst hohen Stellenwert haben.

Clarence ist einer von ihnen. Er und seine Frau, eine geborene »Lange« (»...meine Vorfahren sind allerdings schon 1840 eingewandert«), besitzen ein kleines Museum, in dem Dampfmaschinen die Stars sind. Drei solcher Monstren nennen sie ihr Eigen.

»Alle fahrbereit. Hier – diese ist eine von ihnen.« Clarence tätschelt das eiserne Ross an seiner Seite.

»Hast du den Namen gesehen?«

»Ja, *Franz Josef* – klingt nach österreichischem Kaiser.«

Er lächelt. »Mit dem hat mein *darling* auch einiges gemeinsam. Allerdings auf Umwegen.« Und Clarence beginnt zu erzählen, wie er es sicherlich schon Dutzend Male getan hat und immer wieder gern tun wird. Eine ungewöhnliche Story:

»Gegen Ende des 19. Jahrhunderts wurde *Franz Josef* in England fertig gestellt.« Clarence schmunzelt. »Allerdings trug er damals noch nicht diesen Namen. Als *steam engine* machte er die Reise nach Neuseeland per Schiff und fand hier vielseitigen Einsatz: Er trieb Dreschmaschinen an, arbeitete in Sägewerken und in den großen Wäldern der Westküste, wo er Baumstämme zu Verladeplätzen transportierte.«

Clarence macht eine bedeutungsvolle Pause. »Ja – und da passierte es... es war in der Nähe des Haast-Passes, wo er auf seinen

Einsatz für den nächsten Tag wartete. Über Nacht aber fiel im Gebirge ein sintflutartiger Regen. Der Haast River schwoll an, schoss über die Ufer und begrub die Dampfmaschine unter Geröll und Schuttmassen. Man gab *Franz Josef* auf – sechzehn Jahre lag er eingebettet im Fluss. Du wärst darüber weggegangen, ohne auch nur ein Stück zu sehen. Zum Glück aber gab es noch ein paar Leute, die sich an ihn erinnerten. Von einem erhielt ich Anfang der 70er-Jahre den entscheidenden Tipp. Wir gruben *Franz Josef* aus...«

Er schmunzelt. »Hört sich einfach an – bis zu fünf Kilometer unterhalb der Stelle suchten wir das Flussbett mit Metalldetektoren nach fortgerissenen Teilen ab. Es war wie ein Puzzle, aber wir bekamen alles leidlich wieder zusammen.«

Wir folgten Clarence in einen riesigen hölzernen Wagen, der mich an einen Bauarbeiterwagen erinnerte. »Das ist unser »Wohnwagen«. Wir leben hier, wann immer wir mit *Franz Josef* auf Reisen gehen.«

Clarence greift in einen riesigen Stapel technischer Fachbücher und bringt ein durch häufiges Blättern abgenutztes Fotoalbum zum Vorschein. Die Bilder bestätigen die fabelhafte Geschichte. *Franz Josef* war keine Schönheit vor seiner Wiedergeburt.

»Ich vermute, dass die Maschine heute schicker aussieht als zu Anfang des 20. Jahrhunderts.« Clarence streichelt über die blitzenden, blank geputzten Messing- und Chromteile.

»Mehr als 7000 Arbeitsstunden habe ich investiert.«

Er sieht mich an. »Du hast dich vielleicht über den Namen gewundert. Nun, ich habe die Maschine *Franz Josef* genannt, weil sie nicht allzu weit vom gleichnamigen Gletscher bei ihrer Wiedergeburt das Licht der Welt erblickte.«

Als ich zu Bill zurückkomme, hat der bereits Jacks Vorderhuf zwischen den Knien und passt ein Hufeisen an. Neben ihm steht ein Moderator mit Mikrofon: »...und gerade sehe ich, wie Bill, unser Schmied, einen Job erledigt, der noch vor wenigen Jahren selbstverständlich für uns alle war. Heute sind wir eher mit dem Reifenwechsel vertraut...«

Preisgünstiger wäre Letzterer übrigens auch nicht: Fünfundvierzig Dollar zahlen wir pro Pferd für die *hot shoes*, im glühenden Zustand angesetzte Eisen. Der Satz Reserveeisen pro Pferd, schon grob in richtige Form gebracht, kostet zwanzig Dollar. Da es uns an Erfahrung mangelt, wie viele Hufeisen wir *für alle Fälle* mitnehmen sollten, versuche ich mich schlau zu fragen. An Ashleys mirakelhafte Antwort werde ich später noch denken: »Nehmt mehr mit, als ihr zu benötigen meint.«

Punkt sechzehn Uhr wird die *Fair* für heute beendet. Der Platz leert sich. Ein Mann, der zuvor dem Schmied geholfen hatte, kommt zu uns.

»Bringt den Pferden nicht nur Deutsch bei – gelegentlich leihe ich sie mir auch aus.« Was bei in der Nähe stehenden Besuchern Heiterkeit hervorruft.

»Kommt, ich kenne in der Nähe einen guten Platz mit viel Klee. Dort können die Pferde grasen.« Ashley ist zu mir getreten. Und so ziehen wir beide über das Land, der Meister und sein Lehrling, beide ein Pferd am Seil mit sich führend. Während die Pferde grasen, hat Ashley wieder mal einen nützlichen Tipp parat:

»Wenn du unterwegs Schwierigkeiten hast, beide Pferde anzubinden, reicht es in der Not, wenn du nur eins festmachst. Sie werden zusammenbleiben.« Er blinzelt mich an: »Wer von uns beiden wollte eigentlich ein Bier spendieren?«

Zwanzig Minuten später bin ich mit einer 2-Liter-Flasche *DB Draught* zurück. Wir hocken uns ins Gras.

»Lass die Flasche besser in der Papiertüte«, sagt Ashley, »braucht ja nicht jeder zu sehen, dass wir in aller Öffentlichkeit trinken.« Manches ist schon recht ungewöhnlich in Neuseeland; wie zum Beispiel auch die Tatsache, dass Kneipen am Sonntag geschlossen haben, Alkoholika in speziell lizensierten *bottle shops* verkauft werden und manche Biersorten wie leicht alkoholisierte Limonade schmecken.

Wie zwei Schulbuben, die etwas Verbotenes tun, hocken wir da. »I would like to go with you«, sagt er. »Pass auf meinen Rick auf... Halte ihn kurz, vor allem zu Beginn, bis er sich eingelaufen hat. Er ist der geborene Traber, der läuft, bis er umfällt.«

Dann erzählt mir dieser wettergegerbte *horse man* eine Geschichte, von der er sagt, es sei fast auch die Hälfte seiner Lebensgeschichte.

»Ich habe mit ungezählten Pferden in meinem Leben gearbeitet. Aber ganz persönlich besaß ich nur zwei: Jimmy und Rick. Jimmy kam zu mir am ersten Tag seines Lebens. Er war für mich wie ein Haustier. Ich ließ ihn frei im Garten laufen, denn Zäune gab es bei mir nicht. Doch auch good old Jimmy wurde alt – 33 Jahre. Ich wusste irgendwann, dass er es nicht mehr allzu lange machen würde. Eines Morgens kam ich auf die Weide... er lag da und kam nicht mehr auf die Beine. Es war der Tag, an dem sich unsere Wege trennten – ich tötete ihn.«

Ashley macht eine Pause, kramt in der Hosentasche und zieht ein Taschentuch hervor. Ich sehe nach vorn. Der alte Haudegen wischt sich verstohlen mit dem Tuch über die Augen. »Keinen anderen hätte ich es machen lassen... Good old Jimmy.«

Tiefe Ruhe ist abends bei unserer Rückkehr auf dem Platz der *Country Fair* eingekehrt. Das blasse Licht des abnehmenden Mondes gibt der Szenerie etwas Geheimnisvolles. Wir haben unseren Campingtisch vor dem Wagen aufgestellt. Unter dem Wagendach schaukelt unsere Petroleumlampe an einem Haken im samtweichen Abendwind. So hatte ich mir die Reise gewünscht.

Ein Geräusch, jämmerliche Mischung aus asthmatischem Rasseln und kläglichem Heulen, treibt mich gnadenlos früh am nächsten Morgen aus dem Schlafsack. Clarence hatte mich gestern schon vorgewarnt: »Die ersten Drehungen einer sich warmlaufenden Dampfmaschine sind nur was für starke Nerven...«

Aus vier mächtigen eisernen Schornsteinen kriecht bereits schwarzgrauer Rauch, der sich wie ein feiner Gazeschleier über den Platz verteilt. Mit Ausnahme der Dampfmaschinenbetreiber scheint noch niemand auf den Beinen zu sein. Einer von ihnen winkt mir, die Ölkanne in der Hand, freundlich zu. Ich klettere zu ihm auf sein stählernes Monstrum.

»Hallo, setz dich, ich heiße Peter.«

Er streckt mir freundlich seine rußige, verschmierte Hand entgegen.

»Gut zweihundert Dampfmaschinen gibt es noch in Neuseeland«, berichtet er mir. Die meisten seien noch betriebsbereit, und drei von ihnen hätten das gleiche Schicksal gehabt wie *Franz Josef*.

»Zunächst in Flüssen begraben, dann ausgebuddelt und später liebevoll restauriert.«

Während wir plaudern, gibt Peter einem jungen Helfer Anweisungen, der mit einem Ungetüm von Wagenheber die Vorderachse der Dampfmaschine anhebt, um ein Radlager zu kontrollieren.

»Percy«, Peter zeigt auf den jungen Burschen, »wartet nur darauf, bis er genug Geld zusammengekriegt hat, um sich eine eigene Maschine kaufen zu können.«

»How much?« Ich reibe Daumen und Zeigefinger aneinander.

»15 000 Dollar musst du heutzutage mindestens auf den Tisch blättern.«

Wie viel er denn für seine restaurierte kriegen würde, frage ich Peter. Er lächelt.

»Wenn mich einer fragt, für welchen Preis ich *Barney* verkaufen würde, sage ich ›zwei Millionen‹. Sieh mal, ich bin ledig, *Barney* ist für mich so etwas wie ein Kind… und so etwas gibt man nicht her.«

Mein Gegenüber ist Jahrgang 1939. Bereits im Alter von sieben Jahren war er mit seiner Mutter von London nach Neuseeland gekommen. Er schaut rüber zu Bettina, die neben unserem Wagen spielt. »Sie wird später einen riesigen Schatz der Erinnerung haben… Als ich so alt war«, er stockt, sieht in die Ferne, »… fielen Bomben auf London.« Dann wechselt er abrupt zum Thema Dampfmaschinen.

Ashley lässt sich schon bald danach blicken. Der Tagesauftakt beginnt allerdings mit ein paar starken Worten seinerseits. Nicht zu Unrecht. Juliana hatte aus Besorgnis darüber, einer der vielen Besucher könnte das Tor zur Pferdekoppel offen lassen, Rick und Jack angebunden, während die großen Clydesdales noch frei herumliefen.

»Wenn du angebundene und freie Pferde, vor allem wenn diese so dominierend sind wie die beiden großen hier, auf einem Platz zusammenlässt, kannst du sicher sein, dass es Ärger gibt. Die freien Tiere werden die Angebundenen mit ihren Hufen bearbeiten.« Wörtlich: »They will kick them to death.«

Nach dieser Lektion gehen wir los und kaufen zwei Sack Häcksel und Hafer, die gestern bei einer Präsentation der alten Dreschmaschine produziert worden waren. Schwierigkeiten gibt es allerdings beim Verstauen der Säcke. Nach mehreren Versuchen verschwindet letztlich einer vorn auf dem Kutschbock zu meinen Füßen, den anderen befestigen wir am Heck des Wagens.

Eigentlich hatten wir heute früh aufbrechen wollen, doch das Dargebotene ist einfach zu verlockend. Wir bestaunen Motorsägekünstler, die in einem schweißtreibenden Wettkampf mit schweren Handmotorsägen geschickt wahre Kunstwerke aus mächtigen Baumstämmen modellieren. Ein Südsee-Insulaner, ein Kerl wie ein Kleiderschrank, ist ein Meister darin. Im Handumdrehen hat er mit seiner kreischenden Säge eine zierliche Holzbank hingezaubert. Schweiß und Sägestaub sind an seinem Kinn zu einem dicken Brei zusammengelaufen.

Gerade eben hat der Holzfäller-Wettkampf begonnen, bei dem muskulöse Kerle mit dem Körperbau von Catchern mit atemberaubender Geschwindigkeit und der Präzision eines Schweizer Uhrwerks mächtige Baumstämme in handliche Stücke zerlegen.

Erst spät am Nachmittag brechen wir auf. Doch wir kommen nicht allzu weit. Als wir auf die Umgehungsstraße von Christchurch biegen, dringt das hässlich knackende Geräusch eines brechenden Deichselschwengels zu uns. Muss das denn gerade jetzt sein …?! Den Auftakt zu unserer großen Pferdetour hatte ich mir anders vorgestellt.

Die *Erfahrung* der Langsamkeit

Canterbury heißt das Hinterland von Christchurch, es reicht von Hanmer Springs im Norden bis Twizel im Süden. Seine Flanken werden vom Meer und der Kette der neuseeländischen Alpen begrenzt. Einige große landschaftliche Schätze liegen hier verborgen, mit Mt. Cook auch der höchst gelegene. Wir hatten dieses Herzstück der Südinsel für unseren Pferdetrip ausgewählt, weil das einsame, wilde Hochland South Canterburys und das sich anschließende Central Otago auf uns früher schon die größte Faszination ausgeübt hatte. Die Westküste hatten wir bei unseren Plänen für die Pferdetour ausgeklammert. Nicht etwa aus Angst vor dem Regen dort, der mir noch bestens in Erinnerung war. Vielmehr gibt es entlang der gesamten, sehr gebirgigen und deshalb mehr oder weniger unzugänglichen Westflanke der Südinsel nur eine Durchgangsstraße. Entsprechend dicht würde der Verkehr sein. Ich wollte uns und die Pferde nicht unnützen Risiken aussetzen. Außerdem würde der Arthur's Pass, das Ende der Zentralroute über die Berge, für die abschließende Rückkehr nach Christchurch wegen extrem steiler Passagen mit einem Pferdegespann kaum zu bewältigen sein. Legte man eine tägliche Fahrleistung von maximal fünfzig Kilometern zu Grunde, wäre unser Aktionsradius für den Sommer und den aufziehenden Herbst sowieso begrenzt.

Nachdem wir den gebrochenen Deichselschwengel bei der hilfsbereiten Ann durch ein stabiles Hartholzbrett ersetzt haben, kehren wir Christchurch endgültig den Rücken. Am Rand eines Farmgebietes schlagen wir in einem kleinen Wäldchen unser Lager auf. Am darauf folgenden Morgen schaut der Farmer vorbei. Auch so ein *modern cowboy*. Statt einen schnaubenden Mustang bändigt er sein Geländemotorrad, dicht an sein Herrchen kuschelt sich auf dem Sozius der Hirtenhund.

»Keine Angst, dass der den Schwanz in die Räder kriegt?«

Der Farmer lacht. »Das macht der nur einmal. *Sheep dogs* lernen schnell.«

Neuseeländische Hirtenhunde zählen zu den besten, genau wie ihre *Herrchen*, die weltweit einen exzellenten Ruf als hervorragende Farmer genießen.

»Ist der Hund abgerichtet?«

»Selbstverständlich, genau wie meine drei anderen auch. Wir Farmer trainieren unsere *sheep dogs* selbst. Willst du einen guten einsatzfähigen Hund kaufen, musst du bis zu tausend Dollar hinblättern.«

Nach dem kurzen Schwatz verabschieden wir uns und rollen los; vorbei an Farmen, von denen manche damit werben, eine »Pferdepension« zu sein. Andere bieten an kleinen Verkaufsständen neben der Fahrbahn Obst und Gemüse an, wobei der Kunde sich selbst bedient und das Geld in ein kleines Kästchen steckt. Ehrlichkeit ist Ehrensache.

Juliana fährt mit der Hand durch die Luft. »Sieh mal, der Jumbo von Singapore Airline... den haben wir doch neulich schon landen sehen, als wir unseren Kutschwagen abholten.«

Eine halbe Stunde später, wir passieren gerade das andere Ende des großen Flughafenkomplexes, heulen die Triebwerke des Jumbos erneut, und donnernd hebt der große Vogel ab.

»Wenn wir heute Abend gerade mal vierzig Kilometer von hier entfernt unser Camp aufschlagen, landet der Jet in Singapur, und morgen Abend wird er vielleicht schon in Europa sein...« Sie lächelt ein wenig versonnen. »Mit etwas Glück werden wir dann hundert Kilometer weit gekommen sein.«

»Tausend Stundenkilometer Reisegeschwindigkeit dort gegen sieben km/h hier bei uns«, denke ich.

»Länger als sechs bis sieben Stunden täglich solltet ihr Rick und Jack nicht fordern«, hatte Ashley uns eingeschärft. Bin gespannt, wie ich mit diesem Tempo auf Dauer fertig werde. Ich bin gewohnt, viele Dinge gleichzeitig anzupacken, bin gern spontan. Den Plan von gestern opfere ich schon mal flott der besseren Idee von heute. Am liebsten schmiede ich drei Eisen gleichzeitig, während die vierte Idee bereits Formen annimmt. Bei dieser Reise mit Pferden wird alles viel, viel langsamer gehen... Von nun an werden wir schauen, beobachten, Zeit für Unterhaltungen haben. Und wir werden dem unaufhörlichen »Klapp Klapp Klapp« der Hufschläge lauschen können.

Auf früheren Reisen über viele Monate lang Tag für Tag im Kanu zu sitzen und zu paddeln, hatte meinem Naturell entspro-

Auf einer Reise mit Pferden, hier mit Rick und Jack, geht alles viel viel langsamer.

chen. Dabei war ich aktiv gewesen. Wie wird es hier mit der eher passiven Rolle des Kutschers sein?

Während mir diese Gedanken durch den Kopf gehen, weiß ich noch nicht, welchen Kraftakt zwei Pferde täglich erfordern, insbesondere in Gebieten, in denen Futter rar ist.

Auch nach sorgfältigstem Studium der neuseeländischen Landkarten wird man nicht umhinkommen, dann und wann auf Streckenabschnitte zu stoßen, die man sich mit anderen Verkehrsteilnehmern teilen muss. Doch ansonsten lädt hier ein Netzwerk kleiner, aber öffentlicher Farm- und Hinterlandstraßen zur Beschaulichkeit bei unserer Art des Reisens ein. Um zwischen den Maschen dieses Straßennetzes nicht zu verschwinden, hatten wir uns in Christchurch beim *Government Bookshop* verlässliche topografische Karten 1:250000 gekauft. Sie sollen uns helfen, parallel zur Kette der neuseeländischen Alpen in südwestlicher Richtung vorzustoßen. Bei Fairlie wollte ich über den Burke Pass ins zentrale Hochland kommen.

Auf einer fast verkehrslosen Nebenstraße legen wir die erste längere Rast für unsere Pferde ein. Ich setze mich zu ihnen ins Gras und halte die Reiseeindrücke im Tagebuch fest. Mir gefällt dieses »Hirtenbub-Idyll«. Als ich Rick zu einem nahe gelegenen Bach führe, hält uns gegenüber ein Auto.

Der Fahrer kurbelt das Fenster runter, studiert interessiert unsere Pferde. Sieht mich an. »Sind das Ashleys…?«

Ja, kennt denn alle Welt Ashley?

John heißt der Bursche, er ist Hufschmied und derjenige, der eigentlich von Ashley den lukrativen »Großauftrag« erhalten hatte, unsere Pferde zu beschlagen und uns mit Reserveeisen für die nächsten Wochen auszurüsten – bis uns der Schmied Bill auf der *Country Fair* in Belfast über den Weg gelaufen war.

»Morgens um fünf Uhr dreißig ist Ashley extra deswegen bei mir gewesen…«, wettert John. »Wir haben eine sechs Monate alte

Tochter – weißt du, was das bedeutet?!« Und im Jargon der Pferdeleute setzt er grinsend nach: »I'll kick him!«

Juliana kriegt ihren Tritt bereits zwanzig Minuten später. Beim Einspannen platziert ihr Rick seinen Huf auf den Fuß. Außer leichten Quetschungen und einigen stärkeren Hautabschürfungen ist zum Glück nichts Ernsthaftes passiert.

»Noch mal mit einem blauen Fuß davongekommen«, witzle ich. Seitdem trägt Juliana beim Einspannen und Versorgen der Pferde immer feste Stiefel.

Abends schlägt das Wetter um. Von der Ostküste her peitschen kalte Windböen kräftige Regenschauer übers Land. Bei der Suche nach einem Übernachtungsplatz können wir nicht allzu wählerisch sein. Unglücklicherweise ist der nächstgelegene Fluss ausgetrocknet. Verflixt, wo kriegen wir jetzt Wasser für die Pferde her?

Im letzten Tageslicht traben wir ein paar Kilometer zu einem Farmbewässerungsgraben zurück, tränken die Pferde und befüllen drei große Eimer als Vorrat für die Nacht. Der Regen ist stärker geworden. In aller Eile schlagen wir am Rand einer verkehrslosen Seitenstraße im Schutz weit ausladender Kiefern unser Nachtlager auf. Aus dem steifen Wind ist schon fast ein Sturm geworden. Neuseeländer mögen hier beim Wort »Sturm« lächeln: »Warte erst einmal, bis du im Hochland von Central Otago richtigen Sturm erlebst…«, hatte Ashley gewarnt. O ja, ich habe ihn noch gut in Erinnerung, wie er mich damals samt Fahrrad erfasste und von der Straße wischte – wie der Klaps einer Riesenhand.

Regenbögen rütteln an diesem Abend an unserem Wagenaufbau. Tropfen trommeln aufs Dach.

»Als Halter zweier ständig hungriger Pferde beginne ich, den Regen mit den Augen eines Farmers zu sehen. Je mehr, desto besser sind die Futterbedingungen«, sage ich in einem Anflug von Galgenhumor zu Juliana. »Ich drücke uns allerdings die Daumen, dass sich die Schauer auf die Nächte beschränken werden.«

Wir haben Rick und Jack ihre wärmenden, Regen abweisenden Pferdedecken übergehängt. Mehrfach noch wage ich mich trotz des Unwetters hinaus und bringe die Pferde zu neuen Futterplätzen, wenn sie im Aktionsradius ihrer Seile den Boden kahl gefressen haben. Etwa zwei Stunden brauchen sie, um ihre Mägen zu füllen. Dann verstummt das Rupfgeräusch, die schon vertraute Geräuschkulisse der Abende und Nächte, vorübergehend. Die Pferde ruhen, vom Wind abgewandt.

Als ich pitschnass in den Wagen zurückkehre, empfängt mich drinnen kuschelige Wärme. Unsere starke Petroleumlampe gibt nicht nur ein helles Licht, sondern verbreitet auch Behaglichkeit. Wir rücken dicht zusammen, wie Schutz suchend. Draußen rüttelt der aufgebrachte Wind am Wagen. Dumpfes Poltern dringt plötzlich von draußen zu uns rein. Aha, Jack und Rick haben den Nachtisch beendet. Lange Pferdezungen fahren jetzt suchend, tastend in die letzten Winkel der Futtereimer, in der Hoffnung, noch ein verstecktes Haferkörnchen zu erwischen. Zwei, drei kräftige Tritte noch gegen die Futternäpfe, dann kehrt Ruhe ein. Es wird Nacht in Canterbury.

Tagebuchnotizen
vom 5. bis 9. Februar

5. Februar – Nachtlager vor der Rakaia Gorge

Nachdem der Regen nachgelassen hat, brechen wir auf. Entlang fast nahtlos aneinander grenzender Farmgebiete rollen wir in Richtung Berge. Wasser für die Pferde zu finden ist heute schwierig. Wir stoppen an einem Farmhaus, bereitwillig öffnet man uns das Tor zur Weide, auf der eine Tränke ist. »Ihr könnt die Pferde auch grasen lassen.« Bei einer Routinekontrolle stelle ich fest, dass die Zugkette bei Jack offenbar am Fell reibt. An zwei Stellen hat sich seine Haut bereits lederartig verhärtet. Kurz entschlossen macht sich Juliana an Ort und Stelle daran, eine von unseren kürzlich erstandenen Decken zu zerschneiden und als Schutz um die Ketten zu nähen.

»Wie heißen die Pferde?«, fragt die Farmersfrau, die uns dabei beobachtet.

»Rick und Jack.« Sie lächelt. »Da hat aber jemand mächtig viel Hirnschmalz verwandt, um auf diese einfallsreichen Namen zu kommen.«

Währenddessen hockt Juliana im Gras, zerschneidet, näht, prüft und nickt zum Schluss. Ich kenne das. Da ist was Brauchbares herausgekommen.

»Nach einigen Kilometern seid ihr an der Rakaia Gorge. Kurz davor ist rechter Hand ein schöner Campground mit Wasser und Gras«, kriegen wir als Tipp mit auf den Weg.

Die Abfahrt in die tiefe Schlucht, durch die sich der mächtige Rakaia River zwängt, um danach in einem stellenweise mehrere Kilometer breiten Bett seinen kurzen Weg durchs flache Land zum Meer anzutreten, ist steil. Als Autofahrer würde ich den zweiten Gang einlegen und den Fuß in Bremsbereitschaft halten. Als Kutscher ziehe ich die Zügel scharf an, um den immer schneller werdenden Trab der Pferde zu verlangsamen. Dabei trete ich auf die hydraulische Bremse.

»Verflixt, der Druck lässt nach ...!«

Luft in der Leitung! Nervös pumpe ich durch mehrfaches schnelles Drücken meines Fußes. Ohne weitere Probleme erreichen wir so den beschriebenen Platz. Obwohl es spät geworden ist, führe ich die Pferde noch ins Wasser, um ihre Gelenke zu kühlen.

6. Februar – Nachtlager am Taylors Stream

Nach einem erfrischenden Bad im Fluss setzen wir unsere Polsterungsarbeiten am Pferdegeschirr fort. Jack hat durch sein Kumt, jenen am Hals anliegenden oval geformten Teil des Zuggeschirrs, mit dem die Hauptlast des Wagens gezogen wird, ein paar leichte Druckstellen bekommen. Wir wechseln es gegen ein mitgeführtes größeres Reserve-Kumt aus, das Juliana zudem noch mit stabilem hellem Filz aus der Sattlerei Clarke umnäht. Jetzt hat Jack einen »weißen Kragen«, doch der Zweck heiligt die Mittel.

Die Rakaia Gorge ist der landschaftliche Leckerbissen unserer bisherigen Reise. Auf einer schmalen Brücke überqueren wir den gleichnamigen Fluss, der als einer der besten Lachsflüsse Neuseelands gilt. Zwischen Januar und Ende März ist hier Hochzeit für Angler, wenn die Fische aus dem Meer zu ihren Laichplätzen ziehen. Das war allerdings nicht immer so: Erst 1901 erreichten die ersten 500 000 Lachseier, vom Sacramento River aus den USA kommend, Neuseeland. Man setzte sie im Waitaki River aus. Die Fische schlüpften und wanderten, wie auch auf der nördlichen Halbkugel ihrem Instinkt folgend, ins Meer. Bereits 1905 beobachtete man die ersten zu den Stätten ihrer Geburt zurückkehrenden Lachse. Im Lauf der Zeit verbreiteten sie sich auf andere Gletscherflüsse der Southern Alps, wie Waimakariri-, Rakaia- und Rangitata River.

Aus der Rakaia Gorge herauszukommen ist für unsere Pferde harte Arbeit. Steil ist die Straße, glatt der Belag. Während Jack, zumeist links vor dem Wagen, bereits das Geröll des Seitenstreifens unter die Hufe bekommt, sprühen unter Ricks Eisen Funken. Nur knapp zwei Kilometer lang ist der Anstieg, doch die Tiere sind danach schweißgebadet. Im Schatten eines Baumes legen wir für sie eine Verschnaufpause ein. Während ich die Pferde tränke (jedes nimmt dabei mehr als zwanzig Liter Wasser zu sich), hält neben uns ein zünftig ausgerüsteter und freundlicher Radler. Gut sechzig Jahre alt ist er, pensioniert und am Ende einer sechswöchigen Radtour quer durch die Südinsel. »Ich stoppe auf einen Schwatz, wann immer ich interessante Leute sehe…« Gerade habe er eine Gruppe Schweizer auf Rädern getroffen.

Eine friedliche Stimmung liegt über dem Land, als wir weiterziehen. Auf umzäunten, saftig grünen Weiden grasen fette Schafe und Rinder. »An Taylors Stream, einem kleinen Bach, ist ein ausgezeichneter Campground mit gutem Gras für eure Pferde«, hatte der radelnde Kiwi gesagt. Als wir dort ankommen, liegt der Rauch eines Lagerfeuers und der einladende Duft von brutzelnden Steaks in der Luft. Vier Radler grüßen freundlich zu uns rüber.

7. Februar – Nachtlager am Hinds River

Gilgian, Heinz und Jörg kommen aus der Gegend von Interlaken, Don stammt aus Kalifornien. Alle vier sind hellauf begeistert von den Neuseeländern, ihrer Gastfreundschaft und den Radelbedingungen hier.

»Anschließend steht Malaysia auf dem Reiseplan«, schwärmt Gilgian. »Weiter soll es über Thailand in Richtung Himalaya gehen. Ja – und wenn es machbar ist, werden wir von dort mit den Rädern in die Schweiz zurückstrampeln.«

Das klingt wie Musik in meinen Ohren... Mal eben vom Himalaya nach Interlaken.

»Der Auftakt meiner Reise war allerdings ein Horror-Trip«, gibt Heinz zu. Während des Transports von seinem Heimatort zum Frankfurter Flughafen verschwand sein wertvolles und für die Reise extra hergerichtetes Mountain Bike aus einem Gepäckwagen der Bundesbahn.

»Habe mir in Neuseeland ein anderes kaufen müssen. Versicherung hin, Entschädigung her... Die Stunden des Tüftelns an meinem gestohlenen Spezialrad ersetzt mir keiner.«

Mit der Bemerkung, wir würden uns sicherlich irgendwo wieder treffen, trennen wir uns. Wobei ich meine Zweifel habe: Mit dem Fahrrad sind die Burschen gut doppelt so schnell wie wir mit Pferd und Wagen.

8. Februar – Nachtlager am Orari River

Der Morgen ist ein Geschenk der Natur an uns; die Strahlen der frühen Sonne brechen sich in den Blättern und Zweigen der Bäume.

Völlig windstill ist es. Der Rauch unseres Lagerfeuers steigt zunächst senkrecht auf, um sich erst viele Meter über dem Boden wie ein Fächer zu verteilen. Unwirklich, verwunschen erscheint mir dieses Bild unseres »*gipsy-wagon*-Idylls« im Gegenlicht, als ich mit zwei Eimern voll Wasser für die Pferde vom Hinds River zurückkomme.

Der Tag ist heiß. Auch der Verkehr nimmt zu. Kurz entschlossen biegen wir nach Überquerung der Rangitata River Bridge auf Nebenstraßen ab. Unsere topografischen Karten leisten uns dabei gute Dienste – mit einer Ausnahme: Bei *back country roads* unterscheiden sie nicht zwischen Flusspassagen durch Furten und solchen über Brücken. Als wir uns unterhalb der Two Thumb Range auf einem Nebenweg dem Orari River nähern, stehen wir unvermittelt vor einem schäumenden Fluss, dessen Wasser mir nach den Regenfällen der letzten Tage bis zu den Hüften geht.

»Die Pferde scheuen nicht im Wasser«, hatte Ashley uns beruhigt. Würde das auch für diesen wild gewordenen River gelten? Wir beratschlagen. Letztlich beschließen wir zurückzufahren und einen Umweg zu machen. Doch da der Platz am Fluss sehr malerisch ist, verbringen wir die Nacht hier.

9. Februar – Nachtlager am Kakahu Hill

Wieso sprechen alle Leute vom trockensten Sommer seit Jahren? Es regnet schon wieder! Drei etwa zwölfjährige Jungen, die uns schon gestern Abend besucht hatten, kommen ungeachtet des üblen Wetters auf einem großem dreirädrigen Geländemotorrad vorbei.

»Mam' hat uns geschickt«, sagt der Steppke von Fahrer. »Kommt auf 'ne Tasse rein. Mein Dad hat eine *deer farm*, auf der Hirsche gezüchtet werden.« Wir sind just in diesem Moment im Aufbruch.

»Danke«, sage ich, »vielleicht schauen wir auf dem Rückweg vorbei.« Später bedaure ich, nicht einen Blick hinter die Kulissen einer *deer farm* gemacht zu haben.

Bei Geraldine erreichen wir den Highway 79. Es ist noch immer unangenehm kalt und regnerisch. Wir haben die Hälfte unserer Kutschbockverkleidung aufgestellt, hinter der sich Bettina und Juliana verkriechen. Ich bin froh, in einer Kiste mit diversen Kleinigkeiten lederne Handschuhe gefunden zu haben. Eine Reise durch den Sommer hatte es werden sollen. Bald schon erreichen wir eine stille Alternativstrecke zur Hauptstraße.

»Sieh doch mal die Früchte«. Juliana ist begeistert: »Brombeerhecken.« Trotz des Regens und des nassen Grases beginnen wir zu pflücken. Ein großer Eimer ist schon voller Früchte, als ein junger Farmer vorbeikommt: »Ihr solltet die Früchte nicht essen. Erst vor wenigen Tagen sind die Pflanzen zur Vernichtung mit Chemikalien eingesprüht worden.« Welch ein Jammer. Wir schütten die herrlich aussehenden Beeren fort.

10. Februar – Nachtlager am Opihi River

Nebel klebt morgens in grauen Schwaden an den Hängen der Hügel. Noch ist es dämmrig, doch die Spitzen der Berge beginnen bereits im ersten Morgenlicht zartrot zu glühen. In hohen Gräsern und Büschen um uns herum bricht sich in vielen Dutzend perfekt gewobener Spinnweben das Morgenlicht. Millionen Tautropfen funkeln wie lupenreine Diamanten.

Hier beginnt unsere Reise durch ein typisches Stück Neuseeland, die »Einflugschneise« Richtung Mount Cook. Neben der Straße dehnt sich hügeliges Land, aus dem hunderte heller Schafsrücken leuchten. Die Sonne blendet mich, ich schiebe den Hut tiefer ins Gesicht.

Für die Pferde ist der beschauliche Teil der Reise zunächst vorbei: Unablässig windet sich die Straße bergauf, dann bergab. Kraftvoll traben unsere Braunen gegen die Hügel an, werden aber bald langsamer. Die letzten Abschnitte legen sie mit hängenden Köpfen zurück. Dort, wo der Blick weit in Richtung Burke Pass bis hin zum MacKenzie Country streifen kann, rasten wir.

Rick atmet schwer. Wir dürfen ihn heute nicht mehr allzu stark fordern. Kurz nach der Rast gehen wir auf eine grobe Schotterstraße, die in großem Bogen den Ort Fairlie umgeht. Trotz der Ruhepause sind beide Pferde wie ausgelaugt. Die Sonne brennt nach wie vor, es ist heiß, trocken und staubig. Mehr als fünf Kilometer pro Stunde kommen wir nicht voran.

Von vorn nähert sich eine Staubwolke, aus der sich ein Pkw schält. Juliana stoppt das Auto.

»Ist dies der richtige Weg Richtung Hochland?«

Der Fahrer nickt mit dem Kopf: »Aber erst müsst ihr durch ein Flussbett.«

Zum Glück ist der Opihi River nur einen halben Meter tief. Wasser spritzt. Unser *gipsy wagon* rumpelt und schwankt. Bettina quietscht vor Vergnügen. Ihr gefällt die Flussüberquerung. Und weil es so schön war, durchqueren wir den Opihi River gleich noch zweimal.

Mt. Cook, mit 3764 Metern der höchste Berg Neuseelands

Der Vulkan Tongariro ist auch heute noch ein heiliger Berg der Maori

Bei Rotorua – »Es ist schön, einmal die Hölle erlebt zu haben«

Rechts: Camp im Urwald hinter Ohura

Lake Ohau konkurriert mit anderen Seen um den Schönheitspreis

Unser *gipsy wagon* am Lake Pukuki
Links: Dieter Kreutzkamp als Apfelpflücker (herrliche Golden Delicious!) auf der Südinsel
Hirschfarm auf der Südinsel. *Deer farming* ist ein lukratives Geschäft

Holzmodellierwettbewerb beim *Country Fair* in Belfast

Rechts: Drei Mal Kreutzkamp auf dem Kutschbock

Linke Seite:

Oben: Bizarr, die Uferberge am Milford Sound

Unten: Wieder haben wir ein gemütliches Lager aufgeschlagen

Bei Nelson, Südinsel: Stille, klares Wasser und reine Luft

Die berühmten *Pancake Rocks* (Pfannkuchenfelsen)

Zwischen Dreitausendern

Noch ein wenig schlaftrunken tapse ich am Fluss entlang, um im ersten fahlen Licht des Morgens Holz zu sammeln. Bald leckt der zuckende schwache Schein eines Lagerfeuers über unser Camp. Juliana kniet an der Feuerstelle, die Pfanne mit Pfannkuchen in den Händen, während sich Bettina genüsslich kochtopfweise kaltes Wasser über den Körper schüttet.

Um acht Uhr brechen wir auf, eine frühe Zeit für uns, die wir die Stunden abends am *campfire* gern lange genießen. Erst wenige Minuten sind wir *on the road*, als ein Pkw auf der Gegenfahrbahn seine Geschwindigkeit drosselt und direkt auf uns zuhält. Eine Hand erscheint im Autofenster, darin eine zusammengerollte Tageszeitung, die mir zugesteckt wird. Ein freundliches älteres Gesicht lächelt: *Have fun*. Und schon ist der Zeitungsauslieferer fort. Wenn auch aus anderen Motiven, hatte Juliana gestern noch gesagt: »Wir müssen eine Zeitung kaufen... brauchen dringend Anzündmaterial fürs Lagerfeuer.«

Unsere Route folgt dem Opihi River bis zum Fuß des Burke Pass, wo wir den Pferden eine Verschnauf- und Futterpause gönnen.

Ich bücke mich. »Hey, Rick, was hast du mit deinem Hufeisen gemacht?«

Ich klopfe ihm leicht an seine Hinterhand, worauf er wohltrainiert den Huf hebt.

»Sieh mal.« Juliana ist neben mich getreten.

»Rick hat seine Hufeisen doppelt so weit, das heißt doppelt so schnell abgenutzt wie Jack die seinen.«

Auf die Ritte, die ich gelegentlich abends mit ihm unternommen hatte, ist das sicherlich nicht zurückzuführen. Wohl eher darauf, dass Rick fast immer auf Asphalt läuft, während der größere Jack, auf der abfallenden linken Straßenseite gehend, zumeist Gras unter die Hufe bekommt.

»Wenn es man nicht daran liegt, dass die beiden von ihrer Veranlagung und dem Trabverhalten her grundverschieden sind«, vermute ich. Immer wenn es bergauf geht, scheint es, als wolle der heißblütige Rick die Straße unter seinen Hufen zerschmettern, während Jack das Hindernis ganz cool und mit leidenschaftlicher Routine angeht.

Wir schirren die Pferde wieder an, lassen jetzt aber Rick links laufen, um seine Hufeisen zu schonen. Dass speziell gehärtete Eisen innerhalb weniger Tage auf die Dicke einer Messerklinge abgewetzt werden können, hätte ich nicht im Traum für möglich gehalten.

Ohne erkennbare Mühe ziehen uns die beiden Traber auf den 829 Meter hohen Burke Pass, dem Tor zum Hochland von South Canterbury, auf dem wie ein gelbes Meer Tussock-Gras wogt.

1854 hatte erstmals ein Siedler namens Studholme weiter südlich, in Waimate, die erste Farm errichtet, andere waren seiner Fährte gefolgt. Heute leben mehr als 60 000 Menschen in South Canterbury. Doch da sich die Bevölkerung in Küstennähe konzentriert, wurde das Hochland zur Heimat nur weniger Menschen: Farmern, ihren Angestellten und Leuten, die für die diversen hydroelektrischen Stauprojekte tätig sind.

Doch bei alldem ist das Hochland von South Canterbury ein Land mit vielen Outdoor-Möglichkeiten, einsamen Gebirgstälern, sauberen Gletscherseen und *tracks*, Gebirgswanderpfaden, deren Begehung Geschick und Mut erfordert.

South Canterbury ist ein niederschlagsarmes Hochland, da sich sowohl die von Westen als auch von Osten kommenden Wolken über den Küstengebirgen entleeren. Wie neugierig über die

Dreitausender gereckte Nasen oder verwischte *Sturmgesichter* aber wirken die von Westwinden über die Berggipfel der Southern Alps gepeitschten Wolken.

Wie dieses Land wohl ausgesehen hat, bevor die unermüdlichen Pioniere es in eine der intensivsten Woll- und Fleischproduktionsregionen der Welt verwandelt hatten? Mit allen Problemen, die ein forscher Pioniergeist so nach sich zieht? Sehr schnell war man nämlich darauf gekommen, dass Feuer ein wirkungsvolles Hilfsmittel ist, den Boden ohne viel Federlesens von unerwünschtem Bewuchs zu befreien. So standen schon bald riesige Flächen in Flammen. In der Folge schossen frische Gräser aus dem Boden. »Feine Sache«, sagten sich die Farmer, denn nun hatten sie auch saftiges Grünfutter. Es blieb über Jahrzehnte bei der Praxis großflächig gelegter Grasbrände. Die wenigsten aber ahnten dabei die Gefahr der Bodenerosion. Schafe zertrampelten die nun nicht mehr von festem Bewuchs gehaltene Oberfläche, Wind und Regen trugen die fruchtbare Krume fort. Erst relativ spät wurden diese Zusammenhänge erkannt, und nur langsam reagierte man.

»Sieh mal, die *Southern Alps*.« Julianas Hand folgt der unregelmäßigen Form der gezackten Linie am Horizont. Als eindrucksvolle Gebirgssilhouette begrenzt sie den Blick, aber auch die Reisemöglichkeiten nach Westen hin. Wie eine mit dem Lineal gezogene Linie läuft der Highway geradewegs auf sie zu. Ein Schild neben der Fahrbahn warnt: *fire danger today: high*. Ein trockener, warmer Wind beutelt die hohen Gräser, lässt sie tanzen und schwingen: wie ein Reigen der Geister des Hochlandes.

Ein großer Touristenbus stoppt und schreckt mich aus meinen Gedanken hoch: »Please give us a smile!«, ruft jemand. Und schon lächeln wir in vierzehn Kameras und drei Videorecorder einer Busladung freundlicher Japaner. Ich höre, wie der Fahrer drängt; schließlich stünden Mt. Cook, ein Flug über die Gletscher und der Besuch von Queenstown heute noch auf dem Reiseprogramm. Als der Tourbus sich wie ein unscheinbares Pünktchen mit dem Flimmern über dem südlichen Straßenende vermischt, sind wir erst fünfhundert Meter weitergekommen. Nur langsam geben die fernen Berge Details frei, nehmen einzelne Spitzen Konturen an.

Mt.Cook View lese ich auf einem Schild. Jetzt ist es nicht mehr weit bis zu unserem Tagesziel, dem Lake Tekapo.

Tekapo – so sagt man, sei eine Bezeichnung aus der Maori-Sprache und bedeute »Schlafmatte für die Nacht« – ein treffender Ausdruck auch für das, was die Ufer des türkisblauen Sees für uns werden sollen.

Als eine Crew von Ingenieuren hier einst der Natur mit der Stauung des Godley River ins Handwerk pfuschte und so den glasklaren Lake Tekapo schuf, entstand ein Meisterwerk. Es bescherte dem Land nicht nur Wasser und Elektrizität, sondern auch ein touristisches Highlight. Der zwischen Two Thumb Range im Osten und den Ausläufern der Hall Range im Westen gelegene See leuchtet in solch intensiver Farbe, dass der Blick über ihn zu den ihn wie ein Bilderrahmen begrenzenden Gebirgen eine Augenweide der besonderen Art ist. Das abgründige Schimmern seines Wassers wird von den sanften Gelbtönen tussockbestandener Hänge eingefasst. Hier und dort setzen dunkelgrüne Flecken mit Nadelholzanpflanzungen einen wohltuenden Kontrast.

»Der Blick auf den See durch das große Fenster der *Kirche des barmherzigen Hirten von Tekapo* am unteren Seeende ist eine touristische ›Pflichtübung‹«, hatte man uns eingebläut. Noch bevor der 710 Meter hoch gelegene Ort Lake Tekapo selbst erreicht ist, rollen wir auf einer kurzen Stichstraße zur Kirche. Ich spanne unsere Pferde aus und lasse sie am Seeufer grasen, so weit das möglich ist. Denn Grünfutter ist nur spärlich zu finden, und wenn, ist es äußerst dürftig.

»Wir müssen künftig mehr Trockenfutter, Heu und Hafer, verfüttern.«

Während ich bei unseren Braunen bleibe, gehen Juliana und Bettina in den Ort Lake Tekapo, um einzukaufen. Es ist ein kleines Touristendörfchen, dessen winziger Platz im Zentrum von Läden, Restaurants und Unterkunftsgebäuden gesäumt ist.

Ich blättere derweil in der heute Morgen erhaltenen Zeitung: »Sechs Tote, Frontalzusammenstoß mit Lkw«. Es waren alles junge Leute. »Frau raubt Supermarkt aus, während Mann und Baby im Auto warten«. Ich lege die Lektüre zur Seite. Die Nachrichten sind hier also auch nicht besser als im Rest der Welt.

Entlang beider Seiten des Lake Tekapo führen Schotterwege in Richtung Berge, der westliche streift die Seen McGregor und Alexandrina. Einheimische hatten uns diese Route empfohlen.

Erst am späten Nachmittag kommen wir von der postkartenhaft schön gelegenen und viel fotografierten Kirche los. Im Ort winkt uns eine ältere Dame zu. Ich stoppe. Kürzlich war sie zweieinhalb Jahre lang im »Land ihrer Väter«, wie sie sagt: »Schottland«. Doch es hatte sie zurückgezogen nach Neuseeland. »Europa ist viel zu eng«, meint sie und wünscht uns viel Glück ... »and God bless you.«

Von Lake Tekapo rollen wir auf unbefestigten Wegen zum Lake Alexandrina. Juliana hat die Zügel übernommen. Ich lehne mich zurück, inhaliere dieses Bild: die sich rhythmisch bewegenden Leiber der Pferde, das weiche Licht des Abends über dem gelblich schimmernden Land, durch das sich die Straße in malerischen Schlangenlinien windet. Die Sonne sinkt. Pferde und Wagen werfen bereits weite Schatten. Abertausendmal sind solch flüchtige Bilder über das Land gehuscht, damals, als Gespanne wie das unsrige noch ein gängiges Transportmittel waren.

Die Sonne ist bis an den Horizont gekrochen, überschüttet das Land mit einer goldenen Patina, wie ich sie so intensiv nur selten anderswo erlebt habe. Als die Strahlen des bereits abgetauchten Gestirns nur noch die Spitze des Mt. Cook zum Glühen bringen, erreichen wir endlich die Landzunge zwischen den Seen Tekapo und McGregor, unser Tagesziel. Ich ahne in diesem Moment nicht, dass wir in diesem Camp viel länger bleiben werden als beabsichtigt.

Wenn nur die Probleme mit dem Pferdefutter nicht wären! Nahrhaftes Gras ist kaum zu finden. Rick und Jack lassen sich stattdessen frische Weidentriebe schmecken. Neben Heu und Hafer verfüttere ich auch Falläpfel, die wir auf der Herfahrt in Mengen neben der Straße aufgelesen hatten.

Stundenlang sitze ich während der nächsten Tage am Ufer des Lake Tekapo und beobachte das je nach Windrichtung und Wolkenformation wechselnde Farbenspiel dieses leuchtenden Sees. Ich wundere mich allerdings über mehrere angeschwemmte Gerippe von Graugänsen. Später höre ich, dass auch sie, einst ihres Fleisches wegen ausgesetzt, Vergiftungsfeldzügen zum Opfer gefallen sind. »Sie entwickeln sich zur Plage…«, heißt es.

Die Landschaft hier erinnert mich ans Nordland, an die Weiten des kanadischen Yukon Territory. Still ruht der kleine Lake McGregor vor mir, kein Lufthauch erschüttert den Spiegel der glatten Wasseroberfläche. Schwarze Schwäne, deren Flügelspitzen weiß leuchten, ziehen durch die Luft, lassen sich Augenblicke später unter dumpfem Trompeten auf dem See nieder. Auch für Bettina ist dieser Platz ein Dorado: Da ist die erste selbst gefangene Forelle, dann sind da, später, unsere täglichen Ausritte. Sie sitzt auf der Vorderkante meines Sattels, eine Hand habe ich um sie gelegt, mit der anderen umfasse ich die Zügel. »Schneller, Papi, schneller!«, ruft sie begeistert.

Abends kündigt sich ein Witterungsumschwung an. Von Osten kriechen, wie lange Finger zunächst den Tälern folgend, Nebel über die Berge. Im Westen über den Gipfeln der *Alps* baut sich die Gegenfront mit Wolken auf, die an riesige, pralle Atompilze erinnern. Langsam verändert sich ihre Farbe von Weiß über Graurot bis hin zu flammendem Rot. Am darauf folgenden Morgen ist der Farbrausch einer bleiernen Schwere gewichen. Doch auch das ist nicht ohne Reiz.

Ich bin vollauf damit beschäftigt, meine Ausrüstung für einen längeren Ritt zusammenzustellen. Da ich keinen Packsattel habe und auch kein zweites Pferd mitnehmen will, werde ich mich in puncto Gepäck beschränken müssen. Ich plane, mich bis zum Oberlauf des Godley River vorzuarbeiten. Von dort wäre es nur noch ein Sprung zur wilden Westküste ... Doch das bleiben Träumereien – die Bergkette der Zwei- und Dreitausender macht eine Überquerung zu Pferd unmöglich.

Zunächst passiere ich nun auf meinem Ritt die Ländereien der Glenmore und Godley Peak Stations, zweier großer Schafsfarmen. Von dort arbeite ich mich langsam in dem breiten, nur von einzelnen Wasserarmen durchzogenen Bett des Godley River bis zum kleinen Godley Gletscher vor. Rick bewährt sich auch als Reitpferd. Mein alter Jungentraum, einmal mit Pferd und Packpferden irgendwo in der Welt wochen- oder gar monatelang durch die Einsamkeit zu ziehen, bekommt neuen Aufwind.

Als ich nach dem langen Ritt ins Camp zurückkehre, bereitet Juliana gerade Proviant für die Weiterfahrt zu. Überrascht blickt sie auf:

»Du – das rechte hintere Hufeisen von Rick ist lose.«

Verflixt, die Köpfe der Hufnägel sind dermaßen abgenutzt, dass sie das Eisen auch beim besten Willen nicht mehr halten können. Ein Glück, dass wir Reservenägel dabei haben. Vorsichtig treibe ich sie, nachdem ich die alten Nägel gezogen habe, in die alten Löcher. Nur nicht zu tief, sonst haben wir ein lahmendes Pferd!

»Geschafft.« Ich kontrolliere auch die anderen Hufe. Das Ergebnis ist erschreckend: Rick hat auf dem Rückweg vom Gletscher hinten rechts ein halbes Hufeisen verloren.

Was nun? Ausgerechnet hier, mitten in der Weite des Hochlandes, vielleicht hundert oder mehr Kilometer vom nächsten Schmied entfernt! Hätte ich doch nur Jack für die Extratour genommen, seine Eisen waren dicker. Aber Jack war mir nicht spritzig genug gewesen.

Eine Weiterfahrt ist so nicht zu verantworten. Ashley hatte

uns ans Herz gelegt, größte Sorgfalt auf die Hufe zu verwenden. »…wenn ihr Freude an eurer Reise haben wollt.«

»Ich reite mit Jack zu einer Feriensiedlung am Lake Alexandrina und sehe nach, ob es dort ein Telefon gibt.«

»Come on, Big Boy, oder muss ich dich anschieben?!« Aber wenn der gute alte Jack erst einmal auf Touren kommt, dann ist es wie bei einer bekannten Automarke, bei der einst die Werbung versprach: »Er läuft… und er läuft… und er läuft.« So erreichen wir nach einem langen Ritt den Lake McGregor.

Vor einer der *cabins* dort parkt ein Auto. Auf mein Klopfen öffnet eine junge Frau die Hüttentür. Über den Schirm eines Farbfernsehers huschen drinnen schemenhaft soßig graue Bilder, in die sich dann und wann ein bescheidener Farbhauch schleicht. Mein Gott – wo der Blick aus dem Fenster so unendlich klar und kodakbrillant ist!

»Hello, come in.« Sie bittet mich rein. Ich trage mein Anliegen vor, doch helfen kann sie mir nicht. »Keine Telefonanschlüsse hier. Sorry.« Und ein Schmied…? »Vielleicht in Fairlie oder Twizel.« Achselzucken.

Also trete ich mit Jack den langen Weg zum Ort Lake Tekapo und dem nächsten Telefon dort an. Aber ich habe doch Zeit genug! Genau genommen alle Zeit der Welt. Ich muss einen Moment lang lächeln, als mir meine Fantasie Movie-Bilder von John Wayne vorgaukelt; der Cowboy auf seinem Pferd in der wilden Weite. Jetzt noch eine getragene Westernmelodie, und die Bilder, wie man sie von der Leinwand kennt, wären komplett. Stattdessen hopsen zu Hunderten Kaninchen vor mir durchs trockene Gras. Ebenso viele sehe ich tot, von Farmern vergiftet, auf dem Land liegen.

Auf einer Wiese neben einem großen Privatgrundstück kurz vor dem Ort sehe ich mehrere Pferde grasen.

Ich binde Jack an einen Baum und gehe aufs Grundstück, um nach einem Schmied zu fragen.

Eine junge Frau, die gerade Wäsche aufhängt, zuckt die Achseln.

»Wir selbst haben keine Pferde. Die du hier siehst, sind unsere ›Pensionsgäste‹. Aber ich werde es für dich herausfinden...«

Und schon ist sie im Haus, telefoniert. Minuten später drückt sie mir Anschrift und Telefonnummer von einem Mann namens Brian in die Hand.

»Der beschlägt Pferde. Brian arbeitet als Vormann auf Braemar Station rund siebzehn Meilen von hier.«

Merkwürdig, seit Jahren verwendet man in Neuseeland offiziell Kilometerangaben, doch im Denken der Menschen hat das metrische System noch längst nicht uneingeschränkt Einzug gehalten.

»Herzlichen Dank, Madam«, sage ich und gehe zu Jack zurück. Der steht wie ein begossener Pudel auf der Stelle.

»Was ist los, Jack? Hey, du verrückter Kerl, hast ja deine Hufeisen im Draht verhakt!« Beim Scharren, vermutlich aus Erregung über die Nähe anderer Pferde, hatte er sich ein Drahtstück mehrere Zentimeter tief zwischen Eisen und Huf geschoben. Mit einem starken Schraubenzieher und unendlich viel Geduld gelingt es mir, den immer nervöser werdenden Jack zu befreien.

Als ich in Tekapo einreite, spüre ich, wie mich die Augen der piekfein und geschniegelt aus den Bussen steigenden Touristen begleiten. Da ist das japanische Ehepaar, so Mitte dreißig; sie im eleganten Baumwollkleid, makellos sauber und gepflegt; er blauweiß, natürlich korrekt im Anzug, kamerabehängt, den neuen Videorecorder auf den doch schon etwas abgewetzt wirkenden *cowboy* gerichtet. Mehr oder weniger versteckte Schüsse durchs Objektiv werden noch hinter mir hergeschickt. Neben der Telefonzelle binde ich Jack an. Die ersten beiden 20-Cent-Stücke spende ich unbeabsichtigt der neuseeländischen Telefongesellschaft, da ich mal wieder mit ihrer Technik auf Kriegsfuß stehe. Erst beim dritten Anlauf erreiche ich Brian. Natürlich – morgen früh wird er kommen. So gegen acht Uhr. »Good as gold...«, sagt er.

»Papi, Papi, ich möchte mit Jack und dir reiten«, ruft mir Bettina bei meiner Rückkehr ins Camp schon von weitem entgegen. Obwohl ich heute knapp vierzig Kilometer im Sattel gesessen bin, traben wir, die Angel neben uns, in den Sonnenuntergang hinein zum Lake Alexandrina. Doch meine Hoffnung auf meine Forelle zum Abendessen bleibt unerfüllt. Bettina kuschelt sich auf dem Rückweg an mich. Leise wiederholt sie einen alten Kinderreim: »Wenn die Kinder kleine sind, reiten sie auf Knien geschwind; wenn sie aber größer werden, reiten sie auf richt'gen Pferden.«

Noch ein großes Erlebnis hat dieser Abend parat. Während ich einen Ast ins Lagerfeuer schiebe, beobachte ich, als seien sie mit einem Leuchtstift in das Nachtdunkel gemalt, helle Streifen, die wie Irrlichter über den Himmel des Südens tanzen, ähnlich einem im Wind schwingenden Lichtervorhang. Langsam verändert sich dieses Schauspiel von Hellgelb über Rosé in leuchtendes Rot.

»Ein Buschfeuer...?«

»Bestimmt nicht«, sage ich zu Juliana. »Sieh doch mal, wie die Streifen wandern.«

Noch lange grüble ich an diesem Abend über das Phänomen des Polarlichts. Ähnliche Bilder hatte ich bereits gesehen; nur war das am anderen Ende der Welt gewesen, in Norwegen, Kanada und Alaska.

»Good as gold«, hatte Brian gestern am Telefon gesagt. Sechzehn Minuten nach acht Uhr hält ein großer Ford auf der Schotterpiste. Brian, Mitte vierzig, stellt sich vor. Er zeigt zu einer jungen Frau im Wagen. »Das ist Barbara.« Und erläuternd »...from Switzerland.« Wir begrüßen uns. Barbara ist für ein Jahr zu Besuch in Neuseeland.

Am Rand der Straße baut er seine *Schmiede* auf: den großen Amboss, die Kiste mit Hufnägeln, Zangen, ein gebogenes Messer zum Beschneiden der Hufkanten und den Hammer. Ich lege einen Satz für Rick bereits vorgeformter Hufeisen dazu. Ein Glück, dass wir die dabei haben!

Als hätte er meine Gedanken gelesen, erzählt Brian von einem Engländer, der als Erfahrungsbericht eines langen Hufschmied-Lebens Anfang des 20. Jahrhunderts ein Buch verfasst hatte.

»Unter anderem setzt er sich damit auseinander, ob Zugpferde mit starken oder dünneren Hufeisen besser bedient seien.« Dann zitiert Brian wörtlich: »I've shoed them heavy and I've shoed them light… and they all came back after seven days.« Gleichgültig, ob mit dicken oder dünnen Eisen beschlagen, sie alle kamen nach spätestens sieben Tagen zurück. Das mag ja noch heiter für uns werden…

Ein Auto stoppt: »G' day, I am Ian.« Ein knapp Fünfzigjähriger schüttelt uns mit geradezu amerikanischer Jovialität die Hände.

»Ein Hufschmied im Einsatz am Straßenrand ist heutzutage selten.«

Ian ist passionierter Angler. »Die letzte Woche habe ich hier oben an den Seen verbracht.«

Er spurtet zu seinem Auto, um Fotos zu holen. Eine Weile nestelt er dort an seinem Hals herum und kommt, über das ganze Gesicht strahlend, zurück.

»In der Wildnis muss man adäquat angezogen sein…« Er präsentiert sich mit einer silbergrauen Krawatte in Form einer Forelle.

Auch Ian hatte letzte Nacht das Lichterphänomen am Himmel gesehen. »Southern light«, bestätigt er. Die südliche Aurora.

»Wenn ihr Lust habt, könnt ihr mich auf Braemar Station besuchen.« Brian ist auf mich zugetreten. »Das Futter für die Pferde ist bei uns gut, und die Sicht auf Mt. Cook besser als irgendwo sonst.«

»Sag mir doch einmal, was genau der Unterschied zwischen Station und Farm ist.«

»Zwei Begriffe für dieselbe Sache. Nur die Größe macht den Unterschied. Farm heißt es im Flachland, wo weniger Boden erforderlich ist, um eine Familie zu ernähren. Von Station spricht man im Hochland, wo das Grasangebot dürftiger ist und die Fläche größer sein muss, um die Viehzucht rentabel zu machen.«

Wir verabreden uns mit Brian. Einen Blick in das Leben einer *high country sheep station* zu werfen, ist zu verlockend, vor allem wenn diese Mt. Cook zu Füßen liegt.

High Country –
Leben auf Braemar Station

Es gehört nicht viel Fantasie dazu, sich vorzustellen, wie dieses wogende Grasland South Canterburys und Otagos einst riesige Vögel durchzogen. Man kennt ähnliche Bilder von Straußen in den Savannen Ostafrikas oder Emus im Outback Australiens. Doch während sie dort noch immer weite Flächen bevölkern, verschwanden die Moas, Neuseelands Riesenvögel, lange vor Ankunft der Weißen. Man sagt, die Schuld daran trügen sie selbst. Sie waren zu wohlschmeckend und außerdem für maorische Jäger eine leicht zu erlegende Beute. So ist uns der bis zu drei Meter große Vogel nur als Legende erhalten geblieben.

Solche Gedanken gehen mir durch den Kopf, als ich am Morgen unseres Aufbruchs vom Lake Tekapo die Pferde anschirre. Der Abschied von diesem friedlichen Fleck am Rand des türkisfarbenen Sees fällt mir schwer. Wir hatten früh loskommen wollen, doch eine Verzögerung gibt's, als Jack beim Anschirren Ricks Körper zu lecken beginnt – Salzmangel. Da ich nichts Besseres habe, verabreichen wir beiden Kochsalz und anschließend viel Wasser.

Je vertrauter wir mit den Pferden werden, umso mehr lernen wir sie als ausgeprägte Individualisten kennen. So auch jetzt: Rick, ungestüm wie meistens, taucht den Kopf so tief in den Eimer, dass gleich ein Gutteil des Wassers in hohem Bogen überschwappt. Jack, zurückhaltend, legt seine Lippen flach an den Rand und trinkt in langen Zügen.

Die ersten schweren Tropfen fallen. Wir nehmen es gelassen hin, da die geplante Tagesetappe in Richtung Tekapo River und dem parallel dazu verlaufenden *hydroelectricity canal* kurz ist.

»Ausgezeichnete Angelmöglichkeiten dort...«, hatte man uns gesagt. Der Kanal verbindet die beiden Stauseen Tekapo und Pukaki und dient wie alle anderen großen Stauprojekte South Canterburys der Gewinnung elektrischer Energie.

Zwischen Fluss und Kanal finden wir einen Platz mit gutem Futter für die Pferde, doch so sehr ich mich bemühe, den Fischen meine Köder schmackhaft zu machen – es beißt keiner. Tags drauf regnet es ohne Unterbrechung; da kalter Wind aufgekommen ist, verschieben wir die Weiterfahrt. Es gibt auch an solchen »Ruhetagen« einiges zu tun: Juliana bessert Ausrüstungsgegenstände aus, ich schlage mich wieder einmal mit der Aktualisierung unseres Tagebuches herum. Zum Spätnachmittag wabern Nebel durchs Tal, pünktlich zum Sonnenuntergang aber reißt der Himmel auf. Der eben noch schmutzig graue Nebel erinnert mich an Bilder von schwebenden Geistern in rosaroten Gewändern. Ich gehe vor den Wagen.

»Morgen wird es gutes Wetter geben! Genau das, was ich für meinen geplanten Rundflug brauche.«

Ich habe bei mir beobachtet, dass ich umso sparsamer werde, je länger ich reise. Doch da ich mich nun einmal gern aus der Fülle der Möglichkeiten der weiten Welt bediene, komme ich gelegentlich mit mir selbst in Konflikt. So zum Beispiel, wenn es gut hundert Dollar für einen kurzen Rundflug auf den Tisch zu blättern gilt. Aber der Entschluss, dieses Mal einen *scenic flight* über die Gletscher der Southern Alps und Mt. Cook bis hin zur Westküste zu machen, steht fest.

Da einer von uns auf die Pferde achten muss, hatte Juliana sich angeboten, mit Bettina zurückzubleiben.

»Ich sehe mir später deine Dias an...«

Nicht weit vom Lake Tekapo entfernt befindet sich ein kleiner Airport, von dem die Maschine aufsteigt. Herrlich, dieser Blick aus der Vogelperspektive. Wie türkisfarbene Linien, sanft geschwungen, ziehen sich verfächerte Wasserarme durch das graubraune Bett des Godley River tief unter mir. Erst vor wenigen Tagen war ich dort langgeritten. Doch die Rasanz des Fluges lässt zum Betrachten wenig Zeit. Die Maschine dröhnt an fast senkrecht abfallenden Felsen vorbei. »Da vorn die Westküste…!«, schnarrt die Stimme des Piloten über Bordlautsprecher. Hälse recken sich, Kameras klicken. Obgleich die Berge hier blank geputzt wirken, der Himmel tiefblau und die Luft glasklar ist, liegt nur wenige Kilometer vor uns an der Westseite der Insel milchiger Dunst über dem Land. Ich muss grinsen, rede mit mir selbst: »Weißt du noch, damals, auf der Radtour, der bloody Regen dort?« Schon nimmt die Maschine Kurs gen Süden, schwebt vorbei am Mt. Cook und dessen unzugänglicher Welt aus graublauem Eis. Da, der Tasman-Gletscher, und Momente später Tasman River und Lake Pukaki.

Ich bin wie benebelt, als das Flugzeug landet. Und plötzlich finde ich mich wieder auf dem harten, vertrauten Kutschbock, schnalze mit der Zunge, und die beiden Pferde vor mir ziehen kräftig an. Ich habe den Flug genossen, eine atemberaubende Stunde lang, doch ebenso zufrieden bin ich, wieder bei unseren beiden Braunen zu sein. Es war doch ein guter Entschluss, Neuseeland mit Pferden und Wagen zu bereisen. Wie wohl das Reisen gewesen sein mag, als man noch durch die Umstände gezwungen war, sich gemächlich zu Fuß, hoch zu Ross oder mit Pferdegespann fortzubewegen, und der Aktionsradius ungleich geringer war als heute? Die Masse der Erlebnisse und Begegnungen war gewiss nicht geringer – nur anders, und viel intensiver.

Ich betrachte die Steine am Wegesrand. Das Kaninchen, das Männchen macht, bevor es mit raketenhafter Geschwindigkeit im Bau verschwindet. Schafe blöken. Nach dem gestrigen Regen liegt ein würziger Duft in der Luft. Nichts Spektakuläres soweit. Aber das sind die schönen kleinen Dinge des Reisealltags, die ich mag.

Wir folgen einer verkehrslosen, gewundenen und schottrigen Nebenstraße in Richtung Lake Pukaki. Bäume sind hier selten, und wenn, dann nur in schmalen Reihen zum Windschutz angepflanzt.

Ich ziehe die Zügel stramm, die Pferde stehen.

»Schau dir nur diesen See und die Berge an.« Anders als am Lake Tekapo, wo hohe Berge nur den fernen Hintergrund bestimmt hatten, erhebt sich das Massiv der *Southern Alps* hier unmittelbar hinter dem See. Lieblich war's am Lake Tekapo, grandios ist's hier. Braemar Station, wohin Brian uns eingeladen hatte, liegt unmittelbar am Ostufer des Lake Pukaki. So zauberhaft, dass ich bei unserer Ankunft spontan sage:

»Hier möchte ich leben.«

Jeder Angestellte hat ein Haus, das ihm vom Betreiber zur Verfügung gestellt wird. Der aber thront wie in einem Adlerhorst über allen. Herrlich auf einer Bergkuppe ist sein Bungalow gelegen. Duncan heißt er und regiert über 26 000 Hektar Land.

Doch zunächst einmal machen wir uns auf die Suche nach Brian. Ohne Erfolg im ersten Haus. Nur in den Hundehütten vor dem Eingang ist Leben, reichlich sogar. Giftig bellen uns fünf stattliche Hirtenhunde an. Auch beim zweiten Gebäude ist niemand, doch die Haustür steht offen. Das ist ein *100 000-Dollar-Blick*, denke ich begeistert. Die Aussicht über den Lake Pukaki und die dahinter liegende Kette der *Alps* ist atemberaubend. Wie kann ich in diesem Moment ahnen, dass es sich um Brians Haus handelt! Ihn selbst treffen wir im Gespräch mit seinem Boss, bei dem es um die Aufstellung der Arbeitspläne für die nächste Woche geht.

Gemeinsam schirren wir die Pferde ab und bedecken zum Windschutz die Vorderfront unseres Wagens mit einer Plane. »Dies hier ist der geschützteste Fleck auf der Weide«, weiß Brian.

»Wenn ihr den falschen Platz zum Campen erwischt und der Wind von Westen her über den See rast, treibt er euren *gipsy wagon* wie ein Kinderspielzeug vor sich her.« Er berichtet von Winden, die mit weit über hundertzwanzig Stundenkilometern durch den Einschnitt des Lake Pukaki rasen. Ich helfe ihm, seine sechs Kühe und ein Kalb auf unsere Wiese zu lassen.

»Meine Molkerei«, er schmunzelt.

Kühe sind merkwürdige Zeitgenossen. Mehr als einmal hatten wir sie wie von Taranteln gestochen im Galopp auf ihre Weidezäune zurasen sehen, wenn wir mit unserem Gespann langsam außen vorbeizockelten. Jetzt stürmen sie auf Bettina zu, die schreiend hinter unserem Wagen verschwindet. Brian lacht: Seine Kühe hätten noch nie einen so kleinen Menschen gesehen.

»Kinder gibt's in dieser Gegend praktisch nicht.« Der Sohn von Duncan sei sechzehn – und damals seien diese Rindviecher noch nicht auf der Welt gewesen.

Brian und seine Frau Robyn sind kinderlos.

»Too busy«, sagt sie. »Haben bisher auch noch keine Zeit gefunden, darüber nachzudenken.«

Diese Äußerung kommt mir, dem Reisenden vom anderen Ende der Welt, sehr vertraut vor. Robyn arbeitet in einem Touristenhotel in Lake Tekapo. Brian ist angestellter Farmarbeiter. Zusammen mit dem Boss und einem *shepherd*, der sich ausschließlich um die Schafe kümmert, sind es drei Personen, die diese *high country station* in Gang halten.

Wir werden in unserer Unterhaltung unterbrochen. Die Kühe zeigen eindeutig Interesse an unserem Hafersack. Kurzerhand bringen wir sie auf die Nachbarweide zu Robyns Pferd *Cleo*, einem wohl genährten Schimmel.

Brian hat zurzeit kein eigenes Pferd. »Wir kommen nicht einmal dazu, Cleo ausreichend zu bewegen...« Er erzählt, dass er die meisten seiner früheren Pferde geschenkt bekommen habe. Das eine, weil es austrat, andere, weil sie zu wild waren, sich nicht einreiten ließen oder irgendwelche vermeintlichen Gebrechen hatten.

»Ich bekam sie alle wieder hin.« Mit *Pferdeverstand*, wie er sagt. »Du musst Pferde nur mögen und sehr viel Geduld haben.«

Derweil ist die Sonne hinter den *Southern Alps* untergegangen.

Finster ruhen die Berge jetzt auf der anderen Seite des Sees, wie eine düstere, drohende Wand.

»Come in, have some tea«, Robyn winkt uns aus dem Fenster zu.

Wir folgen Brian ins Haus. Zu einem halben Dutzend Arbeitsschuhen gesellen sich unsere Stiefel. Dass mit *tea* nicht nur die heiße Tasse Tee gemeint ist, weiß ich, seit man uns erstmals im australischen Alice Springs mit der Bemerkung *have tea with us* zum Abend einlud. Wir hatten gut gegessen, bevor wir der Einladung gefolgt waren. Umso größer unsere Überraschung, als sich *tea* als komplettes Abendessen mit viel Bier entpuppte. So auch heute. In der Wohnung verbreitet ein Elektroofen angenehme Wärme. Im Nebenzimmer läuft der Fernseher, in dem der Wettermann für morgen nicht gerade allerbestes Wetter verheißt.

»Regen!« Ich verziehe das Gesicht. Brian lacht.

»Genau das, was wir nach diesem trockenen Sommer bitter brauchen.«

Ich gehe ans Fenster und inhaliere den Blick auf das tief unter mir liegende Land, den schwarz werdenden See und die nur noch in schwachen Konturen zu deutenden Berge. Vereinzelt lecken die Lichter ferner Autoscheinwerfer durch die Nacht. Fahrzeuge auf dem *Touristen-Highway* zum Touristenort Mount Cook Village.

Mount Cook National Park ist nur einer von dreizehn Nationalparks in Neuseeland, doch zweifellos ist er derjenige mit den meisten Superlativen: Mehr als ein Drittel seiner 70 000 Hektar großen Fläche ist permanent mit Schnee und Eis bedeckt. Bis auf fünf ballen sich alle über 3000 Meter liegenden Gipfel Neuseelands (insgesamt 27) in seinen Grenzen. Mehr als hundertvierzig Bergspitzen überragen die 2100-Meter-Marke.

Erregte Stimmen im TV (warum um alles in der Welt braucht man bei solch einem Panoramablick durchs Stubenfenster überhaupt einen Fernseher…) schrecken mich aus meinen Gedanken auf. Brian stellt sich zu mir ans Fenster: *Maori-Krawalle in Auckland.*

Er berichtet von neuen Unruhen unter jungen Maoris. »Extrem hohe Arbeitslosigkeit unter ihnen«, er unterbricht sich... »den Burschen da möchte ich lieber nicht über den Weg laufen.« Über den Bildschirm flimmern Bilder, auf denen hünenhafte Maoris neben nicht minder bulligen Polynesiern weißen Polizisten gegenüberstehen.

Brian geht zum Fernseher und drückt auf den Aus-Knopf. Er, der wie ein waschechter Kiwi wirkt, ist selbst vor 28 Jahren als blutjunger Bursche aus England nach Neuseeland gekommen.

»Abenteuerlust«, sagt er. »Wollte mir die Welt anschauen und den Eltern daheim zeigen, was ich auf die Beine stellen kann.«

Was bei ihm als Ausstieg auf Zeit geplant war, wurde zum Dauerbrenner.

»Mich zieht nichts zurück.«

Es klingt entschieden, wie er es sagt.

Der Wettermann hat Recht behalten. Tristes Grau überzieht am anderen Morgen das Land. Heftige Regenschauer prasseln nieder, die bald in feinen Dauerregen übergehen. Brian ist bereits früh auf den Beinen. Er hat schon Jack von der Koppel geholt und ist dabei, auch ihn zu beschlagen. »Sieh dir mal diese Eisen an...!«

Er hebt die beiden vorderen Hufeisen hoch. »Die haben bestimmt noch siebzig Prozent ihrer ursprünglichen Stärke. Die hinteren allerdings sind Schrott.« Er geht zu einem Regal und wählt welche, die vor vielen Jahren maschinell gefertigt wurden. Dann hämmert er sie für Jack passend. Brian versteht sein Handwerk. Es macht Spaß, ihm zuzuschauen, wie er feilt, Maß nimmt und immer wieder freundliche Worte für unseren *Big Boy* Jack hat. Derweil erzählt er von Braemar Station. Wie bei vielen *high country stations* befindet sich nur rund ein Zehntel des Landes im Eigentum des Besitzers. Die Masse Land ist *pastoral lease*, Pacht auf neunundneunzig Jahre. Demnächst laufen Duncans Verträge aus und müssen verlängert werden.

Brian beschlägt die Hufe unseres *Big Boy* Jack.

»Vermutlich wird die Pachtsumme dann erhöht werden.« Man sei auch dabei, sagt er, die alten Verträge den Erfordernissen der Zeit anzupassen.

»Nach altem Recht durfte das Land nur zur Viehzucht genutzt werden. Das hatte zur Folge, dass die Erschließung von Ski- oder Erholungsgebieten selbst in ›Traumlagen‹ nicht statthaft war. Die den heutigen Bedürfnissen angepasste Neuregelung lässt auch kommerzielle Nutzung außerhalb der traditionellen Landwirtschaft zu.«

Brian sieht hoch.

»Bei der derzeit hohen Arbeitslosenquote setzt unsere Regierung jeden Hebel in Bewegung, den Leuten Jobs zu beschaffen. Der Tourismus ist dabei einer der wichtigen neuen Orientierungspunkte.«

»Lasst's langsam angehen mit dem Tourismus«, sage ich. Und insgeheim wünsche ich mir den Erhalt dieses Fleckchens Erde, wie es ist.

Wir wechseln das Thema.

»Gestern hat man Duncan dreieinhalb Millionen Dollar für seine Station geboten«, erinnert sich Brian. »Natürlich hat er abgelehnt. Plätze wie dieser sind rar geworden auf unserem Globus.«

Dann erzählt er von der Arbeit im Gebirge, vom Alltag auf seiner Farm. Neben 12 000 Merino-Schafen, die nicht für den Fleischertrag, sondern wegen ihrer exzellenten Wolle gezüchtet werden (»…alte Merinos sind zu zäh und zu mager für den menschlichen Verzehr. Mit ihrem Fleisch ist kein Geld zu machen. Im Gegenteil, die Großschlachterei berechnet dem Farmer die Verwertung, wenn er ihnen alte Merinos schickt…«), gehören 320 Rinder zum Bestand und 126 Stück Rotwild. »Für euch in Germany!«

»Übrigens – auch Aale von hier gehen den gleichen Weg. Sie werden in unserem glasklaren Wasser gezüchtet und kurz vor dem Versand durch Stromstöße getötet. In Eis verpackt, treten sie per

Kühlschiff den Weg nach Deutschland an, wo sie aufgetaut und sofort weiterverarbeitet werden.«

»Lunch is ready.« Robyn ist hinter uns aufgetaucht. »Kommt rein in die gute Stube. Tut mir aufrichtig Leid, dass ich zum Lunch weder Hirschbraten noch Aal in Aspik habe…«

Es regnet auch noch nach dem Essen. Brian macht sich daran, für Jack einen Satz Reservehufeisen zu basteln. »Vielleicht seid ihr eines Tages froh, sie zu haben.« Zwei der alten Eisen verwendet er dabei, indem er die abgelaufenen Enden mit einer dicken Schweißlage verstärkt. Kritisch betrachtet er seine Arbeit.

»So, das sollte gut sein – habe mein Bestes gegeben.«

Duncan und der Schafhirte sind zu uns in die Werkstatt getreten. Duncan ist Mitte vierzig. »Schon jetzt zahlt er seinem 16-jährigen Filius ein stattliches Gehalt«, hatte Brian zuvor verraten.

»Wofür?«

»Die Erbschaftssteuern sind dermaßen hoch, dass im Erbfall die Station unwirtschaftlich werden würde. So zahlt der Vater dem Jungen praktisch von Anfang an ein Gehalt, mit dem dieser später seinem Dad die Farm ›abkauft‹, der sich wiederum auf diese Weise seine Altersversorgung sichert.«

Duncan ist ein stämmiger Bursche, mit wasserdichter Öltuchjacke bekleidet und natürlich in Shorts, aus denen ungeachtet des nasskalten Wetters blanke, braune Beine ragen. Ob's stürmt oder Eisregen prasselt, fast alle neuseeländischen Farmer tragen sie.

Die drei Männer haben insgesamt fünfzehn Hirtenhunde.

»Jeder von ihnen ist ein Individualist mit bestimmten Aufgaben und Verantwortungen«, erzählt Duncan. Keinen habe ich gesehen, der nicht auf den geringsten Wink, den leisesten Pfiff reagiert hätte. Freundlich sehen sie aus und schlank sind sie. Der Stammbaum vieler geht auf den Collie zurück.

Männer in entlegenen Stations müssen Allround-Burschen sein: ihre eigenen Schweißer, Hundedresseure, Veterinäre. Doch auch das Leben der Frau hier unterscheidet sich erheblich von dem der Hausfrau sonst wo. Kühe sind zu melken, Brot ist zu backen, der relativ große Garten zu bestellen.

»Einmal im Monat gehen wir in Timaru einkaufen«, sagt Robyn.

Ihr Auto wird immer randvoll dabei.

Unsere Gastgeber haben anderntags in Fairlie zu tun. »Kommt ihr mit?«, fragt Brian. Wir steigen ein. Knapp eine Stunde dauert die Fahrt – mit Pferd und Wagen wären's zwei volle Tage! Während die Landschaft an uns schnell vorbeigleitet, weist Brians Hand in Richtung einiger Kaninchenkadaver am Straßenrand: »Jetzt kriegt ihr vielleicht ein Bild davon, was für eine Plage diese Viecher in Neuseeland sind!« Er berichtet, dass die Kaninchen vergiftet würden, genau wie Opossums und Graugänse, die wir zuvor angeschwemmt am Ufer des Lake Tekapo gesehen hatten. »Die eingeführten Karnickel haben sich hier zur Landplage entwickelt.« Brian weiß, dass ein Großteil der Wildgänse das Zugvogelverhalten abgelegt hat. »Die Lebensbedingungen Neuseelands sind eben ideal.« Er sieht zu uns rüber.

»Warum kommt ihr nicht, um hier zu leben?« Eine Frage, die uns schon gelegentlich gestellt worden ist, meist mit dem besorgten Zusatz, *Pacific Islanders* kämen doch auch sozusagen auf ein »Fingerschnippen« ins Land.

Fairlie, ein kleiner Ort mit rund 800 Einwohnern, ist einer der größeren Flecken in diesem Teil Neuseelands. Nachmittags, eine Stunde vor Geschäftsschluss, ist kaum noch Leben in den Straßen. Nur hier und da ist noch ein Wohnmobil mit Touristen zu sehen. Zwei junge Leute sitzen mit blitzsauberen Rucksäcken auf einer Parkbank beim Picknick aus der Papiertüte. Dann schlendern sie in Richtung Ortsausgang. Als wir später dort vorbeifahren, sind sie fort. Neuseeland ist auch ein Dorado für *hitch hiker*.

Es ist bereits dämmrig, als wir wieder am Lake Pukaki ankommen. Ich helfe Brian, seine *sheep dogs* zu füttern. Drei Gefriertruhen mit grob zerteilten alten Merino-Schafen stehen dafür zur

Verfügung. »Bony old buggers«, grinst Brian. »Zäh und knochig sind sie, für Menschen praktisch nicht verwertbar.« Doch ich überzeuge mich schnell davon, dass Hunde auch alte Merinos zu schätzen wissen.

Abends knien wir Männer auf dem Fußboden des Wohnzimmers über Detailkarten der Südinsel. Brian verteilt Tipps: »Seht zu, dass ihr bald an die Westküste kommt.« Fiordland (in Abweichung von der ursprünglichen Schreibweise hier mit *i* geschrieben) übt auf ihn den größten Reiz aus. Robyn spielt derweil auf ihrem hübschen alten Klavier.

»Familienerbstück«, sagt sie. »Hier, sieh mal...« Und auf einem Aufkleber aus der Zeit der Jahrhundertwende lese ich *Hergestellt in Berlin*.

Bevor wir nach Tagen weiterziehen, lassen wir den beiden unsere Anschrift zurück. Brian schmunzelt: »Vielleicht findet ihr uns eines Tages auf euren Türstufen wieder...«

Auf dem Weg zum Lake Ohau

Abschied nehmen von einem Platz wie diesem fällt nicht leicht. Doch der Sommer geht bald zu Ende, und die Winter können auf der Südinsel kalt und schneereich sein.

Es ist noch kühl im Wagen. Noch ein wenig verschlafen, schiebe ich eine Gardine zur Seite. Doch der Blick auf einen sich über den Lake Pukaki spannenden Regenbogen reicht, mich unter Strom zu setzen. Barfuß, noch in Unterwäsche, aber mit der Kamera in der Hand, springe ich nach draußen, um zu fotografieren. Was meine liebe Ehefrau zu der Bemerkung veranlasst, eine solch elektrisierende Morgendämmerung hätte sie gern jeden Tag.

Brian ist bereits mit dem Geländemotorrad auf dem Station-Gelände im Einsatz. Später kommt er vorbei und bietet an, noch ein paar Telefonate zu führen, um uns den Weg zu ebnen, wenn es darum geht, auf der künftigen Reiseroute Privatgelände zu durchfahren. Wer die landschaftlichen Schokoladenseiten Neuseelands außerhalb der Nationalparks kennen lernen will, kommt kaum umhin, sich dann und wann an die Leitung zu hängen, um entsprechende Bitten an den Mann oder die Frau zu bringen.

Öffentliche Feld- und Wanderwege in der uns vertrauten Form sind hier unbekannt. Doch *Permits*, Genehmigungen zum Betreten von Privatbesitz, werden in der Regel erteilt, wenn auch der eine oder andere Grundbesitzer dem angekündigten Unternehmen mit Skepsis entgegensehen mag. Immer mehr Individualreisende drängt es in die Berge, und mehr als einer soll schon vergessen haben, Weidetore hinter sich zu schließen. Das Einfangen der verstreuten Rinder und Schafe war dann Sache des Farmers…

»Ich werde langsam versiert als Vermittler«, schmunzelt Brian und erzählt von zwei Schweizern, die ihn vor Jahren, wie wir, zum Hufe-Beschlagen aufgesucht hatten. Sie waren mit Reit- und Packpferden den Servicepfaden der großen Überlandstromleitungen gefolgt. Auch bei ihnen hatte es häufig Berührungen mit *private property* gegeben.

Nach unseren zahlreichen Reisen um den Globus muss ich feststellen, dass in den Ländern der »Neuen Welt«, allen voran die USA, die viel gerühmte Freiheit und Weite häufig nur für die Augen existiert. Eine tatsächliche Zutrittsmöglichkeit der breiten Masse zu diesen weiten, auf den ersten Blick so offen erscheinenden Gegenden gibt es praktisch nicht.

Die Gründe dafür reichen zurück in die frühen Tage der Pionierzeit, als Grund und Boden fast nahtstellenlos aufgeteilt worden waren. An *public land* blieb dabei oft kaum so viel übrig, dass man einen Hut darauf platzieren konnte. Nur zumeist entlegenes, unfruchtbares und unwirtschaftliches Land, untauglich für Ackerbau und Viehzucht, blieb in der Verfügungsgewalt der jeweiligen Staaten und damit der Allgemeinheit zugänglich. Zudem waren die Zeiten für die Siedler hart. Es gab Übergriffe gieriger Nachbarn. Auch galt es, das neue Eigentum gegen Ureinwohner zu verteidigen, die sich hier und dort brockenweise zurückholen wollten, was ihnen vor Ankunft des weißen Mannes ganz gehört hatte. Es gab außerdem Überfälle von Banditen und entwurzelten Glücksrittern. So schärfte sich bei den Pionieren ein wachsames Auge für ihren Grundbesitz. Das nahm groteske Formen an, was heute vereinzelt darin gipfelt, dass man über viele Kilometer an Zäunen vorbeifährt, an die in Abständen von hundert Metern knallig farbene *keep out – private property – no trespassing*-Schilder genagelt sind. Juliana hatte einmal gesagt: »Sollten wir je auswandern, steigen wir ins Schildergeschäft ein. Das hat hier goldenen Boden.«

Als unsere Braunen endlich angeschirrt sind, haben sich die Wolken gehoben. Dunst klebt an den Wänden der *Alps* und verleiht dem schroffen Mt. Cook ein weiches Aussehen. Starke Westwinde drücken uns vor sich her, als wir der Schotterpiste auf der östlichen Seeseite in Richtung Hauptstraße des Hochlandes, Highway 8, folgen. Mir fällt auf, dass Jack heute merkwürdig unregelmäßig läuft. Humpelt er?

»Whooii!« Ich ziehe die Zügel an und steige vom Wagen. Verletzungen oder eingetretene Steine kann ich nicht feststellen. Hat das tagelange Stehen auf feuchter Wiese seine Hufe weich und überempfindlich gemacht, oder sollte Brian die Hufnägel zu tief eingeschlagen haben?

Zum Glück liege ich mit meiner letzten Befürchtung falsch. Jacks »Einknicken« legt sich noch am selben Tag, sobald wir Asphalt erreicht haben. Als sei eine Last von ihnen genommen, schreiten die Pferde jetzt aus. Nur einmal verharren sie irritiert, als wir unter zwei mächtigen Rohren durchrollen, in denen Wasser des *hydroelectric canal* über unsere Köpfe hinweg in Richtung Lake Pukaki geleitet wird.

»Papa, kommst du mit mir nach hinten?« Bettina hat sich bis zum Kutschbock vorgearbeitet. Große dunkle Kinderaugen sehen mich bittend an. Ich reiche Juliana die Zügel. Momente später sitzen Tochter und Vater in der offenen Hintertür auf dem Trittbrett des Wagens und erzählen sich Märchen, während ihre Beine über der Straße baumeln. Nur ganz unmerklich verändert sich das Bild. Das Schlagen der Hufe auf Asphalt klingt so mühelos »Klapp Klapp Klapp«, als mache das Laufen den Pferden heute geradezu Spaß. Es passt nicht in das Bild dieses heiteren, idyllischen Tages, als uns zwei schwer bepackte Radler mit mürrischen Gesichtern überholen. Nur einer erwidert meinen fröhlichen Gruß.

Auf einem Rastplatz nahe des Ortes Twizel schlagen wir unser Nachtlager auf. Mit einem unermüdlichen Angler, der verbissen, aber erfolglos versucht, dem Kanal Forellen zu entlocken (warum soll es ihm besser ergehen als mir …), komme ich ins Gespräch.

»Lake Ohau müsst ihr unbedingt gesehen haben.«

Er legt seine Lippen genüsslich wie ein Weinkenner zusammen.

»Wenig Verkehr dort – und die Landschaft einfach großartig!«

Juliana holt unsere topografische Karte hervor. Obwohl es dämmrig und kalt geworden ist, knien wir auf dem Boden und lassen uns Tipps geben. Plötzlich schrecken wir hoch. Ganz in der Nähe ballert jemand mit einem Kleinkalibergewehr. Hastig greife ich nach der Taschenlampe und gehe vorsichtig auf Erkundung. Nur gut hundert Meter entfernt jagen zwei Burschen im Licht ihres Autoscheinwerfers Kaninchen.

»Für unsere Hunde«, sagt der eine.

»Leute«, sage ich, »das hier ist ein Campingplatz mit Menschen und Pferden …« Durch gutes Zureden kann ich sie dazu bewegen, ihre Schießübungen woandershin zu verlegen.

Eine Reise nur bei Sonnenschein wäre gewiss reizvoll, doch auch so, als gäbe es täglich Kaviar zum Frühstück. Irgendwann wird's langweilig. Wie der Gang der Jahreszeiten, der Winter, der der Wärme des Sommers erst den rechten Reiz verleiht, für Abwechslung sorgt, so sind auch Wind und Wetter die Würze *on the road*. Ich verzichte also auf jede Klage, als ich diesen Morgen in meinem Tagebuch als »miserabel, regnerisch und stürmisch« bezeichne. Dabei hatte er doch so viel versprechend begonnen: sonnig, wenn auch der eisige Wind Bettina beim Morgenbad im See die Bemerkung entlockt hatte: »Heute ist's aber frisch.« Momente später strahlt sie mich, eingewickelt in ein dickes Handtuch, an: »Bin ich nicht ein richtiger Eisbär?!«

Es ist nahe Twizel, als uns vor der Brücke über den Ohau River Polizisten zur Seite winken. Augenblicke später kommt ein schwerer Lkw mit komplettem Haus auf Tieflader angebraust.

Die vor uns liegende Brücke ist glatt und ohne sichtbare Hindernisse. Es kommt wie ein Blitz aus heiterem Himmel, als sich beide Pferde gleichzeitig aufbäumen und versuchen, zur Seite hin auszubrechen. Funken sprühen unter den Hufeisen. Ich habe Angst, die Deichsel könnte brechen, reiße die Zügel an und brülle Kommandos.

Die beiden Braunen stehen auf der Stelle. Rick scharrt nervös mit seinen Vorderhufen und starrt gebannt auf einen zehn Zentimeter breiten Teerstreifen, mit dem die Ansatzstellen der Brückenteile abgedeckt worden sind. In den Augen der Pferde offenbar so etwas wie eine gefährliche klaffende Spalte ...

Ich steige ab und führe die Pferde behutsam über das vermeintliche Hindernis.

Noch mal gut gegangen! Was aber wäre geschehen, wenn die Pferde in den Verkehr der Gegenfahrbahn gepresscht wären?!

Twizel, das wir bald erreichen, ist ein moderner, aber gesichtsloser kleiner Ort, dessen Existenzberechtigung darauf beruht, dass man hier die Wasser der umliegenden Gebirgsflüsse gestaut hat. Der Ort entstand als Schlaf- und Versorgungsstätte der damaligen Arbeiter, heute ist er mit rund 1300 Einwohnern die zweitgrößte Siedlung South Canterburys. Von hier aus reserviere ich ein Auto, mit dem wir demnächst von Queenstown aus einen Abstecher zur Westküste nach Fiordland machen wollen. Der Entschluss, den Exkurs dorthin ohne Pferd und Wagen zu unternehmen, war nicht ohne Widerwillen gefallen. Doch enden die mehr als hundertfünfzig Kilometer der Strecke zum Milford Sound, dem vielleicht berühmtesten Touristenziel Neuseelands, in einer Sackgasse. Darüber denkt man zweimal nach, bevor man eine solche Distanz mit Pferden angeht.

Am Rande des kleinen Einkaufszentrums quetsche ich mich in eine Telefonzelle. Der Kampf mit der Übertragungstechnik beginnt aufs Neue. Während der Gesprächspartner am anderen Leitungsende wartet, füttere ich den Automaten mit Münzen. Dann die Taste mit dem *A* drücken – endlich ertönt das erlösende Knacken im Hörer. Das Gespräch kann beginnen. Doch nur so lange die Münzen reichen – danach beginnt die Prozedur aufs Neue: Operator, Münzen, Tastendruck. Trotz allem gelingt es mir, ein Auto zu reservieren.

»Excuse me…«, eine ältere Dame kommt auf mich zu. Sie sei Lehrerin in der Schule an der Ecke und würde gern mit ihren Erstklässlern vorbeikommen. »…wo man doch heutzutage kaum noch Pferdewagen sieht.«

Zwanzig Minuten später tauchen sie auf im Gänsemarsch, zu zweit nebeneinander, Hand in Hand. Eifriges Tuscheln. Die Lehrerin ruft Namen auf. Und sittsam tritt ein Kind nach dem anderen vor, streichelt einen Pferdekopf und marschiert brav zurück ins Glied. Ich bin perplex über so viel »altmodische« Schuldisziplin.

Inzwischen ist kalter Wind aufgekommen. Im *bottle store*, einem jener Alkoholverkaufsläden, die mir immer das Gefühl vermitteln, etwas Unanständiges zu tun (warum müssen bloß dieses dünne Bier und der blasse Schnaps unter staatlicher Aufsicht gehandelt werden?!), sagt mir der Verkäufer, im Hochgebirge sei heute schon Schnee gefallen. »Nimm dir was Warmes mit…«, und damit schiebt er mir eine Flasche Rum über den Tresen.

Ich ziehe mir Ricks Pferdedecke über die Knie und stecke, so weit das geht, die Hände darunter. Sie sind rissig und geschwollen. Vom Halten der Zügel, von kaltem Wasser, eisigem Wind, trockener Luft und gelegentlicher Hitze. An manchen Stellen sind sie aufgesprungen und schmerzen.

Am Straßenrand wirbt ein großes Schild für Lake Ohau und die Möglichkeit, dort sein persönliches Ferienparadies in Form einer Immobilie zu erwerben. »Hoffentlich landen wir nicht auf einer Baustelle!«, sage ich noch. Trotzdem zweigen wir ab. Mehrfach muss einer von uns vor den zahlreichen *cattle stops* vom Wagen springen, um Gatter neben der Fahrbahn zu öffnen, wenn Gitterroste, die Schafe davon abhalten sollen, die Weidegründe zu verlassen, auch unseren Pferden den Weg versperren.

Eisiger Sturm pfeift jetzt ins Wageninnere. Juliana behauptet, dass, wo immer wir hinführen, der Wind von vorne bliese. Noch sehr gut sind mir ähnliche Witzeleien von früheren Fahrradtouren in Erinnerung. Ob im Sattel oder auf dem Kutschbock – so der Natur ausgesetzt, spürt man feinste Wetternuancen, und sei es eine Drehung des Windes um wenige Grad.

Die Sonne sinkt. Wie mit einem breiten Pinsel hingewischt, fegen Wolken über den Himmel. »Ausläufer eines Sturms, der dort noch mächtiger rast als hier«, vermute ich. Just in diesem Moment entdecken wir in der Ferne den ersten Zipfel von Lake Ohau.

Wo die Straße Lake Ohau und den an seiner westlichen Flanke gelegenen Lake Middleton trennt, finden wir einen lauschigen Platz für die Nacht. Ich bugsiere Pferde und Wagen zwischen dichten Kiefernbeständen hindurch zum Seeufer. Bettina spurtet gleich los, um mit ihrer Schubkarre Holz zu sammeln. Bald flackert ein Lagerfeuer. Doch das Idyll dauert nur vierzig Minuten, als in schneller Folge Schüsse krachen.

»Hört sich an wie Schrotflinten.« Ich springe auf. Mein erster Gedanke gilt den Pferden, die ich keine hundert Meter entfernt am Ufer des Lake Middleton angebunden habe. Das Knallen nimmt zu. Ein Motor heult. Deutlich vernehme ich die Stimmen mehrerer Männer.

Die Pferde sind wild. Rick bäumt sich auf. Beide wiehern erregt.

»Come on, Jack. Whooii, Rick!« Ich halte beide am Zaumzeug und rede beruhigend auf sie ein.

Die Schüsse kommen näher, Suchscheinwerfer geistern über Bäume und Büsche. Unheimlich! Der starke Kegel eines Punktstrahlers erfasst mich. »Stop it!«, brülle ich. »Hier sind Pferde.«

Ein Geländewagen rollt heran. Der Fahrer springt aus dem Führerhaus, kommt auf mich zu.

Angst? Ich habe in diesem Moment nicht einmal Zeit, darüber nachzudenken, ob ich welche haben müsste.

Der Mann ist stämmig, fast vierschrötig, und hat trotz der Kälte dieser Nacht das »Nationalkostüm«, Shorts, an.

»Was machst du hier…?« Seine Stimme ist nicht unsympathisch. Ich kontere mit einer Gegenfrage: »Was soll das Geballere? Hier ist ein öffentlicher Campground. Die Pferde werden durch eure Schießerei fast wahnsinnig.«

Der Mann stellt sich als Mike King von der Shelton Downs Station vor, jenem Gebäude, das wir kurz zuvor passiert hatten. Im Moment sei er mit Freunden vom *Young Farmers' Club* auf Kaninchenjagd. »Das Futter hier ist nicht gut. Wenn du willst, kannst du die Pferde morgen früh auf meine Weide bringen.« Und schon ist er mit einem freundlichen »see you tomorrow morning…« in seinem Toyota Landcruiser verschwunden.

Während der nächsten zwei Stunden kracht es unaufhörlich und ohrenbetäubend. Das Licht des Autos kriecht die Hänge auf und ab. Gut, dass wir jetzt wissen, was sich dort abspielt, sonst wäre es unheimlich.

Zum Glück gewöhnen sich die Pferde an die Ballerei. Friedlich fressen sie. Und über allem glüht rot und geheimnisvoll das *southern light*. Wir hocken am Feuer und schauen stumm diesem Schauspiel zu. Eigentlich wollten wir morgen weiterfahren – doch die Begegnung mit den »Großwildjägern« wirft unsere Reisepläne über den Haufen.

520 auf einen Streich

Lake Ohau liegt am nördlichen Ende einer Region, die den südöstlichen Teil dieser Insel ausmacht. Ein Gebiet der Gegensätze, mit heißen Sommern und eisigen Wintern. Mit graswogendem Hochland und pittoresken Küstenstreifen. Die Geschichte der weißen Siedler hier ist jung: Es war 1848, als die ersten 278 Pioniere an der buschbestandenen Bucht von Otago Harbour ihre Hütten errichteten. Es sollte nicht lange dauern, bis der Zug der Schafe und Rinder, von der Küste kommend, das Innere der Insel erreicht hatte. Bereits dreizehn Jahre nach der ersten Besiedlung waren die Tierherden zu den großen Binnenseen Wanaka und Wakatipu vorgedrungen. Doch das Idyll ungestörter Landwirtschaft, das Blöken und Muhen der Tiere, wurde schon bald durch das Hasten goldfiebernder Glücksritter gestört, als 1861 das edle Metall in der Tuapeka-Region entdeckt worden war. Mehr als 20 000 Menschen folgten seinem Lockruf. Wenn auch das Gold bald versiegte – sein langfristiger Einfluss blieb. Die Bevölkerung war gewachsen und Dunedin an der Südostküste zum Wirtschafts- und Bankenzentrum Neuseelands aufgestiegen.

Das Geschäft mit der Landwirtschaft erwies sich als beständigster Faktor im Leben der jungen Kolonie. Bereits 1882 legte von Otago das erste Kühlschiff mit tiefgefrorenem Fleisch Richtung Europa ab. Doch die Farmer hatten ihre Probleme. Zu viele hungrige Schafe hatten das Gras bis auf Bartstoppellänge abgefressen. Dann kamen die Kaninchen, die ganze Landschaftsstriche zu Ödland machten.

Es ist am Morgen nach der Schießerei, als Mike mit seinem Geländewagen angebraust kommt.

»Ratet mal, wie viele Kaninchen wir gestern Abend erledigt haben.«

Bevor wir zu spekulieren beginnen, hat er jedoch einen Vorschlag: »Kommt bei mir vorbei und schaut euch die Jagdstrecke an. So viel verrat' ich: Das *Goldene Karnickel*, die Trophäe unseres *Young Farmers' Club* für die meisten abgeschossenen Kaninchen, kassiere dieses Mal ich.«

Er lädt uns ein, auf sein Farmgrundstück umzuziehen.

»Ich habe da einige Feuerstellen, und überdies ist es viel windgeschützter als hier.«

Und nach einem prüfenden Blick zum Himmel setzt er hinzu: »Denke, dass heute Nachmittag richtiger Wind aufkommen wird.«

Das kann ja heiter werden, wenn er den momentanen Sturm nicht mal als »richtigen« Wind einstuft.

Da Meister nicht vom Himmel fallen, kann man sicher sein, dass selbst der antike Wagenlenker Ben Hur einst sein Lehrgeld zu zahlen hatte. Das mag trösten, wenn einem selbst die Zugkette bei dem Versuch reißt, den Wagen rückwärts aus dem Camp auf die Straße zu ziehen. Aber ich behaupte ja immer, einer der interessantesten Aspekte beim Individualreisen sei die ständig geforderte Kreativität. So bekomme ich denn auch an diesem Vormittag mit ein paar zarten Kunstgriffen und kräftigen Hammerschlägen die Kette notdürftig wieder zusammen. Ich hoffe, sie auf der Station fachmännisch reparieren lassen zu können.

Shelton Downs ist eine *high country station* mit 6000 Schafen und 90 Rindern, die sich malerisch gelegene Weideflächen auf 33 000 Quadratmetern mit Panoramablick über Lake Ohau teilen.

Mike leistet uns Gesellschaft, während wir uns häuslich einrichten. »Um ein Haar hätte ich Deutsch lernen müssen…«

Er schmunzelt und erzählt die jüngste Geschichte dieser Station, deren Manager er ist: Vor einem Jahr hatte sie zum Verkauf gestanden. Zwei Angebote waren auf den Tisch geflattert; eins von einer deutschen Großwäschereibesitzerin, das andere von einem australischen Farmer.

»Lange Zeit sah es so aus, als würde die Wäscherin das Rennen machen. Im letzten Moment aber hat der Aussie nachgezogen und die Station für 640 000 neuseeländische Dollar gekauft.«

Mike verhehlt nicht, dass er über diese Entwicklung glücklich ist, wenngleich er sich am liebsten einen neuseeländischen Eigentümer gewünscht hätte.

»Ausländische Investoren kaufen uns langsam aber sicher auf...« Er wechselt das Thema.

»Kommt mit rüber, ich muss euch was zeigen.« Wir gehen zum Wohngebäude der Station. Ein dreijähriger Junge kommt uns entgegengerannt. Triumphierend hält er in jeder Hand ein Kaninchen. Es ist Mikes Sohn Morris, ganz wie der Papa: draufgängerisch und mit keckem Blick. Die toten Kaninchen lässt er in hohem Bogen durch die Luft kreisen. Dad Mike ist sichtlich stolz.

»Sieh zu, dass du keins verlierst... Wir wollen sie noch einmal zählen.«

Wir gehen weiter Richtung Haus, während der Steppke die Karnickelleichen an die Brust drückt wie andere Kinder ihre Teddys.

Auf einem großen Haufen türmen sich die während der letzten Nacht erlegten Kaninchen. Es sind 520! Mike macht sich daran, sie reihenweise hintereinander zu legen. Dicke schwarze Fliegen tanzen über uns. Der Kleine tapst derweil wie selbstverständlich zwischen den Bälgern, ordnet und rückt gerade.

»Wenn wir die Biester gewähren lassen, fressen sie uns die Haare vom Kopf«, sagt Mike.

Wie jeder Kiwi ist auch er mächtig stolz auf sein Land, insbesondere auf das, was die Region um Lake Ohau zu bieten hat. Als die Sonne sinkt und Licht und Schatten wieder ihre Stimmungsmalerei zaubern, quetschen wir uns in seinen Toyota. Es wird eng in der Fahrerkabine, bei drei Erwachsenen und zwei Kindern. Wir rücken zusammen, um Mikes zwischen Armaturen und Sitz stehendem Sohn Platz zu schaffen. »Lass ihn nur«, sagt Mike, »er steht immer hier. Das bisschen Geschüttle wird ihn nicht umwerfen.« Dann braust er den Hang hoch, dass der Geländewagen Bocksprünge macht. Der Junge aber steht wie eine Eiche – ohne auch nur mit der Wimper zu zucken.

Wir halten. Freudige Erregung bei den Hirtenhunden auf der Ladefläche. Ein Pfiff, und sie jagen auf weiter unten grasende Schafe zu. Ich bin fasziniert über diese »Fernsteuerung« ohne technische Hilfsmittel: Mike »dirigiert« lediglich mit einer Serie unterschiedlicher Pfiffe. Es wirkt, als habe er unmittelbare körperliche Gewalt über die Tiere. Morris spitzt die Lippen und versucht *Dad* zu kopieren. Was nicht ganz klappen will und fröhliches Gelächter hervorruft. Doch wie es aussieht, wird es nicht mehr lange dauern, bis er seine eigenen Hunde hat.

»In der Regel beginnen die Jungen zwischen zehn und vierzehn Jahren ihre ersten Hunde zu dressieren.«

Da ein Farmer *sheep dogs* zur Arbeit benötigt, hat sich eine Kommandosprache mit Pfiffen entwickelt, die ohne Hilfsmittel oder Benutzung der Finger lediglich mit Zunge und Lippen »gesprochen« wird. Es gibt bestimmte Befehle für jede von Hunden zu verrichtende Arbeit. Doch da ein Team in der Regel aus mehreren Tieren besteht, reagiert jedes auf andere Signale. Für den Farmer bedeutet das, dass er eine breite Palette unterschiedlicher Pfiffe beherrschen muss; auch bei klirrender Kälte, gegen den Wind und bei klatschendem Regen immer so klar und laut, dass seine Vierbeiner die Kommandos auch auf größere Entfernung verstehen.

Mike unterbricht unser Gespräch, um einige Pfiffe hinter den Hunden herzuschicken. Sofort kesseln sie laut bellend die Schafe ein. Der Kreis wird immer enger, bis die verängstigte Herde dicht gedrängt zusammensteht. Präzisionsarbeit! Dann das erlösende

Kommando. Die Hunde kommen mit geradezu seligem Gesichtsausdruck auf Mike zugerast, um sich ihre verdienten Streicheleinheiten abzuholen.

»Was hast du eigentlich mit deinen 520 Karnickeln gemacht?«, frage ich, als der Toyota die Berge hinunter wieder Richtung Farmgebäude poltert. An Stelle einer Antwort fährt Mike uns an ein Gatter, hinter dem eifriges Grunzen und Schmatzen auf große Aktivität schließen lassen: Mehr als zehn Schweine sind dabei, die Spuren der nächtlichen Schießerei zu verwischen. Samt Haut und Haaren verputzen sie die Kaninchen.

Schatten werden länger, Gebirgshänge wirken im letzten Licht, als hätte ihnen ein Riese tiefe, klaffende Wunden zugefügt. Als wir ein Stück den See entlangwandern, erwischen wir im richtigen Moment einen Blick auf die in weiter Ferne rotgolden leuchtende Spitze des Mt. Cook. »*Jimmy* zeigt sich heute von seiner schönsten Seite«, sagt Mike, an Stelle des Vornamens des Weltumseglers James Cook dessen Koseform verwendend. Schließlich war es Cook, der die Vermutung widerlegte, Neuseeland sei Teil einer großen Landmasse des Südens. Mit Akribie zeichnete er zwischen 1769 und 1770 die ersten zutreffenden Küstenkarten Neuseelands, während seine Botaniker Solander und Banks begannen, eine weitgehend unbekannte Tier- und Pflanzenwelt zu bestimmen.

Als ich am anderen Morgen die Augen aufschlage, sitzt Bettina bereits angezogen an der Tür unseres Wagens und »unterhält« sich mit Jack, der neugierig seinen Kopf in die Tür steckt, als wolle er fragen: »Wo bleibt mein Frühstück …?«

Draußen hat sich das Wetter dramatisch verändert. Sturm wütet. Über dem aufgewühlten Lake Ohau liegen aus den Seitentälern der Berge herangetriebene Sand- und Staubschwaden. Als wir aufbrechen, um vom Seeende aus dem Hopkins River Richtung Westen zu folgen, müssen wir Mike versprechen, auf dem Rückweg unbedingt bei ihm vorbeizuschauen.

»Guten Morgen, Bettina!« »Guten Morgen, Jack!«

Diffus, wie durch Milchglas betrachtet, wirkt das Land. In der Nähe des Flussbettes mühen sich Reiter ab, hunderte von Kühen zusammenzutreiben. Unter deren Hufen wallt Staub, der wie dicker Nebel die Luft schwängert. Schon bald wird die Straße unebener und enger, hier und dort durchqueren wir Bachbetten. Zweifel kommen auf, ob wir in dieser fast baumlosen Gebirgslandschaft überhaupt einen windgeschützten Platz für die Nacht finden werden.

»Lass uns dort zu den niedrigen Hügeln fahren«, schlägt Juliana vor.

Ich verlasse den Pfad. Unser weich gefederter Wagen schwingt auf dem unebenen Grund wie toll. Rick scheut, will ausbrechen. Doch Jack zeigt wieder seine starke Seite und hält die Spur. Querfeldeinfahren ist nicht Sache unserer Pferde. Als trainierte Traber sind sie gewohnt, einer Spur zu folgen.

Und dann versinken plötzlich beide mit ihren Vorderhufen im sumpfigen Grund…

»Hier, nimm die Zügel!« Ich springe vom Wagen und nehme die Pferde am Zaumzeug. Doch erst nach langem behutsamem Zureden bequemen sie sich, weiterzugehen. Juliana behauptet mit einem Anflug von Sarkasmus, wir hätten sehr großes Talent darin entwickelt, immer dann zu versacken, wenn wir auf der Suche nach schönen Lagerplätzen seien.

Der von der Westküste heranpeitschende Sturm hält während der nächsten Tage an. Hoffentlich hat Ashley den Wagenaufbau stabil genug konstruiert. Mehr als je zuvor drehen sich unsere Gespräche um dieses Thema, wenn Böen die Seitenwände zentimetertief eindrücken, dass das Holz ächzt. Wir hängen alle nicht benötigten Handtücher vor den Innenwänden auf, um die Wucht des auch durch die Ritzen pfeifenden Windes zu bremsen.

Und doch ist es dank unserer zischenden Lampe richtig gemütlich. Als der Sturm auch nach Tagen unverändert tobt, fällt der Beschluss, vorzeitig umzukehren.

»… wie bei einem Sandsturm in der Sahara, bloß viel kälter«, notiere ich im Tagebuch. »Eisiger Südwest treibt tausende von Grasbüscheln vor sich her.«

»Come on, Jack, go, Rick!« Langsam setzen sich die Pferde in Bewegung. Dann aber greift der Wind von hinten in den Aufbau und schiebt uns förmlich vor sich her. Schneller als erwartet, erreichen wir Huxley Gorge Station.

»Stop at our place for a cup of tea«, hatte die hier lebende Sharon gesagt, als wir sie bei dem Karnickeljäger Mike King kennen gelernt hatten. Während wir über einen schmalen Seitenweg das entlegene Station-Gebäude ansteuern, habe ich den Eindruck, als hätte eine mächtige Handbewegung dem Sturm plötzlich Einhalt geboten. Noch in dicke warme Jacken gepackt, klettern wir vom Kutschbock. Aber Sharon begrüßt uns in leichten Sommerkleidern. Vögel tirilieren, Bienen summen, es ist sommerlich warm. Eine wundersame Wandlung.

»Wir liegen völlig windgeschützt«, sagt Sharon. »Geht schon

rüber ins Haus, ich muss nur noch schnell Wäsche aufhängen.«

Sie erzählt, dass sie zum Wäschetrocknen einen besonders windigen Platz gewählt habe.

»Nach weniger als einer Stunde kann ich die Sachen abnehmen – wenn ich allerdings nicht aufpasse, muss ich sie unten im Flussbett zusammensuchen.«

Über dieser Station liegt ein Hauch von »heiler Welt«, wie man sich ihn idyllischer nur schwer vorstellen kann. Doch Sharons Geschichte und die Gründe, die sie mit ihrem Mann hierher geführt haben, sind nicht ohne Tragik.

Erst seit neun Monaten leben sie mit ihrem adoptierten Töchterchen Fae hier. »Ihr hättet das Gebäude sehen sollen, als wir ankamen. Elf Jahre lang war es unbewohnt gewesen, da das Weideland von der auf der anderen Flussseite liegenden Glen Lyon Station verwaltet wird.« Sie schüttelt sich. »Voller Ratten und Mäuse! Nur die *boys* von Glen Lyon haben hier gelegentlich während der Zeit des Viehtriebs gehaust…«

Wir sitzen im Türrahmen, um unsere schweren Stiefel auszuziehen, als Sharons Stimme zu uns dringt: »Raus mit dir, Morrison.« Ihren Worten folgt lautes Getrappel. Dann rast ein junges Schaf wie der Blitz zwischen uns hindurch ins Freie.

»Das war Morrison. Wir haben ihn nach der Firma benannt, die Rasenmäher vertreibt, da er eigentlich unser Gras kurz halten soll. Doch den Guten zieht's immer in die Wohnung. Da Fae gern mit ihm spielt, hätte ich ja nichts dagegen – wenn er bloß nicht immer seine Schafsköttel drinnen zurücklassen würde.«

So auch dieses Mal.

Während Sharon Tee kocht und Brotteig in den Backofen schiebt, erzählt sie, was sie in dieses entlegene Tal gebracht hat. »Wir wollen hier eine Resozialisierungsstelle für alkohol- und drogengefährdete Jugendliche aufbauen. Ein Projekt, das von unserer Kirche unterstützt wird.«

Da der Grundeigentümer von Glen Lyon Station ihnen dabei entgegengekommen sei, arbeite ihr Mann gelegentlich dort. »Alle paar Wochen habe ich auch die *boys* (sie verwendet immer diesen Begriff für die Rindermänner) von Glen Lyon hier.« Anfangs seien die ganz schön wild gewesen und hätten abends Alkohol nur so in sich reingekippt. Sie lächelt: »Das hat sich gelegt, nachdem ich die ganzen Biervorräte in den Ausguss geschüttet habe.«

Was sie bewogen habe, diese nicht einfache Aufgabe anzugehen und einen Platz der Besinnung für Menschen mit Problemen zu schaffen, fragen wir. Hier – ohne direkte Nachbarn, Zerstreuung und die Möglichkeit, voreinander auszuweichen?

Die junge Frau, etwa Ende zwanzig, strahlt uns an. Dann erzählt sie, wie sie als Tochter eines Schafscherers aufgewachsen sei. »In der Schersaison hat Dad großartig verdient, doch die Dollars setzte er in Alkohol um. Unsere Familie lebte in Armut.« Sharon verließ ihr Elternhaus und durchlebte wilde Jahre. Das änderte sich, als sie ihren Mann Simon kennen lernte. Ihr Haus am Stadtrand von Christchurch haben sie gerade verkauft, um Geld für die Abwicklungskosten von Kinderadoptionen zu haben. Eigene werden sie nicht kriegen können. Doch sie hätten geplant, während der nächsten Jahre insgesamt sechs Kinder anzunehmen.

Sie geht zum holzbefeuerten Herd, gießt Tee ein und stellt ein frisch gebackenes, köstlich duftendes Brot auf den Tisch.

Juliana, der bei langen Reisen gelegentlich zu schaffen macht, dass unser Freundes- und Verwandtenkreis so weit entfernt ist, möchte wissen, wie es hier mit nachbarlichen Kontakten sei. »Gut«, sagt Sharon, »doch seit kurzem muss ich mich von unseren Freunden abholen lassen.« Sie sei vor nicht langer Zeit mit ihrem Auto nachts einen Hang hinuntergerutscht. »Mir ist nichts passiert – doch der Wagen war Schrott.« Sie erzählt, dass sie nur auf Feldwegen fahre, da sie keinen Führerschein habe.

Das könne sie doch nachholen, sage ich. Sharon lächelt – und ganz ungezwungen erklärt sie, dass sie weder lesen noch schreiben könne. »Bin als Kind nicht zur Schule gegangen.« Doch für die Zukunft von Fae und der zu erwartenden anderen Kinder werde gesorgt. »Per Korrespondenzschule auf dem Postweg – damit Simon sie unterrichten kann.«

Welch ein einfaches Leben – doch welche Zufriedenheit, Heiterkeit und Zuversicht Sharon ausstrahlt! Die Begegnung bewegt mich noch, als wir durch den unvermindert tobenden Wind Richtung Highway 8 zurückfahren.

Gold und andere Schätze

Kürzer werden die Tage, kälter die Morgen, die Entscheidung, flott aus dem Schlafsack zu kriechen, fällt immer schwerer. Trotzdem bleiben wir unserem Brauch treu, ein Morgenbad in einem der Seen oder Flüsse zu nehmen. So auch am Lake Ohau. Doch wegen eisiger Winde fällt es kürzer aus als sonst. Wir kriechen dichter ans Lagerfeuer, um in unserer gusseisernen Backform in heißer Glut Brötchen zu backen. Ein Vogel tiriliert, es klingt vertraut wie der Gesang einer Drossel. Rick und Jack stehen regungslos und verdauen. Nach den um sie herum verstreuten elf Pferdeäpfelhaufen zu urteilen, hatten sie eine gute Zeit.

Lange bevor wir Mike Kings Station an diesem Morgen erreichen, hat er uns schon bemerkt und kommt mit seinem Geländewagen auf uns zugebraust. »Sieht prächtig aus, wie ihr da durch die Lande trabt. – Kommt mit mir rüber ins Haus, habe euch etwas zu zeigen.« Stolz präsentiert er den ihm verliehenen Wanderpokal, an dem ein echter Karnickelschwanz klebt. Er grinst zufrieden: »Nicht schlecht fürwahr – 520 auf einen Streich.«

Dann müht er sich ab, wegen des anstehenden Viehtriebs einige Telefonate zu führen. Was zu einem Geduldsspiel wird. Vier Familien im Tal teilen sich eine Telefonleitung. Dauertelefonate des einen bringen beim anderen den Gesprächsfluss ins Stocken. Derweil fallen draußen die ersten Regentropfen seit langem. Mikes Blick hellt sich auf. Er greift nach dem Barometer und klopft dagegen: »Verflixt, es steigt... wieder kein Dauerregen!«

Wir hätten noch so viel zu erzählen, doch es drängt uns weiter. »Ihr müsst demnächst unbedingt wieder reinschauen«, sagt seine

Frau. Wir versprechen, mal wiederzukommen. »See you in a couple of years or so«, rufe ich, während unsere Pferde anziehen. Und schon sind wir auf dem Weg nach Süden.

Queenstown ist unser nächstes Ziel, eine touristische Perle, malerisch an einem scharfen Knick des lang gestreckten Lake Wakatipu gelegen. Da nur eine Durchgangsstraße durchs Hochland dorthin führt, sind wir gezwungen, zunächst wieder dem relativ stark befahrenen Highway 8 über den Lindis Pass zu folgen. Die Gemächlichkeit, mit der wir reisen, bringt es aber mit sich, dass wir keinen Apfelbaum übersehen. Kaum jemand nutzt die Früchte dieser vor langer Zeit für müde Reisende gepflanzten Chausseebäume – sehr zu unserer Freude. Rick und Jack sind auch keine Kostverächter.

Wir streifen das Dorf Omarama und folgen dem Ahuriri River, an dessen Flussufer wir unser Nachtlager aufschlagen. Nach eisiger Anfahrt, bei der ich als Einziger, in warme Pferdedecken gewickelt, auf dem Kutschbock verblieben war, folgt ein Morgen, der nach den stürmischen und kalten Vortagen eine Erlösung ist.

Im Tagebuch notiere ich folgende Zeilen:
»Am Flussufer tummeln sich Vögel, vor uns zieht eine Entenmutter mit Jungen vorbei. Ein Bild tiefsten Friedens.

Als ich aus dem Wagen krieche, küselt schon aromatischer Duft eines Kiefernholzlagerfeuers durch die Luft. Bettina hatte es sich gestern nicht nehmen lassen, mit ihrer Kinderschubkarre unseren Kienäpfelvorrat aufzustocken.

Jetzt liegt sie in ihrem Bett aus zwei aneinander gelegten Autopolstern, gestützt vom Pferdesattel, und schläft, ihren Teddy *Kalle Brummel* zärtlich im Arm.

Zum Frühstück gibt es Schinken, Eier und Zwiebeln. Unsere Essenspalette ist ausgewogen; wer jedoch gewohnt ist, mit vierflammigem Gas- oder Elektroherd zu arbeiten, muss sich bei dieser Art des Reisens in Geduld fassen. Vom Anzünden des Lagerfeuers bis zum Essen vergeht nicht selten eine Stunde. Irgendwann haben Kinder in unserer Nähe eine Höhle aus Weidenzweigen gebaut. Ein Dorado für Bettina:

›Kommst du mit?‹ Und schon kriecht sie auf allen Vieren voran. Dann widme ich mich für einige Stunden diesem Tagebuch.

Die Pappeln am Ufer haben ihre Spitzen bereits gelb gefärbt, die Weiden verändern ihre Farbe zum Hellgrün, dass es wie Frühling aussieht. Das darf uns allerdings nicht täuschen – Herbst steht vor der Tür!«

Als wir endlich startklar sind, ist es sommerlich warm. Die Pferde sind frisch und ausgeruht. Ich mag es, dem rhythmischen Schlagen ihrer Hufe zu lauschen.

Die Augen wegen der Sonne zusammengekniffen, die Zügel locker in der Hand, sitze ich auf dem Bock. »Kutschfahrt durchs Paradies«, denke ich. Ich räkle mich genüsslich und lehne mich gegen die Wagenwand. Paradies...?! Mag sein, dass das Widerspruch provoziert, dass der Begriff zu abgegriffen ist. Die letzten »Paradiese« auf dieser Erde dürften schon lange ausverkauft sein, und sieht man die auch hier dem Land durch Menschen zugefügten Schäden, wird man nicht umhinkommen, nur von einem Paradies mit Kratzern zu sprechen. Doch es sind ihrer weniger als anderswo.

So mag der Gedanke an das Paradies als Spiegel meiner persönlichen Empfindung verstanden werden: der Freude über die Vollkommenheit dieses Tages, des Bewusstseins, von den Weltproblemen so beruhigend weit entfernt zu sein. Die saubere Luft. Das klare Wasser. Und die Herzlichkeit dieser Menschen, die einem das Gefühl vermitteln, unter guten Freunden zu sein.

Die Fahrt über den knapp tausend Meter hohen Lindis Pass verlangt unseren Pferden alles ab. Besorgt prüfe ich jeden Tag die Hufeisen. Hoffentlich finden wir bald wieder einen Schmied. In Wanaka, dessen ideale Lage am gleichnamigen See den Ort zu einem beliebten Touristenziel hat werden lassen, gibt uns ein Farmer die Anschrift von John. »Der kennt sich mit Pferden aus...« Nur leider macht John gerade mit seinem Motorrad einen Ausflug. Doch die Nachricht von den Reisenden im *gipsy wagon* hat wieder einmal die Runde gemacht. Während wir beratschlagen, ob wir weiterfahren oder auf John warten sollen, hält neben uns ein alter, aber auf Hochglanz polierter Sechszylinder der frühen 60er-Jahre. Ein junger Mann – er stellt sich als Bernard vor und ist allem Anschein nach Maori – lädt uns ein, auf Johns Weide zu warten. Prima, die Pferde werden sich freuen. Wir ziehen um.

Bernard wohnt auf dem Nachbargrundstück. Nachdem wir Rick und Jack abgeschirrt haben, kommt seine Frau zu uns und lädt uns auf eine Tasse Kaffee ein. Wir gehen in ihr einfaches Haus und setzen uns auf Plastiksessel, deren Alter dem des Sechszylinders kaum nachsteht und deren tiefe Risse im Bezug dem Versuch, sie mit gehäkelten Deckchen zu verstecken, erfolgreich widerstanden haben.

»With milk and sugar?« Wir nehmen Milch, das nimmt dem üblichen Instantkaffee etwas von seinem Schrecken. In Supermärkten werden zwar auch Kaffeebohnen verkauft, doch wo immer wir bei Kiwis zu Gast sind, wird dünner Instantkaffee favorisiert. Ashley hatte uns gleich am Anfang offenbart, dass er sein Lebtag noch keinen Filterkaffee getrunken habe.

Das Haus, in dem die jungen Leute wohnen, hat kein Bad. Sanitäre Anlagen beschränken sich auf etwas, was sich am zutreffendsten als »Plumpsklo« umschreiben lässt.

Die Wände im Haus unserer neuen Bekannten sind aus dünnem Holz, ich vermute, einige auch aus Presspappe. Gekocht und gebacken wird wie zu Großmutters Zeiten im holz- und kohlebefeuerten Herd. In dem nur zwölf Quadratmeter großen Wohnzimmer plärrt ein Farbfernseher, dessen Programm mir nur als »Schneesturm bei greller Regenbogenbeleuchtung« in Erinnerung geblieben ist. Außer griesigen Schleiern ist aus dem Bildschirm kaum etwas zu erkennen.

Die zischende Kiste bestimmt den Gesprächsstoff unserer Kaffeerunde. Wirkliche Unterhaltung ist gleich Null. Plötzlich wird mir klar, weshalb ich den zweieinhalbjährigen Sohn der beiden noch kein einziges Wort habe sprechen hören.

Mit der Bemerkung »Das Programm ist heute aber idiotisch« geht Bernard nach draußen, um den Motorraum seines Oldies mit einer neuen Farbschicht zu zieren. »Thanks for coffee«, sagen wir zu seiner Frau, die sich schon wieder auf die Glotze konzentriert, und huschen nach draußen.

Es ist später Nachmittag, als vor unserer Weide ein Motorrad hält: Mit Kennerblick begutachtet ein Mann unsere Pferde – John. Nach der Bekanntschaft mit seinem Sohn hatte ich einen wortkargen Maori erwartet. Doch John ist das Gegenteil: redegewandt, fröhlich, freundlich, noch dazu unterhaltsam. Von Maori keine Spur. Nur hatte seine erste Frau, die Mutter von Bernard, etwas maorisches Blut in den Adern gehabt. 56 Jahre alt ist er, wettergegerbt, graue Augen, markantes Gesicht mit buntem Halstuch darunter.

»Sorry«, sagt John, »mein *shoeing gear* (Ausrüstung zum Pferdebeschlagen) habe ich vor sechs Monaten verkauft.« Er legt das Gesicht in nachdenkliche Falten. »Bis morgen früh werde ich aber welches besorgen.«

Wir kommen ins Plaudern, und die Zeit vergeht. Es dämmert, gleichzeitig bauen sich im Süden schwere Regenwolken auf. Das Licht, das mit dieser dramatischen Stimmung einhergeht, ist fantastisch. Wir stehen draußen bei den Pferden, und John erzählt mir von seinem Leben.

»Wenn ihr mehr hören wollt, kommt heute Abend rüber.« Er zeigt zu einem kleinen Haus, keine fünfhundert Meter entfernt.

»...ihr könnt auch in die *idiot box* sehen.« Fernsehen – nein danke – nicht schon wieder. Aber wir kommen.

John bewohnt mit seiner zweiten Frau, einer jungen Philippinin, und ihrer gemeinsamen fünfjährigen Tochter ein, wie er sagt, *average New Zealand house*. Klein, aber behaglich. Er hat viele Wände rausgenommen und aus mehreren Zimmern einen großen Wohnraum gemacht. Im Küchenabschnitt steht auch hier ein alter holzbefeuerter Herd. »Natürlich backen wir unser Brot selbst.«

John wuchs mit Pferden auf. Bereits mit drei Jahren saß er im Sattel. Er führte ein bewegtes Leben: Schafsfarmer auf der Nordinsel und *fence rider* im Outback Westaustraliens, jemand, der die schier endlosen Zäune abreitet und auf Schadstellen überprüft.

»Wie haben die Pferde überlebt? Es gibt doch dort fast kein Gras…?«

»Nur durch Trockenfutter«, sagt John. »Ich hatte mein Basiscamp, in das Hafer, Häcksel und Heu per Lkw und Flugzeug gebracht wurden.«

Sein Lebtag war er Pferden nahe. Als er sich hier ansiedelte, war er der »Hufschmied« für die weitere Umgebung. Doch eine Rückenoperation zwang ihn, diese Arbeit aufzugeben.

»Es war mir eigentlich ganz lieb, den Job an den Nagel zu hängen. Es gab zu viele, die Pferdebeschlagen als selbstverständliche Nachbarschaftshilfe betrachteten und nicht mal zwanzig Dollar für die Arbeit zahlen wollten.«

Jetzt tritt John kürzer. Aber noch immer erreichen ihn Rufe, Pferde zu bändigen. »Nicht nach der brutalen Art des Wilden Westens«, sagt er, »mit Lasso um den Hals und einem Dutzend Männer am Tier, um dessen letzten Widerstand zu brechen.« Er mache es wie der »Pferdeflüsterer« und habe damit großen Erfolg.

Auch als Schafscherer hat er gearbeitet. »Aber jetzt, wo ich auf die 60 zugehe, bin ich schon zu alt, um mit den jungen *blokes* mithalten zu können.«

»Wie viele Schafe schafft ein flotter Scherer am Tag?«

»Gut dreihundert«, sagt John. Er selbst mache »nur« noch zweihundertzwanzig. Doch auch das sei ein Knochenjob.

»Morgens um fünf Uhr raus … eine Tasse Tee, dann zwei Stunden Arbeit bis zum Frühstück. Um zehn Uhr *smoko*, Zigarettenpause. Das Lunch der Scherer fällt kurz aus. Die meiste Zeit der Mittagspause geht damit drauf, Scheren zu schleifen und die Ausrüstung zu ordnen. All diese Arbeiten nicht mitgerechnet, schert der Scherer neun Stunden pro Tag.«

»Und was verdient er?«

»Pro Schaf rund einen Dollar.«

Bei dreihundert Schafen pro Tag – nicht schlecht! Doch es ist ein Saisonjob. Viele Scherer arbeiten die andere Hälfte des Jahres in den *freezing works*, den Großschlachtereien.

Als wir am anderen Morgen aufwachen, hat John schon seine Schweine gefüttert und kratzt die Hinterlassenschaften von Jack und Rick zum Gemüsegartendüngen zusammen. Knapp zwei Schubkarren voll kommen dabei heraus. Dann beginnt die Arbeit an den Hufen. Einige Pausen eingerechnet, ist er mit beiden Pferden gut vier Stunden beschäftigt. Ich merke, wie schwer ihm die Tätigkeit nach seiner Operation fällt. Danke, John, umso höher rechne ich es dir an, dass du uns so selbstverständlich geholfen hast – noch dazu an einem Sonntagvormittag.

Von Wanaka führt eine schmale, als Highway 89 bezeichnete Straße Richtung Queenstown. Für die 70 Kilometer dorthin benötigen wir zwei Tage! So interessant die Szenerie, so verkehrsarm und einsam die Route auch ist, so mühsam ist sie doch wegen ihrer lang anhaltenden Steigungen für unsere Pferde. Nach einer spektakulären Abfahrt mit grandiosen Ausblicken erreichen wir endlich den Goldrauschort Arrowtown. Queenstown, unser Etappenziel, ist jetzt nicht mehr weit.

Obwohl es kilometermäßig einen beachtlichen »Seitensprung« bedeutet, hatten wir beschlossen, uns Arrowtown anzusehen. Der kleine Ort vermittelt noch einen Hauch jener Tage von 1862, als Aufsehen erregende Goldfunde des Prospektors William Fox Glücksritter in Scharen nach hier gelockt hatten. Bereits im Dezember jenes Jahres lebten 1500 Menschen in Arrowtown. Sechs Monate später ereignete sich eine der größten neuseeländischen Tragödien, als nach einem milden Winter starke Schneefälle einsetzten, die plötzlich in warmen Regen übergingen. Rasant stieg der Fluss. Mehr als hundert der an den Ufern lebenden und schürfenden *diggers* kamen in den Fluten um.

Arrowtown heute: ein kleiner, schmucker Ort, dessen hübsche Fassaden, Shops und Boutiquen zum Bummeln einladen. Man lebt hauptsächlich von der Erinnerung an die großen Tage des *gold rush*, in dem die Minenarbeiter trotz allen Eifers noch Zeit fanden, zum Windschutz Bäume zu pflanzen. Dem verdankt das Dörfchen eine weitere Attraktion – seine leuchtende Palette unterschiedlichster Herbstfarben.

Auf der zauberhaften Strecke von Arrowtown nach Queenstown überqueren wir den Shotover River, der einst mehr Gold preisgab als jeder andere Fluss Neuseelands. Aber Gold steht heute bei ihm nicht mehr im Mittelpunkt des Interesses. Eher seine Wildwasser: Schlauch- und Jetbootfahren auf dem Shotover sind Highlights in Queenstown, Neuseelands bekanntestem und meist frequentiertem Urlaubsort. Prospekte preisen Queenstowns »Tiroler Atmosphäre«, seine Berge mit einigen der schönsten neuseeländischen *tracks*, hübsche Promenaden und die Möglichkeit zu Bootsausflügen auf Lake Wakatipu.

Mittelpunkt dieser Aktivitäten ist seit eh und je der zwischen Fiordland und Central Otago gelegene Ort selbst. Die an Mythen und Legenden reiche Welt der Maoris hat ihre eigene Erklärung für die Entstehung des Lake Wakatipu:

»Einst lebte hier ein Menschen fressender Riese mit Namen Matau, seine Vorliebe war das Fleisch junger Mädchen. Bis eines Tages der Krieger Matakauri eine Häuptlingstochter aus den Fängen Matuas befreite und beschloss, dem Unwesen für immer ein Ende zu bereiten. Der richtige Moment kam, als Ostwind blies und der Riese in tiefen Schlaf verfiel. Vorsichtig kroch Matakauri in die

Höhle des Schlafenden und setzte dessen Matratze aus trockenem Farnkraut in Brand. Hoch schlugen die Flammen.

Das brennende Fett Mataus brannte in den Boden ein Loch von mehreren hundert Fuß Tiefe. Die Hitze brachte den Schnee auf den Gipfeln der Berge zum Schmelzen. Wassermassen stürzten die Hänge herab, bis sie das aus dem endgültig vernichteten Riesen entstandene Loch randvoll gefüllt hatten – so entstand Lake Wakatipu.«

Einer der besten Plätze, das Werk des Kriegers Matakauri auf einen Blick zu betrachten, ist *Bob's Peak*. Ein moderner Lift trägt die Besucher hinauf. Dann steht man oben, sieht die Stadt Queenstown tief unter sich liegen, die Häuser fein säuberlich gereiht wie Steinchen eines Baukastens, während der Blick über die tiefblauen Wasser des Lake Wakatipu und die weiß gepuderten Spitzen der *Remarkables* streift. Man versteht jetzt, weshalb sich die große Welt hier ein Stelldichein gibt – und neben englischen auch französische, japanische und deutsche Laute die klare Luft füllen. Dieser Blick ist einfach toll.

Fiordland –
der ungezähmte wilde Westen

Es war nun schon gut zwei Monate her, dass uns auf der *Country Fair* in Belfast ein Mann zugewunken und gerufen hatte: »How far do you want to go…?« So waren wir mit Chris ins Plaudern gekommen.

Skeptisch war er gewesen, ob wir den langen Trip durch die Südinsel mit nur zwei Pferden durchstehen würden. »Ich gebe euch ein Reservepferd…« Er sagte es so, als sei das die selbstverständlichste Sache der Welt.

»Wohin mit einem Extrapferd?«

»Dafür finden wir schon einen Platz. Entweder ihr bindet das Dritte hinten an oder nehmt es vorn neben die anderen beiden Zugpferde.«

Ashley hatte in seiner direkten Art mit seiner Meinung nicht hinterm Berge gehalten:

»…ausgemachter Unsinn. Rick und Jack sind in guter Verfassung. Wenn ihr sie richtig behandelt, werden sie unterwegs keine Probleme bereiten. Ein drittes Pferd zu haben bedeutet einen weiteren Fresser und potenzielle Probleme. Ihr fragt mich nach meiner Meinung – nun, ich würde darauf verzichten.«

Christ hatte mir gleichwohl seine Adresse in die Hand gedrückt: »Bis Queenstown ist es ein langer Weg, ihr könnt es euch ja noch überlegen.«

Für ein drittes Pferd haben wir nach wie vor keinen Bedarf. Doch Chris könnte uns auf andere Weise behilflich sein. Wir hatten ihn rechtzeitig auf seiner kleinen Farm ein paar Kilometer außerhalb Queenstowns von unserem Kommen unterrichtet. Gleich hatte er sich auf meine Frage bereit erklärt, Rick und Jack einige Zeit in Pflege zu nehmen, während wir per Mietwagen Fiordland und Milford Sound erkunden würden.

Ein paar Tage keine Pferde – ein merkwürdiges Gefühl. Ohne die ständige Verantwortung für unsere Vierbeiner! Nicht alle paar Stunden nach saftigen Futterplätzen suchen müssen.

»Brauchst den Wagen nur alle 300 Kilometer aufzutanken«, hatte mir der Angestellte der Mietwagenfirma stattdessen mit auf den Weg gegeben.

Als Unterkunft während des Abstechers wird uns ein kleines Zelt dienen. Es begleitet uns auf all unseren Reisen – dieses Schneckenhaus für Notfälle. Sagen zu können: »Hier ist's schön, hier lasst uns bleiben«, auch wenn weit und breit kein Hotel in der Nähe ist, gibt mir das Gefühl der Unabhängigkeit.

Von Queenstown folgen wir zunächst dem Ufer des Lake Wakatipu. Für eine vorübergehende – allerdings sehr neuseelandtypische – Verkehrsstockung sorgt ein Schäfer, der eine große Schafherde auf der Fahrbahn entlangtreibt. Ein schöner, friedlicher Tag. Die Sonne brennt. Tiefblau der Himmel – so ganz anders, als man es von Fiordland und der Westküste erwartet. Als wir uns dem unteren Ende von Lake Te Anau, dem mit 352 qkm größten Süßwassersee der Südinsel, nähern, liegt eine lang gezogene weiße Wolkenwurst über dem See. Sendbote des berüchtigten Regens?

Als Fiordlandreisender könne man ihm nicht entgehen, heißt es. Schauermärchen werden einem erzählt, vom Regen, der nicht in Tropfen, sondern in dicken Schnüren fällt, von Güssen, die in vierundzwanzig Stunden einen halben Meter Niederschlag bringen, und Wasserfällen, die nicht nach unten stürzen, sondern von rasenden Winden wie Sprayschleier in die Wolken zurückgeschleudert werden. Es klingt unglaublich – und ist doch wahr.

Gerade dieser Regen aber macht den unvergleichlichen Zauber Fiordlands aus. Eine Trockenperiode ließe die Wunder verkümmern. Wolken und Wasserfälle sind hier jener Paukenschlag, der dieser Symphonie gedeckter Farben und Formen erst den dramatischen Unterton gibt. Die Erklärung für das Phänomen ist schnell gefunden: Westwinde stoßen nach abertausend Kilometern ungehinderter Reise durch Tasman-See, Indischen und Atlantischen Ozean plötzlich auf das erste Hindernis: die Kette der *Southern Alps*. Sie bäumen sich auf, kühlen ab und bilden Wolken, die sich in Form von Regen und Schnee entladen. Mit Niederschlägen bis zu 7200 mm gehört Fiordland zu den regenreichsten Gebieten unserer Erde. Man stelle sich vor – eine Wassersäule von über sieben Metern Höhe!

Und doch hat dieser *wet spot* seine Liebhaber in allen Teilen der Welt. Sie fliegen zehntausende von Kilometern, um den Milford Sound anzusteuern oder den Milford Track zu wandern, einen Wildnispfad, der unter den populärsten Hikes auf unserem Globus eine Spitzenstellung einnimmt.

Einst hat ein Fiordlandtramper(-wanderer) seine Impressionen vom Milford Track in diesen Versen zum Ausdruck gebracht:

> It rained and it rained and rained and rained
> The average fall was well maintained
> And when the tracks were simply bogs
> It started raining cats and dogs.
>
> After a drought of half an hour
> We had a most refreshing shower
> And then the most curious thing of all
> A gentle rain began to fall.
>
> Next day was also fairly dry
> Save for a deluge from the sky
> Which wetted the party to the skin
> And after that the rain set in.

Ein Hohe Lied des Regens. Und doch – im nächsten Sommer war der Wanderer wieder zur Stelle. Man muss den fast düsteren Zauber eines geisterhaft verhangenen Fiordlandtages erlebt haben, mit tropfenden Riesenfarnen, wie lange Bärte von Bäumen herunterhängenden Flechten und knöcheltiefen Moosen, um den Lockruf dieser fast menschenleeren Region zu verstehen.

Der Ort Te Anau fungiert als Tor in diese Wunderwelt. Den Schlüssel dazu bietet Milford Road: eine Straße, die der Schriftsteller Rudyard Kipling als das achte Weltwunder bezeichnet hat. Das gilt insbesondere dort, wo sie sich durch den Homer-Tunnel Durchlass zur Westküste verschafft.

Es war während der Depression der 30er-Jahre, als sich zweihundert Männer mit Spitzhacken und Schaufeln daranmachten, einen Tunnel durch den *Homer Saddle* zu schlagen. 1940 war es endlich so weit, der Durchbruch war fertig. Das Seil, an dem sich der Briefträger bis dato über den Homer-Sattel abgeseilt hatte, um Post nach Milford Sound zu bringen, war für alle Zeiten überflüssig geworden. Auch wenn die Konstruktionskosten des Tunnels die ursprünglich veranschlagte Summe um gut das Hundertfache überschritten, bezweifelt heute niemand, dass sich die Investition gelohnt hat. Milford Sound wurde zum Aushängeschild für Neuseeland. Die charakteristische Form des Mitre Peak ist Symbol für den ungebändigten, einsamen wilden Westen Neuseelands.

Es wundert mich also nicht, auf der rund 120 Kilometer langen Anfahrtstrecke mehr Tourbusse zu sehen als irgendwo sonst. Die Straße führt bergan. Niedriger wird der Bewuchs, die Landschaft alpiner. Nach dem Homer-Tunnel verändert sich das Bild schlagartig: Üppige Vegetation, turbulente Flüsse. Schwerer Geruch von feuchtem Boden liegt in der Luft. Jetzt ist es nur noch ein Sprung zum Milford Sound.

Es ist später Nachmittag, als wir dort ankommen. Der eben noch blaue Himmel überzieht sich rasend schnell mit von Westen anfliegenden Wolken. Ich bin enttäuscht. Was wird jetzt aus unserer geplanten Bootstour durch den Sound? Sollen wir den Trip auf morgen verschieben? Juliana zitiert den Spruch, der besagt, dass der Spatz in der Hand besser ist als die Taube auf dem Dach. »Denk an sieben Meter Regen pro Jahr.« Das gibt den Ausschlag… es könnte ja noch schlimmer kommen. Wir buchen für das letzte Boot des Tages.

Ich stehe vorn an der Reeling. Kalte Winde zerren in meinen Haaren. Der Einschnitt des Milford Sound wird begrenzt durch zumeist senkrecht aufragende Felswände. Obwohl es heute noch nicht geregnet hat, donnern pittoreske Wasserfälle glatte Hänge herab. Regentropfen wischen mir durchs Gesicht, Sekundenbruchteile später blitzen Sonnenstrahlen durch ein Loch in den Wolken.

Milford Sound ist den Maoris seit Jahrhunderten als Schatzkammer bekannt. Auf Pfaden, denen heute abschnittsweise der

Die Sonne bricht durch die Wolken über dem Milford Sound.

Milford Track folgt, mühten sie sich einst über die Berge zur Anita Bay, einer Bucht in der Öffnung des Sound, um dort ihre geschätzten *green stones* (Jade) zu suchen.

Die Geschichte der Weißen in dieser entlegenen Ecke begann erst 1877, als ein einsamer Mann sein Segelboot in den Sound steuerte. Sein Name: Donald Sutherland. Er war ein Abenteurer aus Schottland, den das Gold Otagos ans Ende der Welt gelockt hatte. Doch mehr noch als das Goldfieber bezwang ihn der wilde Reiz dieser Landschaft. Er baute drei Hütten und nannte sie *City of Milford*. Der Grundstein für die weltweite Popularität dieses Fleckchens Erde war gelegt.

Nachdem wir von der Bootstour zurückgekehrt sind, macht sich Juliana daran, auf einer Feuerstelle unser Abendessen zuzubereiten, während ich mit der Kamera auf Motivpirsch gehe.

Eigentümlich leuchtet die 1692 Meter hohe Spitze des Mitre Peak, eines Berges, der den Blick auf sich lenkt wie kein zweiter und mehr als jeder andere in Neuseeland fotografiert wird. Obwohl sich bei uns im Tal der Wind gelegt hat, zerren am Gipfel des Berges heftige Winde Höhenwolken wie Tüllschleier in waagerechte Streifen. Ich hocke mich auf den Boden, um dieses Bild mit der Kamera festzuhalten. Das war ein Fehler: Ohne Vorwarnung fallen zu tausenden winzige schwarze, beißende Fliegen über mich her. Ich versuche sie wegzuwedeln. Ohne Erfolg. Mit der freien Hand klatsche ich auf meine Beine. Doch während ich die Trefferquote des tapferen Schneiderleins weit überbiete, wird jeder »Gefallene« durch drei Nachfolger ersetzt.

Nach langen Kanureisen durch die mückenverseuchte kanadische Wildnis hatte ich gedacht, mir ein »dickes Fell« zugelegt zu haben. Doch ich gebe zu, dass mich die blutrünstige Invasion an diesem Abend nervt. Einer Maori-Legende zufolge hat Hinenui-te-po, der Gott der Unterwelt, die Fliegen ausgesetzt, um Menschen davon abzuhalten, an diesem von Göttern so grandios gestalteten Ort zu lange zu verweilen.

In meinem Fall ist ihm die Absicht nicht geglückt.

Früh am anderen Morgen bin ich auf den Beinen. Die Sonne bescheint schon die Spitzen der Berge, deren Spiegelbild glasklar aus dem Wasser leuchtet. Ein Morgen tiefster Harmonie und des Friedens – nicht einmal durch *sandflies* gestört. Vermutlich sind sie keine Frühaufsteher… Nur langsam erwacht das Leben in dem winzigen Ort, der nur aus Hotels und Restaurants besteht. Zu dem Knattern eines großen Generators gesellt sich das Brummen von Tourbussen, die nun Schlaf auf Schlag von Te Anau angerollt kommen. Besucherladungen ergießen sich. In das Spektakel mischt sich Dröhnen von Wasserflugzeugen für *scenic flights*. Dann das metallische Gehämmer eines Hubschraubers, das alles übertönt. Erwartungsvolle Besucher stehen für Rundflüge an. Hektik im Paradies. Der Zauber des Morgens ist dahin.

Ich sehne mich nach der Stille des Tagesanbruchs – oder dem vertrauten Trappeln von Pferdehufen auf einsamen *back country roads*.

Tage später sind wir zurück bei Rick und Jack. Erwartungsvoll kommen sie angetrabt. Rick reibt seinen Kopf an meiner Jacke, wie schon Dutzende Male zuvor. Bettina holt ihre Schubkarre und füllt sie eifrig mit Falläpfeln. »Die sind nur für Rick und Jack!«, kräht sie. Es ist, als kämen wir nach Haus.

Bungee Jumper
und ein Drama im Pazifik

An einem sonnigen Herbsttag verlassen wir Queenstown Richtung Dunedin. Die Straße nach Cromwell, unserem Tagesziel, folgt fast auf gesamter Strecke dem malerischen Tal des Kawarau River. Wir hatten geplant, schnell durch dieses Nadelöhr, die Hauptverbindung zwischen Queenstown und dem Osten, hindurchzufahren. Doch es kommt anders: Mehrere Autos bei der Kawarau-Hängebrücke wecken meine Neugier. Die 1880 gebaute Brücke ist bereits seit 1963 für Kraftfahrzeuge gesperrt, ein Verkehrsstau kann es also schwerlich sein. Was denn?

Ich gehe zu einem uralten, klapprigen Bus, in dessen Tür Leute stehen. Drinnen befindet sich ein kleines Büro. Ich bin neugierig und gehe rein.

»Bungee Jumps machen wir«, sagt eine junge Frau.

»Was ist das?«

Sie schaut mich groß an. »Noch nie davon gehört...?«

Mich beschleicht das Gefühl, eine der wichtigsten Erfindungen der Menschheit verpasst zu haben.

»Bin lernwillig«, sage ich.

»Prima«, sagt das Mädchen. »Kostet 'nen Hunderter. Du brauchst nur zu springen und kriegst sogar noch 'n T-Shirt gratis.«

Da ich schon ein Hemd habe, gehe ich zunächst auf die schöne alte Brücke, um mir dort die Sprünge anzuschauen. Ein Bursche erklärt gerade einer Frau, wie sie, ohne Angst zu kriegen, vom Brückenrand in die Tiefe springen solle, wobei er ein speziell dafür entwickeltes Gummiband an ihren Fußgelenken befestigt.

Ob die Frau weiß, dass solche *jumps* ursprünglich von den

Neuen Hebriden stammen, wo sie Teil der Mannwerdungs-Zeremonie waren? Von hohen Bambusgerüsten sprangen die Burschen, nur gehalten von Lianen an ihren Füßen – so berechnet, dass der Todesmutige unmittelbar vor Berührung des Bodens zurückgefedert wurde.

Die Springerin stellt sich an den Rand der Brücke, schaut kurz nach unten, stößt sich ab und stürzt kopfüber vierzig Meter in die Tiefe. Einen Atemzug lang fällt sie, taucht, den Kopf voran, halb mit dem Oberkörper ins Wasser des Kawarau River, federt zwischen Himmel und Erde wie ein Yo-Yo, um kurz darauf von einem Assistenten in ein Schlauchboot gezogen zu werden.

Ich habe an diesem Tag kein neues T-Shirt mit Aufdruck bekommen.

Während ich beeindruckt weiteren Springern zuschaue, höre ich deutsche Stimmen. »... wie wär's, möchtest du nicht doch mal bungee-jumpen ...?« So komme ich mit Rainer und Jens ins Gespräch. Genau genommen höre ich zu. Denn die Geschichte der beiden ist alles andere als alltäglich:

Geradezu traumhaft hatte es begonnen, als die Einladung von ihrem Onkel zu einem Segeltörn durch die Gewässer Neuseelands und der Südsee auf den Tisch geflattert kam. Die beiden packten die Koffer und flogen los zum Onkel, der mit einem Zweimaster bereits drei Jahre lang über die Weltmeere geschippert war. Jens ruft begeistert: »War einfach fabelhaft. Tolle Kontakte zu anderen Seglern und herzliche Beziehungen zu Kiwis.«

Im Norden von North Island, etwa in Höhe der Bay of Islands allerdings waren sie in einen Sturm geraten, bei dem sich ihr Dingi samt Motor gelöst und selbstständig gemacht hatte. »Zum Glück haben wir es am nächsten Tag wiedergefunden ... wer weiß, wie sonst alles ausgegangen wäre.«

Nach unvergesslich schönen Tagen wollten sie aufbrechen in Richtung Südsee.

»Es war am 10. März, morgens gegen fünf Uhr – ein kitschig

wunderschöner Tag mit blutrotem Morgenhimmel. Die Zelluloidkünstler von Hollywood hätten ihre Freude daran gehabt. Ein Tag auch wie geschaffen für die Inszenierung eines Dramas. Das Meer war still. Ohne Anzeichen jeglicher Gefahr. Plötzlich hören wir eine Explosion im Motorraum...«

»Vier Minuten nach Starten des Motors«, unterbricht Jens.

Sie hatten nicht die geringste Idee, was der Grund war. Batterie geplatzt? Kabelbrand? Momente später stand ihr Schiff in Flammen.

Ein Glück, dass das Dingi wieder da war. Innerhalb weniger Minuten hatten sie die Yacht verlassen.

»Werde den Moment nie vergessen«, sagt Rainer, in die Erinnerung versunken. »Die Sonne kroch im Zeitlupentempo wie eine flirrende Scheibe über den Horizont. Ein Vulkan im Hintergrund qualmte – und vor uns das brennende Boot auf dem Meer.«

In einem Anflug von Sarkasmus: »Und keine Kamera dabei – die verbrannte samt unseren Filmen!«

Stunden später sank die ausgebrannte Yacht.

»Gespenstisch«, sagt einer der beiden. »Flupp – weg war sie. Kaum eine Bewegung oder Turbulenz blieb auf dem Wasser zurück.« Nach einer Pause: »Seekriege müssen eine schrecklich *saubere* Sache sein.«

Das Drama hatte sich nahe der Küste abgespielt. Ihr Glück. Noch am selben Tag trafen sie auf Fischer.

»Komische Käuze«, hatten die zunächst gedacht. »Angeln in ihrer Nussschale so weit draußen im offenen Meer.«

Als sie jedoch hörten, was geschehen war, nahmen sie die Havaristen sofort zu sich an Bord und versorgten sie. An Land warteten die Formalitäten. Nach Erledigung der wichtigsten Dinge hatten sich die drei bei Karl-Heinz gemeldet, einem Landsmann, der Wochen zuvor auf ihre Yacht zum Segeln gekommen war.

»Können wir während der nächsten Tage, bis unsere neuen Papiere fertig sind, bei dir wohnen?« Rainers Augen verengen sich, als er davon erzählt.

»Okay, ihr könnt…«, hat er gesagt, »allerdings müsst ihr für Unterkunft und Verpflegung bezahlen.«

Jens sieht hoch. »Weißt du, die neuseeländischen Fischer hatten uns 100 Dollar in die Hand gedrückt. Als ›Erste Hilfe‹. Sie gaben uns warme Jacken… und unmittelbar danach eine solche Erfahrung mit einem Landsmann…«

Tags drauf traben unsere Pferde in Cromwell ein. Hier, nur wenige Kilometer unterhalb des Zusammenflusses des Clutha- und Kawarau River, war es, wo die beiden historischen Figuren, Goldsucher ihres Zeichens, Horatio Hartley und Christopher Reilly, innerhalb von zwei Monaten 39 Kilo Gold schürften. Als die Nachricht von diesem spektakulären Fund am 16. August 1862 in der *Otago Times* erschien, verließen binnen weniger Tage mehr als 2000 Männer mit glitzernden Augen Dunedin. Zwischen September jenen Jahres und April 1863 gab das *Dunstan Goldfield* 120 886 Unzen des begehrten Metalls frei. Nachrichten von weiteren großen Funden an Shotover und Arrow River ließen manche glauben, die ganze Gegend sei von Gold nur so durchwoben. Dem war aber nicht so. Das ohne besondere technische Hilfsmittel zugängliche Gold war bis 1864 ans Tageslicht gebracht. Die Zukunft gehörte großen *dredges*, Fördermaschinen. Doch auch ihre Zeit ging zu Ende. Nur hier und da – zum Beispiel am Shotover River – sind heute noch welche im Einsatz.

Gold ist's längst nicht mehr, was den Pulsschlag Cromwells bestimmt. »Wasser und Energie« heißt die neue Zauberformel. Der riesige *Clyde Dam*, ein Stauprojekt am Clutha River, wird das Land verändern und alte Ortsteile in den Fluten des neu geschaffenen Lake Dunstan versinken lassen.

Die Reise zur Küste führt durch reiche Farmgebiete, in denen neben Schafzucht auch Obstanbau betrieben wird.

Bei unserer Pferdereise ist jetzt Alltag eingekehrt, mit einer Routine und Selbstverständlichkeit, die manches im Tagesablauf erleichtert. Trotzdem ist es selten, dass wir vor zehn Uhr aufbrechen. Hunderterlei Handgriffe müssen zuvor getan werden. Die erste längere Pause für die Pferde legen wir nach drei bis vier Stunden ein. Weitere zwei Stunden traben sie anschließend in den jetzt merklich früher beginnenden Abend. Wir lassen es langsam angehen, wir haben viel Zeit zum Gespräch und um Vögel, Menschen und Tiere am Wegesrand zu beobachten.

So erreichen wir Dunedin – die Elegante. Mit über 100 000 Einwohnern ist sie die an prächtigen alten Gebäuden reichste Stadt der Südinsel. Auch wird ihr niemand streitig machen, eine der schönstgelegenen Städte Neuseelands zu sein. Was einiges bedeutet; keine Großstadt dieses Landes bräuchte sich zu scheuen, einem internationalen Schönheitswettbewerb beizutreten.

Am Ende einer zauberhaften 21 Kilometer tief ins Land geschnittenen und als *Otago Harbour* bezeichneten fjordähnlichen Bucht gelegen, vermischt die Stadt den Hauch vergangener viktorianischer Zeiten mit ungewöhnlichen landschaftlichen Reizen.

Wir hatten beschlossen, Dunedin mit Pferden so weit wie möglich zu umgehen. Die Langsamkeit des Gespanns würde sowohl für Autofahrer als auch für uns ein Gefahrenmoment sein. Außerdem kann ich eine Kutschfahrt nicht genießen, wenn ich weiß, dass sich hinter uns lange Autoschlangen aufbauen und jeder Fahrer nur auf die erstbeste Chance lauert, rasant vor uns einzuscheren.

Es ist einer der – bei Reisen so erstaunlich häufig zu erlebenden – glücklichen Zufälle, dass wir im Randgebiet Dunedins, in einem jener kleinen Vororte, in denen ein Meer hübscher Holzhäuser mit farbigen Dächern heitere Stimmung verbreitet, eine hilfreiche Bekanntschaft machen. Sie heißt Joanna und ist von Beruf *kindergarden-teacher* (der Begriff »Kindergarten« hat weltweit Verbreitung gefunden). Juliana, ebenfalls Erzieherin, kommt schnell mit ihr ins Fachsimpeln. Das Ergebnis: Frau und Tochter werden den nächsten Tag im Kindergarten zubringen.

Bettinas Bemerkung: »Papa, grüß die Albatrosse von uns…«, besiegelt den Entschluss, dass ich Dunedin und die Otago Peninsula mit einem Mietwagen allein besuchen werde. Da ich unsere Pferde auf der Weide von Joannas Freunden sowie Frau und Tochter im Kindergarten bestens untergebracht weiß, genieße ich meine »Freiheit für einen Tag.«

Es ist der witterungsmäßig ausdrucksvollste Morgen seit langem, als ich auf einer vor vielen Jahrzehnten von Strafgefangenen gebauten Straße auf dem südlichen Ufer *Otago Harbours* zur Spitze der Landzunge *Taiaroa Head* fahre. Bizarre Wolkenbilder schieben sich über sattgrüne Uferhängen, gedrehte, gezwirbelte Wolkenfetzen jagen über den Himmel. So reizvoll die Straße auch ist, ich bin froh, hier nicht mit Pferden reisen zu müssen. Wie die meisten Küstenstraßen, die jedem Schnörkel einer Bucht folgen, lässt auch diese kaum eine Windung aus. Malerisch ist das, doch für Pferdeexkursionen gefährlich.

In einem kleinen Ort stoppe ich. Vor einem Laden parkt ein altes Auto, hinter dessen Steuer ein Hund sitzt. Während ich interessiert vor diesem Wunderding früher Technik stehe, kommt der eigentliche Chauffeur.

»Natürlich ist das mein einziges Auto«, antwortet er auf meine Frage. Ein anderes wolle er nicht. »Weshalb auch – seit 1928 läuft dieser *Essex* ohne Unterbrechung.« Während der Hund sich anschickt, seinem Herrchen auf dem Fahrersitz Platz zu machen, gesellt sich ein Bekannter des Chauffeurs zu mir. »War auch schon für längere Zeit in Europa… als Kriegsgefangener in Österreich.« Er strahlt dabei. »I had a good time!«

Auf der Weiterfahrt entlang *Otago Harbour* fallen mir viele mit farbigen Motiven hübsch bemalte Bushaltestellen und Häuser auf. Sie geben der Strecke einen heiteren Charakter.

Der Name der Otago-Halbinsel geht zurück auf die maorische Bezeichnung *Otakou*. »Platz des Roten Ocker« bedeutet das und beschrieb einst das an die Öffnung der Bucht angrenzende Land. Als ich dort ankomme, fegt ein geradezu wild gewordener Sturm vom Meer her. Genau hier, an Taiaroa Head, befindet sich eine Kolonie der »Herren des Windes«: Königsalbatrosse. Mehr als 20 Albatrospaare stellen sich zu bestimmten Zeiten ein.

Otago Peninsula ist reich an Attraktionen, natürlichen wie der Pinguinparade von *Penguin Place* oder von Menschen gemachten wie *Larnach Castle*, das als einziges Schloss Neuseelands bezeichnet wird. Es war einst mit ungeheurem Aufwand von dem Bankier und Politiker William Larnach gebaut worden. Doch der Pomp währte nur so lange, bis sich Larnach 1898, nach seinem Ruin, im Parlamentsgebäude von Wellington das Leben nahm.

Es wird bereits dämmrig, als ich nach Dunedin zurückkehre und auf einen der vielen Hügel, über die sich die Stadt erstreckt, hochfahre. Weiches Abendlicht überzieht die Häuser, in denen wie Glühwürmchen die ersten Lichter aufflammen. Ein Jogger nutzt den Feierabend, um seine Strecke zurückzulegen, gefolgt von einem Milchmann. Junge Burschen sind das zumeist. Im Laufschritt kommen sie heran, den Wagen voller Milchflaschen vor sich. Ein schneller Griff – und die Karre kommt zum Stillstand. Der Bursche zieht ein paar Flaschen heraus, sprintet zu einem Hauseingang, stellt seine Lieferung ab. Schon eilt er im Laufschritt zurück zum Wagen – und der *milk run* des rasenden Milchmannes geht weiter...

Die Küsten der Südinsel haben ihren besonderen Reiz. Zumeist menschenleer sind sie und reich an Tieren. Als wir einige Tage später nördlich Dunedins unser Pferdegespann auf Nebenstraßen zu einer als *Shag Point* bezeichneten Landnase lenken, entdecken wir auf Felsen in der Brandung Seehunde und hunderte von Kormoranen. Die Nacht verbringen wir nahe den Moeraki Boulders.

Schon lange vor Sonnenaufgang bin ich am nächsten Morgen

bei den eigentümlichen Felsen, die an riesige, halb aus dem Sand des Meeres ragende Fußbälle erinnern. Der Legende nach sehen Maoris in ihnen *Kai-Hinaki*, runde Lebensmittelkörbe, die einst nach dem Kentern eines legendären Kanus an Land gespült wurden. Die Wissenschaft bietet eher Nüchternes, berichtet von Ablagerungen auf dem Grund eines uralten Sees, die sich gleichmäßig um ein Zentrum herum bildeten und versteinerten.

Langsam tastet sich die Sonne über den Horizont und belegt die schwach heranrollenden Wellen mit roter Patina. Wasser leckt an den Felsen. Bereits vor zehn Millionen Jahren entrissen die Elemente sie dem Schutz des Bodens. Kälte, Hitze, Wasser und Wind haben an ihnen genagt, doch nichts hat die geradezu perfekte Form zerstört und ihnen den Zauber des Ungewöhnlichen genommen, der einen umfängt, wenn man in der Schöpfungsstunde eines neuen Tages an diesem einsamen Strand entlangwandert.

Die Seele baumeln lassen...

»Werden wir es rechtzeitig vor Ladenschluss bis Kurow schaffen?« Unsere Braunen fliegen am Bett des breiten Waitaki River entlang, in dem sich die Wasser der Seen Tekapo, Pukaki und Ohau vereinen. Mächtig *power* hat der Fluss erzeugt, bis man ihm in der Nähe von Kurow endlich seine Freiheit zurückgab. »Im schärfsten Trab seit Wochen«, notiere ich später im Tagebuch, »preschen wir in den Ort. Dies ist unsere letzte Chance, Einkäufe zu erledigen. Als Nächstes geht es in das entlegene MacKenzie Country.«

Es ist wenige Minuten vor 17 Uhr (die meisten Läden schließen erbarmungslos früh und pünktlich), als ich die Zügel anziehe. »Whooii!« Im Handumdrehen sind wir abgesprungen. Juliana eilt mit einer langen Einkaufsliste in den Supermarkt. Bettina jubelt: »Da ist ein Spielplatz« und verschwindet zwischen Kletterstangen und Schaukeln. Ich tätschele gerade die Pferde, als ein stämmiger Mann auf mich zukommt:

»Dachte schon, dass ihr eure Braunen mit Sprit auftanken wolltet, als ihr so rasant auf meine Tankstelle zugeschossen kamt.«

Wir lachen, nennen unsere Vornamen und kommen ins Fachsimpeln. Graeme bückt sich, tippt gegen Ricks linken Hinterlauf, woraufhin der brav den Huf hebt. Es wird wieder mal Zeit, einen Schmied zu finden. Ich habe mir vorgenommen, das Pferdebeschlagen zu erlernen. Die derzeitige Abhängigkeit von anderen ist ein ernstes Reise-Handicap.

»Eure geplante Route über die Berge ist recht schön – doch hart für die Pferde«, sagt Graeme. Er kennt sich aus im Alltag eines Kutschers.

«…baue mir gerade einen größeren Wagen zusammen«, sagt er. »Im nächsten Sommer soll er fertig sein. Habe mir schon zwei gute Clydesdales angeschaut.«

Er unterbricht sich einen Moment und schmunzelt: »Dann fehlt mir eigentlich nur noch genügend Zeit, um wie ihr durchs Land zu ziehen.«

Über unserem Gespräch ist die Sonne gesunken, nur die Spitzen der Berge leuchten noch. Im Tal des Waitaki aber wird es bereits kalt. Nachdem Juliana unsere Lebensmittel verstaut und eine vom Spiel erhitzte Bettina zu sich auf den Kutschbock gezogen hat, überqueren wir den reißenden Waitaki River. Dann folgen wir auf einer Schotterstraße dem Ostufer des Hakataramea River.

Je weiter wir gen Norden ziehen, umso schlechter werden die Futtermöglichkeiten. Nicht, dass es hier kein Gras gäbe, doch das vorhandene ist bis auf Millimeterhöhe abgefressen. Schafslosung und der Blick auf kahl gefressene Weiden im Hinterland sagen genug: Farmer haben ihre Herden »gassi« geführt und die Straßenböschungen abgrasen lassen. Als uns ein Auto entgegenkommt, strecke ich die Hand vor. Der Fahrer hält und kratzt sich bei meiner Frage nachdenklich am Hinterkopf. »Sieht schlecht aus mit Futter zu dieser Jahreszeit.« Er spricht von Dürre und dass die Schafe schon lange zuvor auf die letzten Grashalme angesetzt worden seien. Einen Tipp allerdings hat er. Rund eine Fahrstunde entfernt sei eine Hirschfarm. »Da ist der Rand des öffentlichen Weges noch nicht kahl gefressen.« Es wird mir im Gespräch klar, dass jetzt die Jagd nach dem letzten Grashalm beginnt.

Ich verhehle nicht, dass ich sauer werde, als wir das Gatter der *deer farm* erreichen, an dem eine Tafel darauf hinweist, dass *Northamerican Wapiti* und *German Red Deer* gezüchtet werden. Zwar wächst saftiges Gras neben der Straße – Rick und Jack recken auch gleich die Hälse –, doch ich kann sie im letzten Moment zurückreißen: Mit einem elektrischen Zaun hat jemand seine Ansprüche gesichert.

Die letzte Chance für eine opulente Pferdemahlzeit ist also dahin. Kurz entschlossen schlagen wir unmittelbar hinter der Hirschfarm unser Nachtlager auf.

Das Ausschirren und Feuerstellebauen spielt sich an diesem Abend im Dunkeln ab. Zum Glück gibt's Weidensträucher, deren frische Triebe unsere Pferde zu schätzen wissen. Ich finde auch einige sumpfige Abschnitte mit Gräsern, die von Rick und Jack angenommen werden. Wenn ich sie im Laufe des Abends fünfmal an verschiedenen Plätzen anbinde, sollten sie satt werden.

Soweit die guten Nachrichten – unerfreulich ist, dass der Fluss mehrere hundert Meter entfernt ist. Mühsam bahne ich mir mit den Pferden einen Weg dorthin. Doch beide scheuen vor dem sumpfigen Rand und senken nicht einmal die Köpfe zum Saufen. Ich bin ärgerlich, mache mich auf den Rückweg, verfehle meinen Pfad und versacke bis zu den Knien in einem dick mit Entenflott bedeckten Tümpel. Was nicht gerade meine Fröhlichkeit steigert – beide Stiefel sind triefnass.

»Zivilisationshengste – wo gibt's denn so was, nur aus dem Eimer saufen…!«, schimpfe ich. Dreimal taste ich mich in dieser Nacht zum Fluss und schleppe insgesamt hundert Liter Wasser heran.

Der Schein des Feuers huscht über Julianas Gesicht, die auf unserem kleinen Grill Würstchen brutzelt. »Nur eins ist in die Glut gefallen«, sagt sie, was ich angesichts der Lagerfeuerakrobatik bei Dunkelheit für eine beachtliche Leistung halte. Und über allem strahlt der Vollmond.

Nach der zweiten Tasse heißen Tees sage ich: »Schön hier…«, was mir einen Lacher meiner Frau einbringt. »Komm, *Sir*, magst du noch ein Würstchen – nur eine Seite ist verbrannt.« Und dicht an den Steinen der Feuerstelle dampfen meine tümpelnassen Stiefel.

Als habe jemand über Nacht einen Vorhang vor den Himmel gezogen, hängt am nächsten Morgen Dunst über dem Land. Das sind nicht meine Stunden. Ich zögere noch, dem Tag ins graue Angesicht zu sehen, und lese lieber Bettina von den Erlebnissen Meckis im Schlaraffenland vor. Auch das Feuer scheint nicht zu großen Taten aufgelegt zu sein. Lustlos flackert es vor sich hin, während Rauch über unsere Wiese wabert.

»Verflixt, meine Schuhe sind ja noch immer nass.«

Ich schleudere sie wie einen Frisbee in Richtung Feuerstelle und ziehe mir Turnschuhe an. Nachdem ich die Pferde mit Armen voller Weidenzweige verwöhnt habe, mache ich mich erneut daran, die Stiefel zu trocknen. »Vorsicht, du toastest sie!« Julianas Hinweis ist zutreffend, kommt aber zu spät. Ich stürze ans Feuer. An zwei Stellen ist der die Knöchel umschließende Lederhals der Stiefel angekohlt und steinhart. Schade, wie früher werden sie nie wieder sein, diese *boots* mit der langen Geschichte: Vor Jahren hatte ich sie in der *Mission Street* in San Francisco von einem dubiosen Straßenhändler für lumpige acht US-Dollar gekauft. Mehrfach war ich während der letzten Monate in Neuseeland auf sie angesprochen worden. »Great boots«, hatte ich immer wieder gehört... und dass solche Stiefel hier 200 Dollar kosten.

Es dauert noch Stunden behutsamen Trocknens, bis sie wieder ausgehfein sind. Juliana, die nicht so lange am Lagerfeuer sitzen kann, ohne dabei seine praktischen Vorzüge zu nutzen, kocht Erbseneintopf für den Abend. »Großmutter hat immer gesagt, aufgewärmt schmecke der am besten.«

Es geht auf Mittag zu, als wir endlich loskommen. Über eine Holzbrücke wechseln wir auf die andere Flussseite und damit auf ein Asphaltband, das uns zurück ins Hochland bringen soll. Die Pferde haben stärker zu arbeiten als sonst, stetig geht es bergauf. Zum Glück wird es auch grüner. Unvermittelt stehen wir vor dem »Garten Eden« dieses Tages: zwei Apfelbäume am Chausseerand, der dicht mit saftigem Klee bewachsen ist. Natürlich halten wir. Jack, wenn es um gute Happen geht, Rick immer eine Nasenlänge voraus, bedient sich schon. Wir schirren ab.

Ohne Julianas Kochkünste wären wir nur halb so weit gekommen.

In den knapp zwei Stunden, die die Pferde brauchen, um satt zu werden, fahren nur vier Autos an uns vorbei. Da ist keins, dessen Fahrer nicht abgebremst und freundlich gewunken hätte. Juliana und Bettina sprechen derweil den Äpfeln kräftig zu. Sie müssen allerdings ihren hausfraulichen Drang, Apfelbrei zu kochen, bezähmen. Trockenes Gras lässt wegen der Brandgefahr ein Lagerfeuer unverantwortlich erscheinen. Aber auch ich habe meine Probleme: »Wird es mir gelingen, morgen früh hier mit unserem Gespann zu wenden?« Der Platz ist eng, uneben und abschüssig.

Während der Nacht verarbeite ich die Situation. Ich schreie auf, als unsere Deichsel in die Brüche geht. Zum Glück nur im Traum! Als wir startklar sind, regnet es. Noch einmal gehe ich den berechneten Wendekreis ab, reiße überhängende Zweige aus und hacke an besonders schwierigen Stellen mit meiner Machete das Gras ab. Auf einmal geht alles Ruckzuck und ohne jegliche Probleme vonstatten: Wir sind wieder auf der Straße. Kurz drauf klart auch der Himmel auf.

Das kultivierte Farmland endet, die Landschaft wird wilder. Als wir endlich den Hakataramea-Pass erreichen, legen wir eine Rast ein, um den Pferden ihre verdiente Ruhe zu gönnen.

Weit unter uns breitet sich das Hochland von South Canterbury aus. Aufgewirbelter Staub liegt dick in der Luft. Es ist mehr ein Ahnen, als ich sage: »Dahinten liegt Lake Tekapo.« Auf guter, doch kaum frequentierter Schotterstraße erreichen wir das Hochland unterhalb des Passes. Eine romantisch verfallene Schutzhütte auf Schlittenkufen, vor vielen Jahrzehnten mit Dampfmaschinen hierher geschleppt, lädt neben einem Bach zum Verweilen und Entdecken ein. Wir können nicht widerstehen und bleiben – ein paar Tage sogar, satteln Rick, machen lange Ausritte und genießen das Campleben. Doch der Mahner in mir meldet sich. Ende März: Herbstbeginn. Vor Einbruch der Winterkälte sollten wir zurück in Christchurch sein.

Der Tag, an dem wir Richtung MacKenzie-Pass aufbrechen, ist windstill und klar. Nur über den Bergen des Ostens hängen weiße Wolken wie pralle Euter. Mt. Cook fern im Westen, gestern Abend noch mit einer verzerrten Wolkenfahne am Gipfel, zeigt sich heute ohne jedes »Häubchen« und auf Hochglanz poliert.

Dann knirschen Räder im Kies, langsam setzen sie sich in Bewegung: Herrlich, wieder auf dem Kutschbock zu sitzen. Rick schnaubt, dass sein Speichel durch die Luft und mir ins Gesicht fliegt. Ich sehe zu Juliana, die in Gedanken versunken diesen dreidimensionalen Landschaftsfilm an sich vorbeiziehen lässt. Schön, die Seele einfach so baumeln zu lassen.

Ein Gedenkstein nahe dem Weg weckt mich aus meinen Gedanken. Wir klettern vom Wagen und untersuchen das bekannte *MacKenzie-Denkmal*. Es erinnert an jenen Mann, dessen Namen dieser Pass und das Hinterland tragen: James MacKenzie, Viehdieb seines Zeichens. In riesigen Mengen hatte er einst gestohlene

Schafe hier im Hochland versteckt. Sein Name ist jedem in Neuseeland vertraut. Er lebt weiter in Songs und Legenden.

Was wohl dazu geführt haben mag, *outlaws* wie ihn mit Lorbeer zu umranken, nachdem den Ereignissen ihre Gegenwartsnähe genommen war? Der »Wilde Westen« Amerikas bietet ja solche durch Hollywood gekürte »Helden« zuhauf, beim Nachbarn Australien ist es der Gangster Ned Kelly, den die Legende zum Rächer der Unterdrückten machte. In Wirklichkeit war er es nie. Bei solchen Betrachtungen klingt die Inschrift auf dem verwitterten Gedenkstein eher sachlich:

»An diesem Fleck wurde James MacKenzie, der Freibeuter, durch John Sidebottom und die Maoris Taiko und Seventeen gefangen genommen. Doch er entkam in derselben Nacht des 4.3.1854.«

Unsere Pferde ziehen bei der Überquerung des MacKenzie-Passes bis zur Grenze ihrer Leistungsfähigkeit. Umso erlösender ist die Fahrt bergab. Rick neigt in solchen Situationen dazu, in Galopp zu verfallen, was ich unbedingt vermeiden muss.

»Hey, was ist das?«

Ich reiße die Zügel straff. Wenige Meter vor einem Hindernis, das unsere Pferde das Leben hätte kosten können, kommen wir zum Stehen: Ohne Vorwarnung und an schlecht einsehbarer Stelle befindet sich mitten auf der Fahrbahn ein *cattle guard* – in die Fahrbahndecke eingelassene runde Rohre mit breiten Abständen dazwischen.

Das ist nichts Ungewöhnliches. Doch in der Regel gibt es Ankündigungen und ein Tor zum Zaun nebenan. Nicht so hier. Nur eine von der Straße abfallende steile Böschung.

»Da kommen wir mit dem Wagen niemals durch.«

Wir beratschlagen. Mit dem Ergebnis, dass wir die Pferde ausschirren und in einem Balanceakt die Böschung hinunter, durch den Fluss und auf der anderen Seite wieder hoch führen. Anschließend spanne ich mich vor die Deichsel, wiehere kräftig und ziehe unseren Wagen über das Hindernis, während Juliana die Geschwindigkeit mit der Bremse kontrolliert. Was wohl geschehen wäre, wenn dieses Hindernis statt an einem abschüssigen Hang an einer Steigung gewesen wäre? Auch zu zweit und nach einem anständigen Frühstück hätten wir den Wagen keine zehn Zentimeter bergan bewegt.

Während wir anschirren, hält ein Geländewagen hinter uns. Ein Mann mittleren Alters sitzt am Steuer. Vermutlich Farmer, denke ich. Er grüßt. Zwei junge Burschen und ein halbes Dutzend Hunde teilen sich die Ladefläche. Meine Bemerkung: »Welch genialer Straßenkonstrukteur hat die Pferdefalle in die Fahrbahn gebaut?« übergeht er. Später höre ich heraus, dass er es ist, dem hier das Land gehört.

»Gibt es einen Hufschmied in der Nähe?«, frage ich. Der Farmer denkt nach.

»Ich fahre nach Hause und werde für euch herumtelefonieren.«

Dann beschreibt er uns einen nahe gelegenen schönen Platz am Fluss. Als er uns dort aufsucht, hat er keine gute Nachricht: »Der Schmied ist nicht zu Hause.« Obgleich dieser Farmer mit dem hageren, wettergegerbten Gesicht recht wortkarg ist, berichtet er von einem Einsiedler, der vor Jahrzehnten genau an der Stelle unseres Camps gelebt hatte. Daher also die Apfelbäume, über deren Fallobst sich Rick und Jack gleich hergemacht hatten! An der Hütte des Einsiedlers hat der Zahn der Zeit genagt. Zwischen Fußbodendielen wachsen heute Gräser und Blumen. Wenn Balken erzählen könnten, wäre ich ein stiller Zuhörer.

Als ich spätabends den Pferden ihre Hafer- und Häckselrationen bringen will, ist Jack nicht da. Das gab es noch nie! Ich rufe. Und schon trabt *Big Boy* auf mich zu, sein Seil hinter sich her ziehend. Ich muss in diesem Moment an Ashleys Worte denken: »Nehmt zwei Pferde, ihr werdet damit unproblematischer reisen. Kommt ein Pferd los, wird es immer dort bleiben, wo das zweite ist.«

Unsere Hoffnung, einen Hufschmied für Rick zu finden, machen wir jetzt an dem kleinen Dörfchen Albury fest, einem winzigen Nest mit wenigen Häusern und 40 Einwohnern. Wir stoppen am *general store*, der im Verlauf der Jahre stark an Bedeutung eingebüßt hat, seit jeder ein Auto besitzt und seine Einkäufe in der nahe gelegenen Stadt Timaru erledigt. Für uns hat man dort einen heißen Tipp parat: »Liz im Nachbarort Cave kann Pferde beschlagen. Sie wird euch bestimmt aus der Patsche helfen.«

Unglücklicherweise steht wieder einmal ein Wochenende vor der Tür, und die Freizeit ist den Kiwis heilig. »Drück uns die Daumen...«, sage ich zu Juliana. »Ricks Eisen hält keinen weiteren Tag mehr.«

»Ein kleines weißes Häuschen mit vielen Rosen und Dahlien davor«, so hatte die »Adresse« von Liz gelautet. Da Albury und Cave sich größenmäßig nicht unterscheiden, dauert es bei dieser Beschreibung nur wenige Minuten, bis wir das Haus gefunden haben.

Liz ist Mitte fünfzig, knapp 1,80 Meter groß, stämmig und nach der Mode der 60er-Jahre gekleidet. Und unheimlich hilfsbereit.

»Kommt doch rein.«

Wir betreten ein puppenstubenhaftes Gebäude.

»Entschuldigt die Unordnung.« Sie räumt ein paar Hauswirtschaftsgeräte vom Tisch und macht Kaffee.

»Good morning.« Die Tür hinter uns geht auf. Ein Mann, gut einen Kopf kleiner als Liz und mehr als 25 Jahre jünger als sie, kommt auf uns zu.

»Das ist Vincent«, sagt sie, »mein Mann... Zu einem Viertel ist er Deutscher und heißt Schubert.«

Ich hätte ja alles erwartet – nur das nicht. Vincent Schubert ist Samoaner und erst kürzlich aus der Südsee nach Neuseeland gekommen. Er steigt auf Liz' Bitte in den uralten Familien-Kombi, um von einem Freund Werkzeug zum Pferdebeschlagen zu holen.

Derweil erzählt Liz, dass sie früher in Ashburton eine Reitschule betrieben habe. Pferde hat sie auch heute noch.

»Vielleicht werde ich jetzt einige davon verkaufen.«

Die Gründe dafür sind familienbedingt: Die Heirat mit Vincent hat ihr eine ganze Samoaner-Sippe gratis beschert. Ein lediges Mädchen daraus sei schwanger, sagt sie. Vincent und sie wollten sich des Kindes annehmen.

»Für Pferde wird während der nächsten Jahre kaum Zeit bleiben…« Vincent ist zurückgekommen. Wir gehen raus. Liz' fachmännischer Blick gleitet über unsere Braunen. Jacks Schwellung der Fußgelenke entgeht ihr natürlich nicht. Sie ist während der letzten Wochen stärker geworden. Wir haben, wo immer uns das möglich war, den Pferden kühlende Bäder in Bächen oder Seen verordnet. Das brachte zwar Jacks Gelenke vorübergehend immer zum Abschwellen, am nächsten Abend aber sahen sie wieder aus wie zuvor. Um es vorwegzunehmen: Bis zum Schluss hat ihn das nicht beeinträchtigt oder seine Leistungsfähigkeit geschmälert.

Liz hat nicht nur das richtige Gespür im Umgang mit Pferden, sondern auch die handwerklichen Fähigkeiten. Während sie Rick beschlägt, erklärt sie mir den Gebrauch der einzelnen Werkzeuge.

»Das beste *horse shoeing gear* zum Beschlagen der Pferde kommt aus Deutschland. Ihr habt allerdings auch anständige Preise! Das komplette fünfteilige Set kostet rund 500 Dollar. Ein Amboss ist da nicht mal mit drin…«

Nach getaner Arbeit gehen wir auf eine weitere Tasse Instantkaffee zurück ins Haus. Liz, die uns einen Moment allein gelassen hatte, erscheint in der Tür. »Habe gerade bei Sydney in Ashburton angerufen. Er wird Jack beschlagen. Bis dahin sollten seine Eisen allemal halten.«

»Wer ist Sydney?«

»Mein erster Mann, mit dem ich die Reitschule hatte.«

»Und der tut dir… uns… einfach so den Gefallen?«

Liz schmunzelt viel sagend. »Aah, Sydney ist eine gute Haut und immer hilfsbereit. Nur vor einem muss ich euch warnen – sein Haus ist ein Saustall.«

Wenn's weiter nichts ist, denke ich noch.

Der Kreis schließt sich

Liz hatte uns für die Weiterfahrt wertvolle Tipps gegeben. Dem ersten folgen wir kurz vor Temuka, wo wir am Fluss einen schönen Nachtplatz finden. Während der Dunkelheit stiehlt Jack aus einem Beutel unter dem Wagen mehrere Kilo Äpfel. Doch ohne das kleinste Anzeichen von schlechtem Gewissen kommt er am anderen Morgen schnaufend angetrabt. So vibrieren seine Nüstern immer, wenn er auf Hafer hofft. »Come on, Jack...« Ich nehme den großen Kopf in meinen Arm. »Wieder auf der Suche nach *oats*?« Und wie zur Bestätigung reibt er seinen Hals an meiner Schulter.

Neuseeland liegt noch in den Federn. Wir sind so früh auf den Beinen wie selten zuvor, um die Straße *Number One* vor Einsetzen des sonntäglichen Verkehrs zu befahren. Wir sind in Höhe der Stadt Winchester, als ich auf einem Platz, halb hinter Büschen und Bäumen verborgen, alte Traktoren und Dampfmaschinen sehe.

»Sieht nach *Country Fair* aus.« Ich bringe die Pferde zum Stehen. Juliana, die meine Wünsche schon wieder erraten hat, blickt auf die Uhr: »Haben wir noch so viel Zeit, dorthin zu gehen? Liz hat uns für heute Abend bei Sydney angemeldet...« Ich springe vom Bock und drücke Zweige an die Seite.

»Du, da sind *Barney* und *Franz Josef*!« Kein Zweifel. Die uns von der *Country Fair* in Belfast bestens vertrauten Dampfmaschinen stehen Seite an Seite. Jetzt gibt's kein Zögern mehr. Bei der nächsten Möglichkeit biegen wir in Richtung *fairground* ab. Fünf Minuten später halten wir zwischen puffenden, asthmatisch schnaufenden und graue Wolken speienden stählernen Ungetümen.

Peter, der Eigentümer von *Barney*, mit dem wir in Belfast zwischen den Rohren, Hebeln und Rädchen seines Kolosses so manchen Schwatz abgehalten hatten, steckt wieder einmal tief in den Innereien seiner Maschine. Er strahlt, als er uns entdeckt: »You finally made it…!« Er springt von seinem »Dinosaurier« und streckt uns die ölverschmierten Hände entgegen. Momente später ist auch Clarence von *Franz Josef* da.

»Wie seid ihr mit den Pferden zurechtgekommen?«

Ich erzähle, wie wunderbar komplikationslos alles verlaufen sei, verschweige aber nicht unsere ständigen Hufschmiedsorgen.

Gemeinsam besehen wir uns Jacks Hufe. Das Eisen hinten rechts ist an der Spitze hauchdünn. Ob es noch die knappe Tagesreise bis Ashburton durchhält? Wir haben Zweifel.

»Geh doch mal zum Ansager und lass durchfragen, ob sich ein Hufschmied auf dem Platz aufhält«, schlägt Clarence vor. Ein deutscher *Lanz-Bulldog*-Traktor pufft gerade an uns vorbei; neu lackiert und in Top-Zustand, als habe er gerade die Fabriktore passiert. Mehr als 20 weitere dieser laut bullernden Ungetüme sind auf dem Volksfest im Einsatz; einige bei Vorführungen, andere beim Geschicklichkeitswettbewerb.

Wieder bleiben wir auf dem Weg zum Ansager stehen. Auf einer großen Holzrolle mit einem darüber liegenden breiten Brett, ähnlich einer Wippe, balanciert ein *Lanz-Bulldog*-Fahrer sein Fahrzeug wie ein Artist. Vorsichtig rollt er vor und zurück, immer bemüht, das Brett möglichst lange in der Waagerechten zu halten. *Heinrich Lanz – Mannheim* lese ich auf einem blank polierten Messingschild am Kühler. Gut sechzig Jahre ist es her, dass diese Arbeitsmaschine den langen Weg von Deutschland nach Neuseeland angetreten hat.

Kurze Zeit später hallt unsere Lautsprecherdurchsage über den Platz. »…looking for a black-smith to do some work on a horse.« Leider ohne Resonanz.

Die schwarzen Wolken über der *Country Fair* werden dicker, je mehr Kohle in den großen Bäuchen der Dampfmaschinen verschwindet. Ich hätte unbändige Lust, bis zum Ende des Festes zu bleiben, doch unser Hufeisenproblem zieht uns weiter.

Um flotter voranzukommen und Kilometer zu »fressen«, folgen wir nun doch dem Highway 1. Zum Glück ermöglicht ein breiter Seitenstreifen, außerhalb der eigentlichen Fahrbahn zu rollen. Bei Brücken allerdings müssen wir uns dem Verkehr stellen. Die *Orari Bridge* ist die erste. Dumpf hallen die Hufe. Entgegenkommende winken. Die Mähnen und Schwänze der Tiere fliegen – was für ein vitales Erlebnis.

An einer Nebenstraße rasten wir. Hupen quäken, als uns ein Konvoi aus zwölf blitzenden Oldtimern passiert. Es passt in dieses Bild, als wir wenig später auf ein wahres Wohnmobilmonstrum treffen, von unten bis oben schnuckelig mit Holz verkleidet. Da, jetzt öffnet sich die Fahrertür. Eine junge Frau steigt aus, geht nach hinten, schließt einen angebauten Jägerzaun auf, öffnet die Campertür und verschwindet in diesem Gartenhäuschen auf Rädern. Tolle Kiste. Aber was wohl unser TÜV zu so was sagen würde?!

Kurz vor Erreichen Ashburtons verliert Jack ein Hufeisen. Um Schäden zu vermeiden, lasse ich die Pferde ganz langsam gehen. Je näher wir der beschriebenen Adresse kommen, umso verwunderter bin ich über die gute Wohngegend. Der »Saustall«, von dem Liz gesprochen hatte, passt nicht in dieses Bild.

Das aber ändert sich schlagartig, als eine Tafel am Fahrbahnrand die Stadtgrenze signalisiert. An einen alten Schuppen hat jemand mit der Hand *333* geschrieben – genau die Adresse, die Liz uns gegeben hatte.

Ich steige ab und gehe an den Eingang.

Ob wir hier überhaupt richtig sind? Die Tür ist zugewachsen, Spinnweben verdecken jede Ritze. Ich folge einem Trampelpfad um das halb verfallene Gebäude. War da hinter den blinden Scheiben nicht ein Lichtschein?

Ich taste mich durch die Dunkelheit, steige über Gerümpelberge und zwänge mich durch einen Bretterverschlag, hinter dem auf einem seit Jahren dick bestaubten Kühlschrank ein altes Transistorradio plärrt. Durch ein Loch in der Wand fällt Licht. Offenbar ist dahinter so etwas wie ein Wohnzimmer. An einem Tisch, auf dem seit Jahren Zeitungen, Illustrierte und Werbezettel gelagert werden, lehnt ein kleiner Mann und schaut in das griesige Bild eines Fernsehers, der auf einem unverputzten Mauervorsprung steht. Ein Igel sieht bei meinem Eintreten von seinem Milchnapf hoch, verharrt eine Sekunde, um sich gleich darauf durch ein Loch in der Bretterwand nach draußen zu verdrücken. Eine Katze, den Schwanz hoch aufgerichtet, streicht am Tischbein entlang.

Der Mann, bei dem es sich nur um Sydney handeln kann, schaut auf, sieht mich an, dann die Katze: »Das ist eine von sieben, die bei mir wohnen ... du musst Dieter sein ...«

Er kommt auf mich zu, als kennen wir uns seit ewigen Zeiten. Wir gehen nach draußen. »Wo willst du die Pferde wenden?« Mit einer Taschenlampe leuchtet er den Boden ab.

»Warte mal, ich schaffe dir mehr Platz.«

Er geht ins Haus, holt einen Hammer und löst Drähte, die er anschließend vor eine Weide spannt.

»Habe selbst zwei Pferde – wenn die spitzkriegen, dass hier noch weitere sind, werden die den euren einen munteren Empfang bereiten.« Und dann übergangslos: »Komm mal rüber.«

Er führt mich zu einem zweiten Haus auf dem Grundstück. »Da haben bis vor einem Jahr *skin heads* gewohnt. Bin ja eine friedliche Person ... aber als sie nächtelang ihre Stereoanlage in Jahrmarktlautstärke dudeln ließen, habe ich ihnen gekündigt. Zwei Tage später haben sie die Säulen vom Hausvorbau rausgerissen und sind damit durch alle Wände gegangen.« Er führt mich durchs Haus. Überall sind kopfgroße Löcher in den Zimmerwänden, der Kamin ist zertrümmert, elektrische Leitungen hängen in der Luft.

Vor dem Haus steht ein völlig demoliertes Auto. »Das haben sie in der gleichen Nacht gemacht... Drogen! Danach hat sie keiner mehr gesehen. Vermutlich sind sie in Wellington oder Auckland untergetaucht. Die Polizei von Canterbury war froh, das lausige Gesindel hier wegzuhaben.«

»Das Haus ist ja nur noch eine Ruine«, sage ich.

Sydney zuckt die Achseln. »Ich habe den gesamten Komplex von Chinesen gemietet...«

Zwischen den beiden Häuserruinen parke ich unseren Pferdewagen. Wir schirren ab.

»Wir sollten sie drüben auf die Weide bringen«, sagt Sydney. Er öffnet ein wackliges Gatter.

»Können die Pferde hier nicht entweichen?«

»Können schon, aber sie werden's nicht wollen. Das Futter ist zu gut.« Gleichzeitig erzählt er, wie sein Pferd *Blue* letzte Woche einen Durchlass gefunden habe. »Nach einem Tag Suchen aber hatte ich den guten *Blue* schon wieder«, beruhigt er mich. Ich habe nicht vor, dieses Risiko einzugehen. Da unsere Pferde im Moment hungrig sind, werden sie sich die nächsten Stunden nur aufs Futter konzentrieren. Über Nacht aber werde ich sie anleinen.

Sydney führt mich zu einer Ansammlung verlassener Holzhäuser neben der Koppel:

»Als ich ein Junge war, lebten hier mehr als 30 ›Chinamänner‹. Ich habe damals zeitweise für sie gearbeitet und auf ihren Feldern Früchte gepflückt.« Obsthandel aber war offenbar nicht das einzige Geschäft jener ehrenwerten Herren. Sydney erzählt von häufigen Razzien.

»Als die Polizei zu aufdringlich wurde, haben sich die Chinesen über den ganzen Ort verteilt. – Komm mal mit.«

Er führt mich an die Hinterfront eines der noch erstaunlich solide wirkenden Häuser. Taschenlampenschein huscht über Bretter, von denen längst die Farbe abgeblättert ist. Ein zugenagelter Notausgang wird sichtbar.

»Dort haben sie verbotene Glücksspiele betrieben. Wenn die Polizisten vorn zur Kontrolle reinkamen, haben sie sich hinten verdrückt.« Er kichert.

»Komm, lass uns zu mir ins Haus gehen.« Auf dem Weg erzählt er, dass Liz und er früher auf seinem Wohngrundstück ihre Reitschule betrieben hätten. Dann kam es zum Streit. Nicht nur, dass Liz ihn um Haupteslänge überragt – sie war auch willensmäßig die Stärkere.

»... hat mich nach 20 Jahren rausgeschmissen«, und er fügt in der Sprache der Pferdeleute hinzu: »... mit 'nem Sack voll Hafer.«

Der Igel verschwindet wieder bei meinem Eintreten. Schade. Aber zu staunen gibt es auch so genug. Diese »Wohnung« ist phänomenal, mein Lebtag habe ich so etwas nicht gesehen. Was schon etwas heißen will, denn beim Reisen hatten wir die selbstverständlichste und unkomplizierteste Gastfreundschaft häufig in Häusern einfacher Menschen erlebt, bei denen gelegentlich die Socke von gestern neben der Butter lag. Meistens hatten wir schon bald über solche Stillleben hinweggesehen. Ich bezweifle, dass mir das bei Sydney gelingen wird. Seine Unordnung – sie hat im Schein der schwachen Lampe etwas Pittoreskes an sich – ist nicht zu überbieten. Das ist kein Chaos, wie es durch Eile entsteht. Nein, es ist gewachsen, über Jahre.

Ich bekomme schnell heraus, dass jedes Element in diesem Tohuwabohu festen Platz und Funktion hat. Geschickt bewegt Sydney sich durch die Rumpelkammer, in der Berge von Büchern, Schrott, Pferdegeschirr und Lebensmittel nebeneinander pyramidenhafte Formen angenommen haben.

»Wenn du Lust zum Lesen hast – hier drin steckt meine Sammlung *National Geographic*. Sie ist vollständig – allerdings nicht ganz geordnet«. Er lächelt. Ein Griff zwischen Säcke mit Hafer und ein halbes Dutzend alter Blechschüsseln – und seine Hand kommt mit einem feinen Bildband über die Rassepferde unserer

Erde zum Vorschein. Ohne Eselsohr und makellos. Wie er das bloß anstellt?!

Sydney grinst, als hätte er meine Gedanken erraten. »In meinem Junggesellenhaushalt sind viele schöne Dinge. Aber ich schließe nie ab, bei mir bricht keiner ein. Wer würde die Wertsachen schon finden!« Wir plaudern noch lange über Pferde. Lippizaner sind Sydney so vertraut wie Hannoveraner, Quarterhorses und schwere Holsteiner. Im Radio wettert jemand über die sündige Welt. Eine grelle Stimme preist im Fernseher die neuesten Holden-Automodelle an. Nach einiger Zeit gehen wir vors Haus.

»Wie wird das Wetter, Sydney?«

»Die Farmer sagen ›schlecht‹, ihr könnt euch aber freuen – hier bei uns regnet es praktisch nie.« Und während der kleine Mann mit dem Zipfelbärtchen am Kinn das sagt, steht ein leuchtender Streifen des *southern light* am Himmel.

»Wenn ihr euch gründlich waschen wollt, dauert es etwas länger«, erläutert Sydney am nächsten Morgen die Geheimnisse seines selbstgebauten Wasserversorgungssystems.

»Die Toilettenbenutzung ist nur alle dreißig Minuten möglich, weil es so lange dauert, bis sich der Spülkasten wieder gefüllt hat.« Er stellt seinen Becher, von dem irgendwann einmal die Rückstände früherer Getränke abgemeißelt werden müssten, um überhaupt noch Kaffee hineinzukriegen, an die Seite. Dann beginnt er Jack zu beschlagen. Es wundert mich, dass er keine andere Technik als die uns bekannte anwendet. Doch er erledigt die Arbeit mit gleichem Sachverstand und ebensolcher Ruhe wie die vielen anderen Schmiede, denen wir über die Schulter zu schauen Gelegenheit gehabt haben.

»Come on, Fred…!« Zu mir gewandt: »Entschuldige, ich nenne alle Pferde beim Beschlagen ›Fred‹.« Der Abschied von diesem Original ist herzlich. Keine Sekunde lang war bei ihm Langeweile aufgekommen.

Die 1800 Meter lange Brücke über den Rakaia River nördlich von Ashburton hat mich beschäftigt, lange bevor wir sie erreichen. Mir waren Visionen durch den Kopf gegangen, wie wir eine der wichtigsten Fernstraßen Neuseelands in einer Richtung lahm legten, weil es dem Verkehr nicht möglich sein würde, uns auf der schmalen Brücke zu überholen. Doch Rick und Jack haben ihren starken Tag. Mit fast fünfzig Stundenkilometern fliegen wir über die Brücke.

Eine Tagesreise ist's jetzt noch bis Christchurch. Endspurt. Wir folgen wieder parallel zum Highway verlaufenden Farmstraßen. Meine Augen sind jetzt für Probleme der Landwirtschaft geschärfter als zuvor. Juliana spricht meine Gedanken aus: »Wie können die Farmer hier überhaupt leben?«

Uns ist zwar bekannt, dass der Landstrich südlich von Christchurch einer der trockensten Neuseelands ist, doch was wir hier sehen, lässt sich zu dieser Zeit nur als »wüstenähnlich« beschreiben. Allein Steine ragen noch aus dem Boden. Hufe abertausend hungriger Tiere haben den trockenen Boden brüchig getrampelt. Kein Wunder, dass der Wind große Staubwolken vor sich her treibt. Trostlosigkeit, wohin ich auch sehe. Auf einer völlig kahl gefressenen Wiese stehen Schafe zu hunderten dicht an dicht gedrängt. Die Suche nach Gras haben sie längst aufgegeben. Hier und dort verfüttern die Farmer schon Heu – die Vorräte für den Winter. Einen von ihnen, damit beschäftigt, den Anhänger an den Traktor zu koppeln, frage ich nach dem Weg zum Selwyn River.

Als ich erwähne, dass wir dort die Nacht verbringen wollen, lächelt er milde: »Der Fluss ist knochentrocken, ihr werdet kein Wasser für die Pferde finden.« Er schlägt vor, wir sollten auf dem Hof seiner Farm im Windschatten der Gebäude übernachten. Nach einem prüfenden Blick an den Himmel: »Heute Nacht kommt Sturm auf.«

Ross heißt er, und ein wichtiges wirtschaftliches Standbein seiner Farm ist die Hirschzucht.

»Momentan habe ich noch 120…« Wegen Futtermangels habe er gerade heute Morgen 80 verkauft. »Frisch zerlegt und per Kühlflugzeug nach Deutschland.«

Er schlägt vor, Rick und Jack zu den Hirschen auf die Weide zu schicken.

»Aber schließt die Tür gut hinter euch.« Ob sich Wild schon mal selbstständig gemacht habe, will ich wissen.

»Nein, und ich hasse die Vorstellung, dass es passieren könnte.«

Das Farmhaus, in das er uns zur heißen Dusche einlädt, ist geräumig und wohnlich. »Ein großer Tag für mich«, sagt er, wobei er mir ein Bier über den Tisch schiebt.

»Heute ist ein Auftrag für Leinsamen aus Österreich eingegangen. Für eure Bio-Läden. Die haben herausgefunden, dass unsere Produkte sauber sind – ohne Düngemittel und Pestizide.« Er verhehlt aber nicht, dass es große Probleme für die Farmer gibt, ganz besonders hier im *dry spot*.

»Trockenheit ist nur ein Teil davon«, sagt er. »Dürrezeiten hat es hier schon immer gegeben. Was fehlt, ist die richtige Regierung in Wellington.« Seine Resignation gipfelt in der immer wieder gehörten Feststellung: »Vor 30, 40 Jahren waren wir einkommensmäßig das drittstärkste Land auf dem Globus. Heute sind wir auf dem Niveau einer Bananenrepublik!«

Der folgende Tag bringt Überraschungen: Ross begrüßt uns freudig erregt – ein schwerer Regenguss trommelt aufs Land. Mein Gesicht wird finster, als ich feststelle, dass sich Rick samt Decke im Schlamm gewälzt hat. An einem mit Wasser gefüllten Schweinetrog mühe ich mich ab, sowohl Pferd als auch Decke sauber zu bekommen. Dabei fällt mir auf, dass Juliana und Bettina mit Verschwörermiene eifrig zwischen Pferdewagen und angrenzendem Schuppen hin- und herpendeln.

»Donnerwetter – das sieht aber festlich aus.« Zwischen alten Farmgeräten und Hühnerkästen steht unser Campingtisch, darauf ein Blumenstrauß und eine Pfanne mit Schinken und Eiern.

»Setz dich«, sagt Juliana. »Wenn wir schon unseren Hochzeitstag in einem Hühnerstall feiern – dann bitte mit Stil.«

Ein großer Tag für die Landwirte. Es regnet während unserer ganzen Fahrt nach Christchurch. Kalter Wind hat sich dazugesellt. Ich ziehe mir Ricks einigermaßen trockene Decke bis unters Kinn. Trotzdem kriecht mir nasse Kälte in jede Pore.

Wenn ich es recht bedenke, haben wir bislang ungeheures Glück mit dem Wetter gehabt. Aber nicht allein damit. Als blutige Anfänger hatten wir vor Monaten begonnen, bei Ashley unsere ersten Lektionen über Pferde- und Wagenlenken zu erlernen. Jetzt gehen uns auch komplizierte Griffe wie alten Routiniers flott von der Hand.

Wie viele Tage und Wochen haben wir gemeinsam mit den Pferden verbracht – wie viele Kilometer haben sie uns bergauf, bergab gezogen! Ihr Wohlbefinden war Teil des unseren.

Ich bin froh – aber auch ein wenig stolz, dass Rick und Jack in solcher Top-Verfassung sind. Von leichten Schürfstellen durch die Ketten abgesehen, haben sie die lange Reise blessurenfrei überstanden. Ich meine, dass wir für die Tiere den richtigen Arbeitsrhythmus gefunden haben. Wir haben regelmäßig Pausen eingelegt, bei Hafer und Häcksel nicht geknausert und geradezu sportlichen Ehrgeiz entwickelt, ihnen die besten Futterplätze zu präsentieren.

Regen prasselt noch immer, als wir auf der uns vertrauten *Johns Road* Christchurch tangieren.

»Weißt du noch, wie wir mit gebrochenem Deichselschwengel nach *Country Fair* in Belfast bei Ann eingelaufen sind?«

»Ob wir heute schon mal vorbeischauen sollten, nass und dreckig, wie wir sind?«

Wir tun es. So kommt es, dass unsere Kutschtour im *gipsy wagon* eigentlich schon hier zu Ende geht.

Große Freude bei den Pferdenarren David und Ann, als wir an ihre Tür klopfen.

»Unsinn, bei dem Wetter weiterzuziehen.«

Und so sitzen wir dann an unserem Hochzeitstag doch noch an einem weiß gedeckten Tisch, anstatt mit geschwärzten Fingern aufgeflogene Rußpartikel eines Lagerfeuers aus den Spaghetti zu klauben. Wir lassen unsere gesamte Ausrüstung bei Ann zurück, da wir den gebuchten Mietwagen für die Weiterfahrt zur Nordinsel sowieso in Christchurch entgegennehmen werden.

Als wir uns zwei Tage später Ashleys Haus nähern, überkommt mich ein wehmütiges Gefühl.

Doch nicht nur mich allein: »Warum müssen wir denn die Pferde wieder weggeben, Papa?« Bettina sieht mich mit großen Augen an.

»Weil wir in den Norden, nach Auckland wollen.«

»Das können wir aber doch auch mit Pferden machen.«

»Ja, aber...!« Ich gebe zu, dass ich mich in diesem Moment schwer tue, ihr klar zu machen, dass dies endgültig das Ende unserer Pferdetour ist.

Ashley ist nicht zu Hause und seine Frau auf dem Sprung, zu gehen. »Ash wird gleich zurückkommen. Wartet auf ihn.«

Das letzte Ausschirren, ein letztes Mal die große Haferportion in die Eimer gefüllt.

»Come on, Jack, du Apfeldieb.« Ich streichle dem ungemein kraftvollen Pferd über die Mähne. Mit ihm allein jedoch wäre das Reisen sicher mühsam gewesen. Ich erinnere mich noch gut, wie ich anfangs das Gefühl hatte, man müsse *Big Boy* anschieben, um ihn auf Touren zu kriegen. Rick war genau der richtige Partner, die notwendige Triebfeder. Doch mehr als einmal war es Jack gewesen, der die Führung übernommen hatte, wenn Heißsporn Rick sich verausgabt hatte.

Die Pferde sind gerade dabei, ihre leeren Futtereimer mit den Hufen zu kicken (da muss doch noch was drin sein...!), als ich halb verborgen hinter einem Strauch ein wohl bekanntes Gesicht sehe.

»Hallo, Ashley...!«

Sein Blick streift die Pferde. Er nickt zufrieden – sagt aber nichts. Überflüssige Worte hat er nie gemacht. »Warum stehen wir eigentlich draußen herum?«

Recht hat er. Doch bevor ich ins Haus gehe, hole ich im *bottle store* noch zwei Liter Bier.

»Ich wünschte mir, ich hätte bei euch sein können«, sagt Ashley nach dem ersten Glas.

»Warum wart ihr denn nicht in Bluff, dem Südzipfel der Insel, und in Invercargill? Wolltet ihr nicht auch die Westküste hochfahren?«

Ich versuche ihm klar zu machen, wie sehr wir die Fahrt durch entlegene, einsame Täler genossen hätten, anstatt auf Highways irgendwelchen Kilometerrekorden hinterherzujagen.

»Tja – aber die Westküste hoch nach Norden müsst ihr unbedingt irgendwann einmal mit Pferden machen ...!«

Er beugt sich über die Karte und ist in seiner zackigen Art schon dabei, eine Route auszutüfteln.

Ashley sieht hoch: »Die Futtereimer und den Sattel hebe ich für euch auf. Und wo der Wagen steht, wisst ihr ja.

Wann, sagtet ihr, wollt ihr wiederkommen...?«

Dschungel, Gletscher und Vulkane

Träume und Wünsche sind schön – doch noch schöner ist es, wenn sich die Realität mit den Wünschen deckt.

»Weißt du«, wende ich mich in unserem kleinen Mietauto Juliana zu, »der Pferdetrip hatte nur einen Fehler: Er war zu kurz.«

Sie lacht. »Ähnliches hast du gesagt, als damals unsere gut 7-jährige Weltreise zu Ende ging…«

Ich widme meine Aufmerksamkeit wieder der schmalen Straße Richtung Haast-Pass. Es war ein Kunststück gewesen, unsere Ausrüstung in dem kleinen Kombi zu verstauen. Was Juliana zu der Äußerung bewogen hat, sie möchte mal nur mit einem ganz leichten Rucksack um die Welt reisen – und nicht wie ein Umzugsunternehmen.

Aber Reisen wie diese lassen sich nicht allein mit einem Handköfferchen voll Ausrüstung durchführen. Nicht, wenn man Unabhängigkeit von Hotels, Restaurants, Wind und Wetter sucht. Doch das kostet ein beachtliches »Mehr« an Gepäck … und Nerven, wenn es ans Verstauen geht. Juliana schickt mich in solchen Situationen meist fort, um »wichtige« Gänge zu erledigen. »Ohne dich geht das Packen auch ganz gut…« Ich hüte mich, ihr zu widersprechen.

Doch das liegt bereits Tage zurück, als unser Auto von Christchurch Richtung Haast-Pass und Westküste rollt. Abschnittsweise waren wir der gleichen Route gefolgt wie ein Vierteljahr zuvor mit Rick und Jack. Hier und da hatten wir frühere Lagerplätze aufgesucht. Versunken in den Anblick der Reste von Pferdeäpfeln, war ich dann ins Träumen geraten. Was mir ein Schmunzeln Julianas einbrachte: »Du bist ein unverbesserlicher Romantiker!«

Zum Träumen bleibt auf der Fahrt über den kurvigen und schmalen Haast-Pass keine Zeit. Es war übrigens ein deutscher Forscher, Julius von Haast, der diese Route 1863 offiziell als erster Weißer erforschte. Doch es dauerte 97 Jahre, bis die *Haast Otago Road* eröffnet wurde.

Es ist gut, hier ein wenig Zeit mitzubringen: für Spaziergänge durch Galerien hoher Baumfarne, entlang behaart wirkender Bäume und zu rauschenden Wasserfällen. Wie am Milford Sound ist es auch hier nach Regen am schönsten. Die Chancen dafür sind ausgesprochen gut! »Damals auf der Fahrradtour peitschte mich hier der Regen vorwärts«, erinnere ich mich.

Die Straße folgt nun dem sich öffnenden Haast River Valley, bis sie nach Norden abknickt, um Zubringer zu den Gletschern der *Southern Alps* zu werden. Die Anfahrt dorthin ist spektakulär: mit steil abfallenden Bilderbuchküsten, mal schroff und abweisend, dann wieder lieblich, mit menschenleeren Stränden und undurchdringlichen Wäldern neben der Fahrbahn.

»Müsste toll sein, hier mit Pferd und Wagen entlangzuziehen«, sage ich. Wobei ich das Verkehrsproblem allerdings nicht unterschätze. Nur eine Durchgangsstraße gibt es an der gesamten Westküste, schmal und unübersichtlich in Abschnitten. »Vielleicht wäre es ›hoch zu Ross‹ noch schöner ... über menschenleere Strände, 20 Kilometer und mehr an einem Stück.«

»Nur wenn du uns garantiert regenundurchlässige *Friesen-Nerze* und eine Großpackung Insektenschutzmittel besorgst«, sagt Juliana. Dabei zermalmt sie ein halbes Dutzend *sandflies* auf ihrem Arm.

Es geht schon auf den Abend zu, als wir den beiden lokalen Berühmtheiten unsere Aufwartung machen. Fox- und Franz-Josef-Gletscher sind Teil des Westland National Park. Kurze Stichstraßen führen bis an die unteren Enden der Eismassen. Düster und nebelig grau ist es, doch als Momente später die Sonne im Westen sinkt, scheint der Himmel über dem Meer in Flammen zu stehen.

Wetterprognosen an der Westküste sind mit Vorsicht zu nehmen. So kommt bei diesem Lichtblick am Horizont bei mir noch keine Euphorie auf. Umso größer ist das Geschenk des folgenden Morgens:

Feiner Hauch von Bodennebeln liegt über den Wiesen, lässt eine Herde Kühe in der Ferne »schweben«. Die Strahlen der Sonne brechen sich im Tau der Gräser. Aus einem ärmlichen Farmhaus am Rand einer Wiese tritt ein Mann, schemenhaft, unwirklich.

Als ich den Lake Matheson, dessen stille Wasser die Gipfel der *Southern Alps* auf geradezu perfekte Weise reflektieren, umwandere, erfüllt sich ein Wunsch, der seinerzeit auf meiner Fahrradtour buchstäblich ins Wasser gefallen war. Der kleine See gibt seinen Zauber nur dann preis, wenn weder Regentropfen noch der leiseste Lufthauch seine Oberfläche irritieren.

Nach diesen Tagen stiller Schönheit und Harmonie an der Westküste trifft uns die Mitteilung in Picton, von wo aus wir die Fähre zur Nordinsel gebucht und bereits bezahlt hatten, wie ein Schlag: »Streik – das Schiff verkehrt nicht!«

»Auf welche Fähre kommen wir dann?«

Schulterzucken.

Meine Temperatur rückt in Siedepunktnähe, als ich herausfinde, dass bei Streiks der Beförderungsanspruch erlischt.

»Und was ist mit den nächsten Fähren…?«

»Auf die kommen die dafür regulär Gebuchten…«

Für uns heißt das: »Warteliste«. Doch jeder weiß, dass die Fähren zwischen den Inseln Wochen im Voraus völlig ausgebucht sind.

»Seid morgen früh zur Fünf-Uhr-vierzig-Fähre hier«, sagt ein Offizieller. Was bleibt uns anderes übrig?

Zum Glück hat das zauberhaft am Meer gelegene Picton Attraktionen zu bieten, die uns ablenken. Unser erster Weg führt zur *Edwin Fox*, einem 1853 in Indien gebauten Segelschiff, das in seiner bewegten Vergangenheit als Sträflingstransporter nach Australien und zwischen 1873 und 1880 als Immigrantenschiff nach Neuseeland eingesetzt worden war. Mit einer »Ladung« allein hatte der kleine Segler rund 400 Einwanderer in die Neue Welt gebracht.

Pünktlich um vier Uhr am nächsten Morgen reihen wir uns in die Schlange der übermüdeten Wartenden. Einige Einweiser verbreiten Optimismus. Doch klammheimlich leitet man auf anderer Zufahrt die ursprünglich für diese Fähre gebuchten Autos auf das Schiff. Während wir mit hunderten weiterer Passagiere seit 17 Stunden hoffen, legt die Fähre ohne uns ab.

Ich wundere mich, mit welch stoischer Gelassenheit die wartenden Neuseeländer diese Behandlung über sich ergehen lassen.

»Nichts Ungewöhnliches hier«, sagt mein Nachbar.

»Wir haben schon aufgegeben, uns darüber aufzuregen. Die *unions* (Gewerkschaften) sind einfach zu stark. Was die Seeleute gestern gemacht haben, war illegal ... sie sind ohne jegliche Voranmeldung von der Arbeit weggegangen.«

Nachmittags erscheint der Reporter des *Marlborough Express*, einer lokalen Zeitung.

»Seit mehr als 27 Stunden warten wir.«

»Unglaublich«, sagt er. »Kommt mit.«

Wir folgen ihm in die Redaktion, wo er die Nummer des für Fährtransporte zuständigen Ministers wählt. Natürlich ist der gerade in einer Konferenz. Die Kühle der Antwort aus seinem Office ist mir wie ein Schlag ins Gesicht: »Die für diese Fähre vorgesehenen Eisenbahnwaggons können wir nicht zu Gunsten der wartenden Passagiere in Picton zurücklassen!«

Wir warten jetzt seit 30 Stunden.

Im Hafen spitzt sich die Lage zu. Die Bahnverladearbeiter stellen Kapitän und Eisenbahnverwaltung ein Ultimatum zu unseren Gunsten. Beide lehnen ab. Wonach die Bahnarbeiter spontan ihrerseits in den Streik treten.

Das bringt die Wende: Bei Streik werden keine Waggons verladen. Ohne die aber ist Platz für alle wartenden Menschen. Es ist wie die passende Fortsetzung dieses von vornherein verkorksten Tages, dass die *Aritika* in der Cook Strait, der Wasserstraße zwischen Süd- und Nordinsel, in einen schweren Sturm gerät. Freundliche Stewards verteilen die für solche Fälle vorgesehenen Tütchen mit lockeren Bemerkungen: »Wer hat noch kein Programm?« Eine Frau neben mir, ebenso käsebleich um die Nasenspitze wie ich, kontert mit Galgenhumor: »Danke – die Show kenne ich schon.«

Endlich erreichen wir Wellington.

Als wir an einem kühlen, kristallklaren Tag Mt. Tongariro in der bizarren Vulkanlandschaft des gleichnamigen Nationalparks besteigen und auf türkisfarbene Seen blicken, neben denen heißer Thermaldampf küselt, habe ich die Behandlung nach dem Streik schon ein wenig aus dem Gedächtnis verdrängt. Ich werde weiter an diesem Kratzer auf der Oberfläche meiner schönen Neuseelanderinnerungen polieren.

Die neuseeländische Nordinsel ist so viel anders als die Schwesterinsel: Sie ist lieblicher, ihr fehlt der raue Hauch der südlichen Gebirge und Hochländer. Ich habe meine Favoriten hier: Wairaki zum Beispiel, wo der heiße Atem der Erde, aus dem Boden zischender Dampf, zur Gewinnung von Energie genutzt wird. Und das Waimangu Valley, in dem ich mich beim Bummel entlang heißer Seen der Schöpfungsstunde ganz nahe fühle. Und dann ist da Mt. Taranaki. Unsere alten Freunde dort, Barry und Alison, sind zwei von jenen Kiwis, mit denen wir seit der Radtour Kontakt gehalten hatten. Jetzt klopfen wir an ihre »Kirchentür«:

Barry, Farmer, Handwerker, Dichter und Philosoph in einem, hatte mit eigenen Händen auf der Basis der alten Kirche, die er uns damals so stolz gezeigt hatte, einen der schönsten und individuellsten Wohnplätze, die ich je bewundert habe, geschaffen. Wir hockten uns an den Kamin, in dessen Steine er uns einst bat, unsere Namenszüge einzumeißeln.« »Ihr habt ein Stück der weiten Welt in unser Haus gebracht«, hatte er damals gesagt.

Es ist schön, Freunde zu haben.

Die unsrigen sind über die ganze Welt verteilt: zwischen Kapstadt, Santiago, Melbourne, San Francisco und hier. Barry muss Ähnliches beim Abschied durch den Kopf gehen.

»Freundschaft ist auch, anderen von dem zu geben, was man hat. Ein ständiger Austausch... Ihr habt Impulse aus einer anderen Erlebniswelt zu uns gebracht. Ihr seid immer willkommen.«

Dann mit einem Lächeln: »Ich hoffe, dass wir diesen Austausch in ein paar Jahren am nördlichen Ende der Welt fortsetzen können.«

Die Schneefelder des Mt. Taranaki leuchten, als ich beim Abschied noch einmal über das sattgrüne Land unserer Freunde schaue.

Den ehemaligen Vulkan im Rücken, rollen wir weiter nach Norden. Als wir Auckland erreichen, ist mir, als seien wir in den ewigen Frühling gekommen. Im Hochland der Südinsel aber ist jetzt bereits der Winter eingekehrt.

Wie unterschiedlich sind doch diese Inseln, deren Gemeinsamkeit der Reichtum an natürlichen landschaftlichen Schätzen ist! Auf denen vor rund eineinhalb Jahrhunderten im Vertrag von Waitangi die bis dahin herrschenden Maori-Häuptlinge ihre Souveränität an die britische Krone abtraten. Trotz aller Veränderungen und Fehler der Vergangenheit darf Neuseeland auf einem Globus, auf dem noch immer im Namen des Fortschritts die letzten unberührten Öko-Haushalte und Wälder zerstört werden, als Hoffnungsträger gelten. *Das schönste Ende der Welt*, sagt die Werbung. Wer dabei auch saubere Luft, ungetrübtes Wasser, die klaren Berge und einen von Industrieschadstoffen unbelasteten blauen Himmel vor Augen hat (die nächsten Fabriken befinden sich in Australien, Chile und Südafrika), wird nicht umhinkönnen, Aotearoa – dem Land der langen weißen Wolke – einen Sonderplatz unter seinen Lieblingsreisezielen einzuräumen.

»Ich sehe für das Land eine Zukunft als eins der großen Urlaubsparadiese. Es hat die schneebedeckten Gipfel der Alpen, Regenwälder wie am Amazonas, die Halbwüsten Nevadas und Küsten, die den Vergleich mit den schärfsten Konkurrenten nicht zu scheuen brauchen.«

»Das schreib' besser nicht in dein Buch«, sagt Juliana. »Es muss doch noch ein paar heiße Tipps geben, die man nur hinter vorgehaltener Hand verrät.«

Was ich hiermit tue.

Und während wir in einem Hotelzimmer Aucklands versuchen, unsere unförmige Ausrüstung zu bändigen, fällt mir die Skizze von Ashley in die Hände.

»Ashley, Ashley, du hast mich auf den Geschmack gebracht – es müsste doch einen Weg geben, sich mit Packpferden an diesen traumschönen Ufern entlangzuarbeiten.«

Juliana schaut auf. So wie sie es gelegentlich macht, wenn sie einen meiner neuen Pläne wittert.

Ich bin jetzt nicht mehr zu halten. »Oder wäre es nicht toll, mit vier Pferden und einem Kutschwagen durch Neuseeland zu ziehen?! Stell dir mal vor, wie wir dann übers Land fliegen – und wie das Getrappel von 16 Hufen klingen würde…!«

Juliana sieht mich an. Ihr Gesicht ist braun und gegerbt. Wind und Wetter der vergangenen Wochen haben die kleinen Fältchen um ihre Augen vertieft. Sie lächelt.

»16 Hufe – du weißt ja, was das bedeutet. Dann fang man schon mal an zu lernen, wie man Pferde beschlägt!«

Infos

Neuseeland auf einen Blick

Geographische Lage:
Nord-Süd-Ausdehnung: 1600 km. Gesamtfläche: 270 534 qkm (somit etwa ein Viertel kleiner als Deutschland). Auf die Nordinsel entfallen 114 500, die Südinsel 150 700 qkm. Der Rest verteilt sich auf kleinere Inseln wie Chatham, Campbell und Bounty Island. Neuseeland liegt 10 400 km südwestlich von Nordamerika, 1700 km südlich der Fidschi-Inseln und 2250 km südöstlich von Australien.

Landschaftliche Highlights:
Höchster Punkt: Mt. Cook (3754 m).
Tiefster See: Lake Hauroko (462 m).
Längster See: Lake Taupo (606 km).
Längster Fluss: Waikato River (425 km).
Längster Gletscher: Tasman-Gletscher (29 km).
Die Länge der Küste beträgt 15 811 km.

Bevölkerung:
Ca. 3,8 Millionen Einwohner, davon 70% Pakehas (europäischer Abstammung), 15% Maoris, 7% Pacific Islander, 8% asiatischer Abstammung. 56% aller Neuseeländer leben in fünf großen Städten. Gut 70% der Gesamtbevölkerung konzentriert sich auf die Nordinsel.

Hauptstadt:
Wellington (Südende der Nordinsel).

Klimatabelle:

Ort	Durchschnittliche Tagestemperatur (°C)		Durchschnittlicher Niederschlag (mm)
	Sommer	Winter	
Nordinsel			
Auckland	23	15	1106
Wellington	20	11	1269
Südinsel			
Nelson	22	12	999
Christchurch	22	11	645
Queenstown	21	8	849
Dunedin	19	10	799

Great Walks – Wandern *down under*

In einem Land, das zu einem Drittel unter Naturschutz steht, in dem Regenwälder, Gletschereis und Vulkane in trauter Nachbarschaft liegen – in so einem Land kann Wandern nichts anderes als hohe Philosophie sein. Je nach Untergrund, Umgebung und Geschwindigkeit heißt die Fortbewegung auf zwei Beinen in freier Natur *(down under)* denn auch Tramping, Walking, Hiking, Bush walking oder Trekking. Entsprechend vielfältig sind die Wandermöglichkeiten in Neuseeland, in Wanderkreisen genießen sie Weltruhm. Ausgetreten sind die Klassiker unter den Wanderwegen deswegen noch lange nicht.

Ein paar Formalia sind nötig, bevor man auf einem der Great Walks Neuseelands Natur pur erleben kann. So brauchen Wanderer, die auf eigene Faust losziehen, einen speziellen Pass, den die neuseeländische Naturschutzbehörde, das Department of Conservation (DOC), gegen Gebühr ausstellt. Der Great Walks Pass berechtigt zur Nutzung der Track-Hütten.

In manchen Fällen muss der Schlafplatz im Voraus gebucht werden.

Erhältlich ist der Pass in jedem DOC-Büro sowie in vielen Tourismus-Informationsstellen. Das DOC und verschiedene Outdoor-Veranstalter bieten für alle Great Walks geführte Mehrtages-Touren an.

Die Great Walks führen durch Naturschutzgebiete, in denen freies Campen und offenes Feuer strikt verboten sind. Als oberste Regel gilt: Keine Spuren hinterlassen und die Tier- und Pflanzenwelt nicht stören. Zur eigenen Sicherheit sollten Wanderer vor Beginn ihrer Tour im jeweiligen Informationszentrum der Nationalparks ihre geplante Route hinterlassen. Ganz wichtig: Nach Beendigung der Tour sich wieder abmelden, da das DOC sonst Suchtrupps nach den vermeintlich verirrten Wanderern losschickt!

Informationen zum Great Walk Pass sind im Internet unter der Adresse http://www.doc.govt.nz abrufbar.

Südinsel

Milford Track

Als »achtes Weltwunder« bezeichnete Rudyard Kipling, *Dschungelbuch*-Autor und weit gereister Journalist, den Milford Track durch den einsamen Fiordland National Park im Südwesten der Südinsel. Vier bis fünf Tage dauert die Wanderung von der Nordspitze des Lake Te Anau bis zum Milford Sound, dem berühmtesten der neuseeländischen Fjorde, durch immergrünen Regenwald, Gletscher und Gebirge. Für die rund sechsstündigen Tagesmärsche über streckenweise unebenes Gelände sollte man schon gut zu Fuß sein. Vor allem der steile Aufstieg über den McKinnon-Pass (1073 Meter) erfordert eine gute Kondition. Am Wegesrand entschädigt so mancher spektakuläre Ausblick für die Mühen, allen voran die Sutherland Falls, die fünfthöchsten Wasserfälle der Welt (580 Meter).

40 Trekker pro Tag entlässt das DOC auf die »Wanderung aller Wanderungen«. Zudem müssen Individual-Wanderer die Schlafplätze in den Hütten im Voraus buchen.

Ein paar Reglementierungen sind erforderlich, denn jährlich wandern 8000 Menschen auf den Spuren von Donald Sutherland und Quintin Mackinnon, die den Milford Track als erste Weiße begingen und einige der landschaftlichen *highlights* auf der insgesamt 54 km langen Wildnisroute mit Namen versahen. Es besteht die Möglichkeit, sich geführten Wandergruppen anzuschließen (inklusive Mahlzeiten und Hütten mit Komfort, wie warmen Duschen, Trockenräumen etc.).

Wer sich erfahren und fit genug fühlt, den Milford Track auf eigene Faust anzugehen *(independant walks)*, sollte sich wegen des Great-Walks-Passes rechtzeitig (für den Sommer viele Monate im Voraus!) an das Department of Conservation wenden. Die Saison dauert hier von Ende Oktober bis Mitte April. Camping ist nicht erlaubt.

Zum Track: Es ist nur statthaft, den Milford Track in einer Richtung zu wandern, und zwar vom Lake Te Anau zum Milford Sound. Tägliche Bus-/Bootsverbindungen bestehen von Te Anau zum Glade-House-Anleger des Lake Te Anau.

Vom Ende des Tracks (Sandfly Point) gibt es tägliche Boots-/Busverbindung nach Milford mit Anschluss nach Te Anau.

Hollyford Track

Fiordland im äußersten Südwesten des Landes gehört zu den beeindruckendsten Naturlandschaften der Erde: Der Anblick majestätischer Fjorde, steil aus dem Meer ragender Felswände und himmelhoher Wasserfälle lockt fast jeden Neuseeland-Fan hierher. Aber bei der Fahrt zum Milford Sound verpassen die meisten die Abzweigung ins einsame Hollyford-Tal – und damit ein Wande-

rerlebnis, wie es außerhalb Neuseelands nur schwer zu finden ist:
Der Hollyford Valley Walk ist wegen seiner geschützten Tallage
die einzige Route in Fiordland, die das ganze Jahr über begehbar
ist. Sie lässt sich in etwa vier bis fünf Tagen gut bewältigen.
Die Wanderung beginnt in der Nähe der Humboldt-Wasserfälle
und folgt dem Lauf des Hollyford River zum Meer. Unten im Tal
überwiegt das üppige Grün des Regenwalds. Doch immer wieder
schimmern die schneeweißen, 2500 Meter hohen Gipfel der Südalpen durch das Geäst. Schließlich weitet sich die Landschaft, und
am Lake McKerrow vorbei erreichen die Wanderer nach 56 km
Martins Bay an der Tasman-See. Hier werden sie von Seehunden,
Pinguinen und Pelzrobben begrüßt. Überhaupt hat sich in Fiordland viel von Neuseelands ursprünglicher Tier- und Pflanzenwelt
erhalten: Stämmige Südbuchen und bis zu acht Meter hohe Farne
säumen den Hollyford Valley Walk, und mit etwas Glück begegnet man hier seltenen Vögeln wie dem Bergpapagei Kea. »Das
Land ertönte überall vom wilden Gesang der gefiederten Waldbewohner.« Dieser Satz des deutschen Naturforschers Georg Forster,
der Captain Cook auf seiner ersten Weltreise begleitete, stimmt
auch heute noch.
Anfahrt: Über Milford Road bis Marian Corner. Von dort 18 km
auf Lower Hollyford Road (an deren Ende Parkplatz).
Unterkünfte: Mehrere Hütten stehen zur Verfügung (Gebühr).

Routeburn Track
Ähnlich große Anziehungskraft wie der Milford Track übt der
Routeburn Track auf Wanderer aus. Der Routeburn schlängelt sich
durch die großartigen Landschaften der Fiordland und Mount
Aspiring National Parks und erfordert Wandererfahrung und gute
Kondition. Für keinen Geringeren als Sir Edmund Hillary, den
Mount-Everest-Bezwinger, zählt der 39 km lange Pfad zu den besten der Welt. Seine landschaftliche Vielfalt macht den Routeburn
Track zu einem Leckerbissen für Wanderer: grüne Täler, weite

Ebenen mit rotem Tussock-Gras, Regenwald, umgeben von den höchsten Gipfeln der Südalpen. Seiner Beliebtheit wegen muss eine Wanderung auf dem Routeburn Track im Voraus gebucht werden, vor allem in der Wandersaison von Oktober bis April. Nach dem Abel Tasman Coastal Track ist er der am meisten begangene Wanderweg Neuseelands. Er hat eine Länge von 39 km, für die 2–3 Tage anzusetzen sind. »Langsam angehen lassen« und für jede Form von Witterung (selbst im Sommer) gewappnet zu sein gilt auch hier.

Der Track gilt als mäßig schwierig.

Wanderungen mit Führung kann man von November bis April unternehmen.

Der Track kann von zwei Seiten begangen werden. Von Osten (Mt. Aspiring NP): Anfahrt von Queenstown über Glenorchy bis Routeburn Shelter (ca. 80 km). Wegen öffentlicher Transportmittel bei Glenorchy Holiday Park, Glenorchy, anfragen.

Von Westen (Fiordland NP): Trackbeginn an der Milford Road, ca. 85 km von Te Anau. Tägliche Busverbindungen von Te Anau.

Hütten: Es gibt auf dem Track vier Hütten. Während der Sommersaison werden sie von einem *hut warden* betreut, der auch die Übernachtungsgebühr kassiert.

Campingmöglichkeit nur beim Lake Mackenzie, beim Lake Howden und den Routeburn Flats.

Am beständigsten ist das Wetter zwischen Ende Dezember und März. Da es sich um eine Gebirgsregion handelt, muss immer mit wechselhafter Witterung gerechnet werden.

Kepler Track
Für den 67 km langen, bestens angelegten Wanderweg – ausgehend von Te Anau im Fiordland NP – werden rund vier Tage und gute Fitness benötigt. Der Track gilt als schwierig. Er ist ganzjährig begehbar, im Winter können jedoch Gebirgsabschnitte bei

extrem schlechtem Wetter geschlossen werden. Wer am Rand der Wanderung angeln, jagen oder klettern will, findet hier ein Dorado.

Auch hier gibt es voll ausgestattete Schutzhütten, die jedoch von Ende Oktober bis April stark frequentiert sind. Benötigt wird ein Great-Walks-Pass.

Dieser Teil Neuseelands verzeichnet rund 200 Regentage pro Jahr. Entsprechende Bekleidung und solides Schuhwerk sind Voraussetzung. Früh morgens muss mit Nebel gerechnet werden. Die Sommer sind zumeist mild.

Dusky Track

Der im Fiordland NP gelegene Wanderweg ist nur per Boot zu erreichen. Es sollten sechs Tage für den Trip eingeplant werden. Übernachtungshütten sind vorhanden.

Die Route bietet spektakuläre Ausblicke auf den Dusky Sound und gilt als eine der landschaftlich interessantesten.

Copland Valley Track

Ein Hochgebirgserlebnis zwischen ewigem Eis und den Urwäldern der Westküste. Der in Aoraki Mount Cook und Westland NP gelegene Track schafft die Verbindung von Mount Cook Village über die Kette der Southern Alps zur Westküste (Endpunkt am Highway 6, südlich von Fox Glacier).

Anders als die meisten anderen Wanderwege Neuseelands erfordert der Copland Track zur Überquerung des Copland Passes alpine Erfahrung und Ausrüstung. Wer das nicht mitbringt, sollte den Berg nicht ohne Bergführer angehen. *Alpine Guides* können in Mount Cook Village oder im Ort Fox Glacier gedungen werden.

Achtung: Es wird dringend abgeraten, den Copland-Pass ohne vorgenannte Voraussetzung zu überqueren. Er hat bereits eine Anzahl Menschenleben gefordert.

Sind alle Voraussetzungen erfüllt, wird empfohlen, den 46 km langen Track von Mount Cook Village in vier Tagesetappen zu bewältigen. Die Benutzung der Schutzhütten ist gebührenpflichtig.

Abel Tasman Coastal Track
Ein wahres Paradies hingegen öffnet sich auch wenig geübten Wanderern auf dem Abel Tasman Coastal Track im Nordwestzipfel der Südinsel. Malerische Buchten, in denen sich sanft das türkisfarbene Wasser der Golden Bay kräuselt, weiße Sandstrände, umgeben von sattem Grün der Wälder, und fast ganzjährig strahlender Sonnenschein locken vor allem im Dezember und Januar sonnenhungrige Nordeuropäer auf die drei- bis fünftägige Tour.

Der Abel Tasman Coastal Track gilt als leicht. Es gibt keine nennenswerten Steigungen, Wanderschuhe sind daher nicht unbedingt nötig. Wen die Ferse trotzdem zu sehr drückt, der kann einen Teil der Strecke mit dem Kajak zurücklegen, begleitet von Delfinen, Seehunden und Pinguinen.

Vorbuchungen für die fünf Hütten des Abel Tasman Coastal Tracks sind nicht nötig. Es ist jedoch ratsam, ein eigenes Zelt mitzunehmen, da vor allem während der neuseeländischen Weihnachtsferien zwischen dem 20. Dezember und 31. Januar Hüttenplätze knapp werden könnten.

Für den 45 km langen und ganzjährig zu wandernden Weg wird nur eine entsprechend leichtere Ausrüstung benötigt, da es keine gebirgigen Abschnitte gibt.

Je nach den persönlichen Wünschen und nach Fitness setzt man für den Track drei bis fünf Tage an. Nicht wenige Wanderer sind eine Woche und länger unterwegs, schlafen am Strand und ernähren sich von frischen Muscheln und Fischen.

Ein preisgünstiger Costal-Track-Hut-and-Camp-Pass ist vorab zu besorgen.

Wer hingegen eine geführte Wanderung bevorzugt, übernachtet in komfortablen Hütten, in denen es warme Duschen und Spültoiletten gibt.

Anders als bei den Berg-Tracks ist das Wetter hier stabil, zumeist ist es sonnig und mild mit langen Trockenperioden vom Sommer bis zum Herbst.

Heaphy Track
Der im Kahurangi National Park gelegene Pfad führt über 82 km durch Wälder, über Tussock-Grasebenen und an einsamen Tälern vorbei zu einem mit Nikau-Palmen gesäumten Strand. Dauer: rund vier bis sechs Tage, ganzjährig begehbar, mäßiger Schwierigkeitsgrad.

Man kann in sieben Hütten übernachten, in fünf von ihnen stehen Wasser, Betten, Heizung und Kochgelegenheit zur Verfügung. An diversen ausgezeichneten Stellen entlang dem Track darf das eigene Zelt aufgebaut werden.

Der für die Wanderung benötigte Heaphy-Track-and-Camp-Pass ist beim Department of Conservation erhältlich.

Die Sommermonate sind hier mild, allerdings kann es in höheren Lagen durchaus auch Frost geben. Westwinde von der Tasman-See bringen nicht selten Regen.

Rakiura Track
Dieser Wanderpfad führt in die Heimat der Regengötter! Der Rakiura Track ist 29 km lang. Rund zwei bis drei Tage benötigt man für die durch Wälder und an der Küste entlangführende Strecke in der südlichsten Region Neuseelands, auf der Stewart Island vor der Küste der Südinsel, südlich von Invercargill.

Der als mäßig schwierig klassifizierte Track ist ganzjährig begehbar, die Sommermonate sind allerdings am beliebtesten. Dann ist es empfehlenswert, ein Zelt mitzuführen, da die Unterkünfte gelegentlich belegt sind. Die beiden Hütten (Port William und North Arm Hut) haben Platz für 30 Wanderer.

Benötigt wird auch hier ein Great-Walks-Pass, der zuvor zu besorgen ist.

Es regnet an 250 Tagen pro Jahr! Führen Sie sehr gutes und stabiles Regenzeug und derbe Wanderstiefel mit.

Nordinsel

Tongariro Northern Circuit
Die Welt der Vulkane betreten Wanderer auf dem Tongariro Northern Circuit im vulkanischen Herzen der neuseeländischen Nordinsel. Dampfschwaden aus heißen Quellen, farbenprächtiges Gestein und türkisfarbene Kraterseen machen die vier- bis fünftägige Wanderung durch den Tongariro National Park zu einer faszinierenden Reise in die Erdgeschichte. Rund um den Vulkankegel des Mt. Ngauruhoe (2291 Meter) führt der Weg ohne größere Mühen durch den Tongariro National Park. Nur der Aufstieg auf den Sattel zwischen den Vulkankegeln des Mt. Ngauruhoe und des Mt. Tongariro (1968 Meter) erfordert etwas Klettergeschick.

Auf dem Tongariro Northern Circuit wandeln die Wanderer nicht nur auf den Spuren der Erdgeschichte, sondern auch auf heiligen Pfaden: Das Vulkanland gilt bei den Maoris als heilig; um jeden Stein und jeden Kratersee ranken sich Mythen und Legenden.

Die Wanderung führt um den Mt. Ngauruhoe herum. Der Track gilt als mäßig schwierig und ist gut ausgeschildert.

Die beliebteste Reisezeit ist zwischen November und April. Im südländischen Winter ist der Weg gelegentlich auch mit Schnee und Eis bedeckt.

Vier Hütten stehen zur Übernachtung zur Verfügung. Der übliche Great-Walks-Pass ist erforderlich. Buchungen sind in der Regel nicht notwendig. Das Department of Conservation bietet von Ende Dezember bis Ende Januar geführte Wanderungen auf dem Tongariro-Wanderweg an.

Da es sich um eine Bergregion handelt, ist das Wetter schwer vorhersehbar. Man stelle sich darauf mit seiner Kleidung ein.

Tongariro Crossing
Beschrieben als »die schönste Tages-Wanderroute Neuseelands«, führt der Track durch das malerische Vulkanland des Tongariro NP.

Sie dauert ca. 7 Stunden. Von Highway 47 kommend, erreicht man den Trackbeginn über einen 6 km langen Abzweig auf Mangatepopo Road (Parkplatz). Das Trackende befindet sich unterhalb Ketetahi Springs, dort besteht Zugang zu Highway 47A.

Um das Problem der Fahrt zum zurückgelassenen Auto zu umgehen, wäre ein Ausflug (voller Tagesmarsch für Hin- und Rücktour) bis zum Red Crater (grandiose Blicke auf den klaffenden, aktiven *Red Crater* mit seinen dampfenden Hängen) und Emerald Lakes in Erwägung zu ziehen. Wer allerdings vorhat, weiterzugehen, wird bei den Ketetahi Hot Springs (natürlichen heißen Quellen zum Baden) aufs angenehmste für die Mühen der Bergwanderung entschädigt.

Lake Waikaremoana Track
Im Osten der Nordinsel liegt der Te Urewera Nationalpark und mittendrin – zwischen steil aufragende Berghänge gebettet – einer der schönsten Seen des Landes, der Lake Waikaremoana. In drei bis vier Tagen lässt sich das verwunschen wirkende Gewässer umwandern. Der 46 Kilometer lange Track ist als einfach bis mäßig schwierig eingestuft und das ganze Jahr hindurch begehbar. Er führt durch ein zerklüftetes Bergland voller Mythen und Legenden. Denn das Urewera-Gebiet ist nicht nur das größte Waldgebiet auf der Nordinsel, sondern auch uraltes Stammesland der Maori.

Im 19. Jahrhundert, während der Landkriege gegen die europäischen Siedler, zogen sich hierher die Krieger vom Stamm der Tuhoe, die »Kinder des Nebels«, mit ihrem legendären Häuptling Te Kooti zurück.

Wer sich bei der Wanderung über den Lake Waikaremoana Track einem Maori-Führer anvertraut, kann dabei viel Interessantes über Flora und Fauna, aber auch über Geschichte und Legenden der Ureinwohner von Aotearoa lernen. Auch hier treffen die Wanderer wieder auf anderswo selten gewordene Urwaldriesen wie Matai-, Rimu- und Kahikatea-Bäume. In ihrem Schatten ist die Anwesenheit der Götter und mythischen Gestalten der Tuhoe fast körperlich zu spüren. Und dann der weite Blick, der von den Berggipfeln über den See hinweg bis zum Pazifischen Ozean schweifen kann! Er raubt jedem den Atem, der ihn zum ersten Mal genießt. Immer wieder laden die lauschigen Buchten und Sandstrände des Sees zum Baden ein. Und wen unterwegs der Hunger packt, der findet hervorragende Plätze zum Forellenangeln.

Übernachtet werden kann in fünf Hütten (Wasser, beheizt, Bettzeug), Voraussetzung ist ein Great-Walks-Pass. Es gibt auch Campingmöglichkeiten. Im Sommer ist es ratsam, ein Zelt dabei zu haben, da es in den Hütten Engpässe geben kann.

Wetter: Der Pfad führt durch eine gebirgige Region, entsprechend sollte die Ausrüstung sein, da im Winter mit Schnee in den Höhen und im Sommer mit Regenfällen gerechnet werden muss.

Coromandel Forest Walk
Die Wanderung mit ihren vier 3–5-stündigen Tagesetappen gilt als leicht bis mäßig schwierig. Außerdem erwartet Reisende hier – knapp zwei Fahrtstunden von Auckland entfernt – eine Landschaft, die in ihrem Abwechslungsreichtum so etwas wie Neuseeland im Kleinen darstellt. Um sich ein Bild von der Coromandel-Halbinsel zu machen, nehme man ein dicht bewaldetes Bergland, tauche es in südliches Licht und umgebe es mit lauschigen Meeresbuchten und goldenen Sandstränden.

Im Südwesten der idyllischen Halbinsel, nahe dem Städtchen Thames, startet der Coromandel Forest Park Walk. Er führt aufwärts durch das malerische Kauaeranga-Tal, über den 836 Meter hohen Table Mountain bis zur Kauaeranga Valley Road. Die Wanderer tauchen in die dschungelartige Wildnis der Coromandel ein und unternehmen dabei zugleich eine Zeitreise. Denn überall stoßen sie auf Zeugnisse der Goldgräber- und Holzfällerzeit des 19. Jahrhunderts, z. B. auf verlassene Bergwerke. Der Bedarf der Royal Navy an Schiffsmasten wäre den kerzengeraden Kauri-Fichten damals beinahe zum Verhängnis geworden. Heute gehört das Kauaeranga-Tal zu den Gegenden, in denen man wieder größere Bestände der bis zu 60 Meter hohen Baumriesen bestaunen kann.

Queen Charlotte Track
Neuseeland mit den Augen der ersten Europäer, mit den Augen von Kapitän James Cook, zu sehen – das ermöglicht der 67 Kilometer lange Queen Charlotte Track. Er führt parallel zu dem gleichnamigen Meeresarm durch die einzigartige Küstenlandschaft der Marlborough Sounds. Dieses gigantische Labyrinth aus Landzungen, Inseln, Meerengen und Buchten bildet nach den Legenden der Maoris die Waffenstillstandslinie im Kampf zwischen Tane und Tangaroa, den Göttern des Landes und des Meeres.

Der etwa viertägige Fußweg über den Queen Charlotte Track beginnt bei Ship Cove, einer einsamen Bucht an der Nordostspitze der Südinsel. Auf seinen Entdeckungsreisen durch die Südsee ging Kapitän Cook hier zwischen 1770 und 1777 immer wieder vor Anker, um seiner Mannschaft Tage der Erholung zu gönnen. Die stille, abgeschiedene Landschaft hat sich seither nicht verändert – und nichts von ihrer erholsamen Wirkung verloren. Von Ship Cove aus führt der Weg – stets wechselnd zwischen dem Queen Charlotte und dem Kenepuru Sound – südwärts bis Anakiwa. Das stete Auf und Ab über die bewaldeten Hügel erfordert etwas Kondition, stellt aber keine übermäßigen Anforderungen an den Wanderer. Das bisschen Mühe wird durch das spektakuläre Landschaftserlebnis mehr als belohnt.

Tipps zur Ausrüstung

Im Norden ist es eher subtropisch, der Süden ist klimatisch gemäßigt. Westlich der Gebirgsketten stößt man auf üppige Vegetation und Regenwälder. Am wärmsten ist es im Osten, wo die Sonne 2000 Stunden lang pro Jahr scheint.

Tipp: Holen Sie immer vor Ort aktuelle Wetter- und Wanderinformationen ein.

Wanderer sollten für die entlegenen Regionen Neuseelands eine solide Ausrüstung zusammenstellen. Dazu gehören u. a.:
– eingelaufene Wanderstiefel
– leichte Schuhe für den Abend
– Fleece-Jacke
– Ersatzpullover
– regendichte Jacke mit Kapuze
– Wandershorts
– Thermo-Unterwäsche
– warme Mütze/Hut
– Wandersocken in Reserve
– Erste-Hilfe-Ausrüstung
– Insektenschutzmittel
– Sonnenschutzmittel mit hohem Lichtschutzfaktor
– kleine Taschenlampe und Reservebatterien
– Universaltaschenmesser
– Kompass
– Sonnenbrille

Per Fahrrad unterwegs

»Neuseeland per Drahtesel« gilt als heißer Tipp, der sich allerdings schon weltweit herumgesprochen hat. Man ist als Radler also kein

»Exot« mehr auf neuseeländischen Landstraßen. Die Chance ist groß, an einem einzigen Tag Radler aus Amerika, Australien, Neuseeland, ganz gewiss auch Japan und Europa zu sehen. Die für unsere Begriffe »einsamen Straßen« sind zumeist gut ausgebaut. Wer nicht gerade in der Hauptreisezeit, in der naturgemäß die meisten Autos auf den Straßen sind, also von Dezember bis Februar, unterwegs ist, wird Neuseeland als Radel-Dorado lieben lernen.

Fahrräder können für den eigenen Gebrauch komplikationslos eingeführt werden. Manche Airlines transportieren sogar (z. B. auf der sog. Atlantik-Route über Nordamerika, wo zwei große Gepäckstücke bis zu 64 kg kostenfrei erlaubt sind) Fahrräder ohne oder gegen geringen Aufpreis. Das Einholen von Angeboten macht sich bezahlt.

Hoch zu Ross

Pferde spielen im Leben der Neuseeländer eine wichtige Rolle; bei Rennen, als Arbeitstiere der Farmer, oft sind es auch nur gehätschelte Haustiere. Kein Wunder, dass eine Reise mit Pferden den besten Zugang zu den Herzen und Häusern der gastlichen »Kiwis« eröffnet.

Zunächst einmal muss die grundsätzliche Entscheidung fallen, ob die Reise
- auf eigene Faust oder im Rahmen einer organisierten Tour
- bzw. im Sattel eines Reitpferdes oder auf dem Kutschbock erfolgen soll.

Mit Pferd und Wagen

Komplette Gespanne sind kaum zu mieten. Solch eine Unternehmung wird also denjenigen vorbehalten bleiben, die sich mit etwas mehr Zeit und beträchtlichem Aufwand daranmachen, Pferd, Wagen und Ausrüstung selbst zu besorgen.

Pferde sind in Neuseeland sehr preisgünstig. Ein trainiertes – jedoch für Rennen nicht mehr geeignetes – Tier wird schon für unter 500 NZ $ angeboten.

Weitaus schwieriger ist es, an einen Wagen zu kommen. Am besten gehen Sie zu Pferde- bzw. Reitclubs und knüpfen mit pferdebegeisterten Neuseeländern entsprechende Kontakte.

Da Traktoren auch hier die Zugpferde schon längst bei der Feldarbeit verdrängt haben, sind Pferdegeschirre selten geworden; die noch existierenden Geschirre befinden sich zumeist in den Händen von Liebhabern und sind somit teuer.

Reitpferde

Reitpferde für organisierte *horse treks* sind sowohl auf der Süd- wie auch auf der Nordinsel zu bekommen. Das Angebot reicht von einstündigen über mehrtägige bis hin zu mehrwöchigen Trips.

Pferdetouren auf eigene Faust sind grundsätzlich unproblematisch und bieten sich für Pferdefreunde an, die über entsprechend viel Zeit verfügen.

Wie auch bei Pferd-und-Wagen-Touren gilt, dass die Ausrüstung in Neuseeland besorgt werden sollte. Ein gebrauchter importierter Sattel müsste – wegen der Angst der Leute vor eingeschleppten Tierkrankheiten – einige Monate in Quarantäne zubringen. Gut bestückte Läden mit Reitzubehör gibt es in jeder größeren Stadt Neuseelands. Solide und sehr bequem sind die verbreiteten *Australian Stock Saddles*. Gebraucht sind solche Prachtstücke schon für unter 500 NZ $ zu haben.

Nationalparks

Mehr als 30 Prozent der Landfläche Neuseelands stehen als National Parks, Reserves und Special Heritage Sites unter staatlichem Schutz. Der Naturschutz hat Tradition hier, denn 15 Jahre nach der Gründung des ersten Nationalparks auf Erden (Yellowstone) in den USA wurde 1887 Neuseelands erster Park geschaffen, nachdem die Ngati Tuwharetoa Maoris ihre heiligen Berge Tongariro und Ruapehu der angehenden Nation übertragen hatten.

Derzeit existieren zwischen der *Bay of Islands* im Norden und *Fiordland* im Süden insgesamt 13 Nationalparks. Ihre Gesamtfläche umfasst 2,5 Millionen Hektar.

Südinsel

Abel Tasman (22 530 ha)
Der kleinste aller Nationalparks (NP) ist bekannt für seine golden leuchtenden Sandstrände, Wälder und Karstlandschaften.
Aktivitäten: U. a. Baden, (Strand-) Wandern, Angeln, Jagen, Camping.
Anfahrt: Die Straße von Takaka führt zum Parkeingang in Totaranui Bay.

Kahurangi (452 002 ha)
Kennzeichnend für Neuseelands zweitgrößten und neuesten Nationalpark – gelegen im Nordwesten der Südinsel – sind uralte Landformationen. U. a. wurden hier die ältesten Fossilien des Landes (450 Mio. Jahre alt) gefunden. Kahurangi bedeutet so viel wie »angehäufter Besitz«.
Nicht nur die einmalige Flora (fast die Hälfte aller in Neuseeland beheimateter Pflanzen) und Fauna (über 100 einheimische Vogelarten) locken die Besucher an, sondern auch ca. 570 Kilometer Wanderwege (Heaphy und Wangpeka Track).
Aktivitäten: Kalksteinhöhlen erforschen, Forellen fangen, Kajak- sowie Floßfahrten auf dem Karmea River und Wandern.
Anfahrt: Über Highway 60 nach Golden Bay.

Paparoa (30 000 ha)
Paparoa ist ein noch junger NP, er besteht seit 1987. Leicht zugänglich, sind seine größten Attraktionen die Schluchten des Punakaiki und Paparoa River. Ein kurzer Fußweg führt zu den berühmten *Pancake Rocks*, übereinander geschichteten und erodierten Kalksteinlagen, die an Pfannkuchen erinnern.
   Anfahrt: Über die West Coast Road (Highway 6) von Westport oder Greymouth.

Nelson Lakes (102 000 ha)
Die Seen Rotoiti und Rotorua sind die touristischen Höhepunkte dieses Parks. Das Umland ist wild und zerklüftet, mit Bergen über 2100 Metern.
   Aktivitäten: Wandern, Klettern, Bootfahren, Angeln (Forellen) und Jagen.
   Anfahrt: Über Highway 63 von Blenheim.

Arthur's Pass (99 270 ha)
Nur 140 km entfernt von Christchurch gilt dieser NP als Sprungbrett in die zerklüftete Gebirgslandschaft der Southern Alps.
   Einer der bekanntesten Besucher des Parks ist der *Kea*, Neuseelands Bergpapagei. Einst verfolgt und gejagt, steht er heute unter Naturschutz.
   Aktivitäten: Klettern, Wandern, Skifahren.
   Anfahrt: Auf Highway 73 von Christchurch.

Westland (117 547 ha)
Ein NP der Gletscher, Hochgebirge und Seen. Seine touristischen Höhepunkte sind Fox-, Franz-Josef-Gletscher und Lake Matheson nahe der kleinen Ortschaft Fox Glacier. Von dort bestehen Möglichkeiten zu *scenic flights* mit Landung auf den Gletschern.
   Aktivitäten: Wandern, Klettern, Angeln (Lachs).
   Anfahrt: Highway 6 nach Franz Josef (145 km von Wanaka).

Aoraki Mount Cook (70 696 ha)
Der Park mit Neuseelands höchstem Gipfel: Mt. Cook (3764 m). An der Westseite dieses Parks erstreckt sich *Tasman Glacier*, der größte Gletscher außerhalb der südlichen Polarregionen.

Aktivitäten: Wandern, Klettern, *scenic flights* und *glacier skiing*.

Anfahrt: Über Highways 8 und 80 bis Mount Cook Village (Entfernung von Christchurch: 335 km).

Mount Aspiring (355 543 ha)
Ein Hochgebirgspark, relativ unerschlossen, jedoch zugänglich über den Haast Highway. Mt. Aspiring (3027 m) ist in jeder Beziehung ein Höhepunkt.

Aktivitäten: Angeln, Rotwildjagd, Wandern (z. B. Routeburn Track).

Anfahrt: Über Haast Highway.

Fiordland (1 251 924 ha)
Mit Abstand der größte NP Neuseelands. Ein echter Wildnis-Park, in dem manche Abschnitte kaum von Menschen berührt worden sind.

Aktivitäten: Die bekanntesten Tracks Neuseelands, u. a. der *Milford-* sowie *Routeburn Track* befinden sich hier. Rundflüge, Bootstouren, Wanderungen. Angeln und Jagen.

Anfahrt: Über Te Anau.

Nordinsel

Mount Egmont National Park (33 534 ha)
Mittelpunkt dieses Parks ist der perfekt geformte Kegel des Mt. Taranaki (2518 m), ebenso noch unter der alten Bezeichnung Mt. Egmont bekannt.

Mt. Taranaki besticht nicht nur von weitem durch seine Form, er erfreut sich auch großen Zuspruchs als Wander- und Kletterberg. Drei Anfahrtstraßen führen in Höhen über 800 Meter, Startpunkt für reizvolle Tracks zum Gipfel.

Aktivitäten: Wandern (mehr als 320 km lange Tracks), Klettern, Skifahren (hauptsächlich auf der Ostseite). Die Besteigung des Berges und Rückkehr zum Auto an einem Tag ist möglich.

Anfahrt: Von New Plymouth.

Tongariro (78 651 ha)
Einer der schönsten und meistbesuchten Parks: Er umfasst die Vulkane Ruapehu (2797 m), Ngauruhoe (2291 m) und Tongariro (1968 m) sowie das berühmte Chateau Tongariro (Hotel). Die Berge stehen unter Natur- und Landschaftsschutz, seit Häuptling Te Heuheu Tukino sie 1887 dem Staat schenkte.

Aktivitäten: Die Skigebiete hier gehören zu den bekanntesten und beliebtesten Neuseelands. Eine größere Anzahl Tracks führt in geradezu dramatische Landschaften.

Anfahrt: Mehrere Möglichkeiten. Z. B. über Highway 4 von Taumarunui.

Te Urewera (212 672 ha)
Der NP bietet die größte Fläche unberührten Urwaldes auf der Nordinsel. Man kann Tage unterwegs sein, ohne eine Menschenseele zu treffen. Hier ist die Heimat der Tuhoe Maoris, der *Kinder des Nebels*. Von allen neuseeländischen Nationalparks hat Urewera das maorische Erbe am besten bewahrt. Es besteht auch die Möglichkeit zu geführten Wanderungen (Hintergrundinformationen aus Leben und Geschichte der Maoris).

Aktivitäten: Wandern, Jagen (Rotwild, Wildschweine), Angeln (Forellen).

Anfahrt: Über Highway 38 von Wairoa (Küste) oder Rotorua (zunächst Highway 5, dann Highway 38).

Whanganui (74 231 ha)
Der Whanganui River windet sich über 329 km von seiner Quelle nahe Mt. Ruapehu im Zentrum der Nordinsel bis Whanganui City (Küste).
Aktivitäten: Kanufahren, Angeln, Jetboat-Fahrten.
Anfahrt: Von Whanganui und Pipiriki.

Reiseinformationen/Reiseplanung

Einreise
Benötigt wird
– ein Reisepass, dessen Gültigkeit mindestens 3 Monate über die Zeit des geplanten Aufenthalts hinausgeht,
– ein Anschlussrückreiseticket in ein Land, für das der Besucher eine Einreiseerlaubnis besitzt,
– ausreichende finanzielle Mittel für den persönlichen Unterhalt während des Neuseelandaufenthaltes – ca. NZ $ 1000,– pro Monat.

Touristen aus der Bundesrepublik Deutschland, Österreich und der Schweiz brauchen für einen Aufenthalt bis zu 3 Monaten kein Touristen-Visum.

Impfzeugnisse/Impfungen sind nicht erforderlich.

Devisen-/Zollbestimmungen
Keine Ein- und Ausfuhrbeschränkungen für neuseeländische oder fremde Währung. Außer Artikeln des persönlichen Bedarfs (Kamera, Campingausrüstung usw.) dürfen Besucher u. a. folgende Artikel steuer- und zollfrei einführen, wenn sie mindestens 17 Jahre alt sind: U. a. 200 Zigaretten, 4,5 Liter Wein oder eine Flasche Spirituosen (1,125 Liter).

Landwirtschaftliche Beschränkungen:
Neuseeland will seine einmalige Pflanzenwelt und Landwirt-

schaft schützen. Einreisekontrollen sind daher strenger als in den meisten anderen Ländern. Vor der Ankunft werden Reisende gebeten, eine Erklärung über im Gepäck mitgeführte Lebensmittel, Pflanzen und Artikel tierischen Ursprungs auszufüllen.

U. a. dürfen Tierprodukte, Obst, pflanzliches Material oder Nahrungsmittel, die pflanzliche oder tierische Schädlinge oder Krankheiten enthalten könnten, nicht eingeführt werden.

Zeitverschiebung
Neuseeland, nahe der europäischen Datumsgrenze gelegen, ist MEZ (Mitteleuropäische Zeit) um 11 Stunden voraus. Während der europäischen Sommerzeit (Ende März bis Ende Oktober) beträgt der Zeitunterschied plus 10 Stunden, während der neuseeländischen Sommerzeit (Ende Oktober bis Ende März) plus 12 Stunden.

Geschäftszeiten
Allgemeine Öffnungszeiten von Büros und Firmen: 9 bis 17 Uhr. Banken haben Montag bis Freitag von 9.30 bis 16.30 Uhr, Geschäfte von 9 bis 17.30 Uhr, freitags bis 21 Uhr geöffnet. Sonntags haben alle Läden mit Ausnahme der *dairies* geschlossen.

Bring Your Own:
Nur Lokale und Bars, die *fully licensed* sind, dürfen Alkohol ausschenken. Viele Restaurants führen draußen das Zeichen: *BYO* (*Bring Your Own*, was so viel heißt, dass man sein eigenes alkoholisches Getränk mitbringen kann).

Der Verkauf von Alkoholika erfolgt in sog. *bottle stores* und *wine shops*.

Geld/Kreditkarte
Die neuseeländische Währung ist der Neuseeland-Dollar.
– Es können Devisen in beliebiger Höhe ein- und ausgeführt werden. Geld kann in Banken, Hotels und Wechselstuben gewech-

selt werden, man findet sie in den internationalen Flughäfen und den meisten Innenstädten.
- Die Banken öffnen von 9.30 Uhr bis 16.30 montags bis freitags, außer an Feiertagen.
- Jeder, der über NZ $ 10 000,– in Bargeld ein- oder ausführt, muss einen *Border Cash Report* ausfüllen.
- In Neuseeland können alle gängigen Kreditkarten genutzt werden.
- Hotels, Banken und einige Geschäfte akzeptieren auch Reiseschecks.
- Geldautomaten (ATM) sind in Banken zu finden, auf Haupteinkaufsstraßen und in den Einkaufszentren.
- Internationale Kreditkarten und ATM-Karten funktionieren, solange sie über einen vierstelligen PIN-Code verfügen. Tipp: Überprüfen Sie diesen bei Ihrer Bank vor dem Abflug nach Neuseeland.

Ärztliche Versorgung
Die medizinische Versorgung in Arztpraxen und Krankenhäusern – ob staatlich oder privat – ist auf hohem Niveau. Da die Behandlung kostenpflichtig ist, empfiehlt sich eine umfassende Reiseversicherung (z. B. ADAC). Wer auf bestimmte Medikamente angewiesen ist, sollte – auch um Schwierigkeiten beim Zoll zu vermeiden – eine Bestätigung seines Arztes mitführen. Für verschreibungspflichtige Medikamente benötigt man auch in Neuseeland ein Rezept.

Verkehr/Auto
Wie die Briten und Australier fahren auch die Neuseeländer links. Entfernungen werden in Kilometern gemessen. Die Höchstgeschwindigkeit beträgt 100 km/h auf offener Straße und 50 km/h in städtischen Gebieten. Das Mindestalter, um einen Wagen zu mieten, ist 25. Fahrer und Passagiere müssen immer angeschnallt

sein. Neuseeland akzeptiert die nationalen Fahrerlaubnisse aller anderen Länder.

Beste Reisezeit
Saison ist immer, auch im südlichen Winter.

Die Jahreszeiten sind denen der nördlichen Hemisphäre entgegengesetzt; d. h. Hochsommer im Januar, Winter im Juli.

Generell gilt, dass die beste Reisezeit zwischen Oktober und April liegt. Bedacht werden sollte, dass die Kiwis zwischen Mitte Dezember und Ende Januar »flügge« werden. In diesem Zeitraum liegen die großen Schulferien. Der lokale Tourismus ist dann am stärksten. Rechtzeitige Buchungen/Reservierungen (z. B. Fähre, Mietwagen) sind unbedingt erforderlich.

Informationen
Tourism New Zealand:
www.newzealand.com
www.purenz.com
Die offizielle Internetadresse von Neuseeland:
www.govt.nz
Gute Infos über Neuseeland ferner beim Auswärtigen Amt:
www.auswaertiges-amt.de
Dort angekommen, zu den »Länder- und Reiseinformationen« durchklicken.

Historisches kurz gefasst

800–1400 Aus ihrer legendären Heimat *Hawaiiki* kommend, erreichen Polynesier mit großen Doppelrumpfbooten Neuseeland. Die Geschichte der Maoris beginnt.

1642 Der Holländer Abel Janszoon Tasman sichtet Neuseeland. Der von ihm verwandte Name *Staten Landt* wird später in *Nieuw Zeeland* abgeändert.

1768	In Plymouth/England startet das 32 Meter lange Schiff *Endeavour* unter dem Kommando von James Cook. Sein erster offizieller Auftrag lautet: Beobachtung der außergewöhnlichen Venusbahn am 3.6.1769 vom Standort Südsee aus. Nach erfolgreicher Mission öffnet Cook einen für diesen Fall vorgesehenen Geheimbefehl. *Suche des unbekannten Südkontinents* lautet er.
1769	Captain James Cook erreicht Neuseeland. Er kartografiert die unbekannten Küsten, während seine Bordbotaniker erste Untersuchungen der Flora und Fauna vornehmen.
1792	Robbenjäger und Walfänger entdecken Neuseeland als neue »Jagdgründe«.
1840	Vertrag von Waitangi (Treaty of Waitangi). Kapitän William Hobson handelt mit Maori-Häuptlingen einen Souveränitätsvertrag aus, bei dem die Krone das Vorkaufsrecht bei allen Landtransaktionen in Neuseeland erhält. Gleichzeitig werden Maoris die Rechte britischer Staatsbürger eingeräumt. Man bezweifelt heute jedoch, dass die unterzeichnenden Häuptlinge den Vertragstext damals wirklich verstanden haben. Unstimmigkeiten und Querelen darüber führten zu den *Maori-Kriegen* ab 1845 sowie in den 60er-Jahren des 19. Jahrhunderts.
1840	Britische Siedler wandern mit Hilfe der *New Zealand Company* ein. In den nachfolgenden Jahren entstehen in schneller Folge Stadtgründungen: Wellington: 1840 (Hauptstadt ab 1865), New Plymouth: 1841, Nelson: 1842.
1861/1862	In Otago wird Gold entdeckt. Zu Tausenden dringen Glücksritter in das bis dahin nur ganz wenigen bekannte Hochland der Südinsel ein.

1882	Das erste Kühlschiff bringt Fleisch von Otago (Dunedin) nach Europa.
1893	Neuseeland ist Vorreiter: Das Frauenwahlrecht wird eingeführt.
1914 bis 1918	*Australian and New Zealand Army Corps* (ANZACS) kämpfen an der Seite Großbritanniens im 1. Weltkrieg. Beim Versuch der Landung bei Gallipoli (Dardanellen), ab 25.4.1915, hohe Verluste. *Anzac-Day* (25. April) ist staatlicher Feiertag in Neuseeland.
1936	Die 40-Stunden-Woche wird eingeführt.
1947	Unabhängigkeit von Großbritannien. Der Inselstaat wird souveräner Teil des *British Commonwealth*.
1953	Ein »Kiwi« auf dem höchsten Gipfel der Erde: Edmund Hillary bezwingt den Mt. Everest.
2008	Mit einem Urbanisierungsgrad von 86% gehört Neuseeland zu den Ländern mit der prozentual höchsten Stadtbevölkerung auf Erden. Allein Aucklands Einwohner machen rund ein Drittel der Gesamtbevölkerung des Landes aus. Das Fiordland im Süden hingegen ist weitgehend unbewohnt.

»Wikinger des Sonnenaufgangs« – Maoris

Man zählt die Polynesier – Nachfahren vor vielen Jahrtausenden aus Asien gekommener Einwanderer – zu Recht zu den größten Seefahrern. Lange bevor, mit Ausnahme der Wikinger, europäische Seeleute sich von den ihnen bekannten Küsten lösten, befuhren sie (ohne technische Hilfsmittel, doch in genauer Kenntnis der Gestirne, Passatwinde und Meeresströmungen) den Pazifik.

Exakte Daten liegen im Dunkel der Geschichte. Doch dass ab ca. 1000 nach Chr. Neuseeland für die Polynesier ein begehrtes Ziel war, gilt als gewiss. Von da an beginnt die Geschichte der Maoris, der inzwischen sesshaft gewordenen Nachfahren jener »Wikinger des Sonnenaufgangs«.

Mündliche Überlieferungen besagen, dass der Ursprung der Maoris in *Hawaiiki* liege, dem Land, aus dem ihre Vorfahren einst aufbrachen. Doch niemand weiß, wo sich dieses Land befindet. Bekannt aber sind die genauen Plätze, an denen jene Seefahrer nach langer Reise ihre Kanus an die Ufer Neuseelands zogen. Die traditionelle und mythische Beziehung zu diesen »ersten Kanus« ist noch heute wichtiger Bestandteil im Leben der Maoris.

Die Berührung mit den Weißen (Maoris nennen sie *Pakeha*) war, wie auch für viele andere Völker der Südsee, fast vernichtend. Epidemien, Alkohol und Kämpfe dezimierten die maorische Bevölkerung bis zum Ende des 19. Jahrhunderts auf ein Viertel der ursprünglichen Ziffern.

Weitere einschneidende Ereignisse des 19. Jahrhunderts sind der *Vertrag von Waitangi* und die nachfolgenden Landkriege (siehe dazu »Historisches auf einen Blick«).

Bereits seit 1867 haben Maoris eine eigene Vertretung im neuseeländischen Parlament. Maori-Bataillone kämpften in beiden Weltkriegen an der Seite Großbritanniens. Seit 1945 sind die Geburtenzahlen bei den Ureinwohnern stark zunehmend. Drei Viertel aller Maoris sind unter 30 Jahre. Während 1945 nur 15 Prozent von ihnen in Städten lebten, sind es derzeit rund 60 Prozent. Was zu erheblichen sozialen Spannungen und Konflikten führt…

Ein neues Selbstbewusstsein und das Aufleben des alten Stolzes, Maori zu sein, spiegelt sich in ihrem kulturellen und gesellschaftlichen Leben wider.

Go down under!

Michèle Decoust
TRÄUME AUF ROTER ERDE
Eine Begegnung mit Australien

Michèle Decoust sucht das wahre Australien fernab der Touristenströme und lauscht den Geschichten der Aborigines. Authentisch, lebendig und bewegend erzählt.

Roff Smith
EISKALTES BIER UND KROKODILE
Mit dem Fahrrad durch Australien

Unterwegs an den Rändern Australiens: Der Amerikaner Roff Smith kündigt seinen Job und bricht auf zu einer Entdeckungsreise um den Kontinent, auf dem er seit 15 Jahren lebt.

Barbara Veit
TASMANIEN
Australiens grünes Paradies

Eine geheimnisvolle Insel voller Überraschungen: Barbara Veit zeichnet ein facettenreiches Bild des noch relativ unbekannten Landes der Mammutbäume und lebenden Fossilien.

MALIK NATIONAL GEOGRAPHIC

Naturgewalten

Hauke Trinks
LEBEN IM EIS
Tagebuch einer Forschungsreise
in die Polarnacht

Das einjährige Forschungsabenteuer eines Physikers in der Polarnacht, nur in der Gesellschaft zweier Hunde – und zahlreicher Eisbären. So spannend kann Wissenschaft sein.

William Stone/Barbara am Ende
HÖHLENRAUSCH
Eine spektakuläre Expedition
unter der Erde

Riskante Kletterpartien, gefährliche Tauchgänge ins Ungewisse, wochenlanges Leben unter der Erde – die packende Erforschung einer der größten Höhlen der Welt.

Carla Perrotti
DIE WÜSTENFRAU
An den Grenzen des Lebens

Carla Perrotti durchwandert allein die Kalahari und die größte Salzwüste der Erde in Bolivien und findet unter den überwältigenden Eindrücken der Natur zu sich selbst.

MALIK NATIONAL GEOGRAPHIC

Auf alten Pfaden

Karin Muller
ENTLANG DER INKA-STRASSE
Eine Frau bereist ein
ehemaliges Weltreich

Das Wegenetz der Inka, mit dessen Hilfe sie ihr Riesenreich kontrollierten, ist legendär – und wenig bekannt. Zu Fuß erkundet Karin Muller die alten Routen von Ecuador bis Chile.

Eberhard Neubronner
DAS SCHWARZE TAL
Unterwegs in den Bergen des Piemont
Mit einem Vorwort von Reinhold Messner

Unsentimental und doch poetisch schildert Eberhard Neubronner die wildromantische Landschaft der piemontesischen Alpen und die Menschen, die in ihr leben.

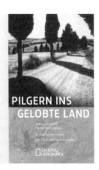

Jean Lescuyer
PILGERN INS GELOBTE LAND
Zu Fuß und ohne Geld
von Frankreich nach Jerusalem

Zu Fuß von Lourdes nach Jerusalem, ohne Geld und mit viel Gottvertrauen. Acht Monate Zweifel und Gefahren, aber auch beglückende Erfahrungen und berührende Begegnungen.

Magisches Indien

Tahir Shah
DER ZAUBERLEHRLING VON KALKUTTA
Reise durch das magische Indien

Je weiter der Zauberlehrling Tahir Shah auf seiner Reise durch Indien voranschreitet, umso deutlicher wird, dass der Subkontinent mit westlichem Wissen nicht zu verstehen ist.

Tor Farovik
INDIEN UND SEINE TAUSEND GESICHTER
Menschen, Mythen, Landschaften

Ein schillerndes Indienporträt, »das vom Lesegefühl an einen guten Roman herankommt« (FAZ), geprägt von Erzählfreude, echtem Respekt und Liebe zur indischen Gesellschaft.

Ilija Trojanow
DER SADHU AN DER TEUFELSWAND
Reportagen aus einem anderen Indien

In farbigen Reportagen führt uns Ilija Trojanow die Vielfalt Indiens vor Augen, lädt uns ein zu ungewöhnlichen Festen und Riten und erkundet die brodelnde Metropole Bombay.

Asien entdecken

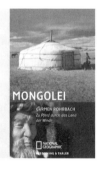

Carmen Rohrbach
MONGOLEI
Zu Pferd durch das Land der Winde

»Carmen Rohrbach lässt einen lebendig daran teilhaben, eine ganz stark am harten Alltag orientierte Kultur zu entschlüsseln und zu begreifen ...«.
Süddeutsche Zeitung

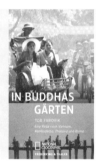

Tor Farovik
IN BUDDHAS GÄRTEN
Eine Reise nach Vietnam, Kambodscha, Thailand und Birma

Tor Farovik erzählt die Geschichte und Gegenwart der Länder Südostasiens so sinnlich und atmosphärisch, als »habe er sie gerade frisch geträumt«.
Süddeutsche Zeitung

Claire Scobie
WIEDERSEHEN IN LHASA
Die Geschichte einer außergewöhnlichen Freundschaft zweier Frauen

»Eine Reisebuch, das in äußere und innere Welten entführt und dennoch den ausgetretenen Pfaden der Klischees nahezu traumwandlerisch ausweicht«.
DIE WELT